Wertorientiertes Management

Wie der Unternehmenswert gesteigert werden kann

von
Prof. Dr. Jürgen Stiefl
und
Kolja von Westerholt

Mit Fallstudien und Lösungen

Oldenbourg Verlag München Wien

Bibliografische Information der Deutschen Nationalbibliothek

Die Deutsche Nationalbibliothek verzeichnet diese Publikation in der Deutschen
Nationalbibliografie; detaillierte bibliografische Daten sind im Internet über
<http://dnb.d-nb.de> abrufbar.

© 2008 Oldenbourg Wissenschaftsverlag GmbH
Rosenheimer Straße 145, D-81671 München
Telefon: (089) 4 50 51-0
oldenbourg.de

Lektorat: Wirtschafts- und Sozialwissenschaften, wiso@oldenbourg.de
Herstellung: Cornelia Horn
Gedruckt auf saure- und chlortreiem Papier
Druck: Grafik + Druck, München
Bindung: Thomas Buchbinderei GmbH, Augsburg

ISBN 978-3-486-58323-6

Vorwort zur ersten Auflage

Das vorliegende Buch befasst sich erstens mit den zentralen Methoden des wertorientierten Managements und stellt zweitens praktische Lösungsansätze dar, wie der Wert einer Unternehmung mittels eines Standardverfahrens – dem Economic Value Added – verbessert, d.h. erhöht werden kann.

Die Zielsetzung des Buches besteht zunächst einmal darin, Studierenden von Hochschulen einen Überblick über die maßgeblichen Methoden zur wertorientierten Unternehmensführung zu geben. Es soll sich aber vor allem auch an Praktiker wenden, die sich ganz konkret die Frage stellen, wie sie den Wert ihres eigenen Unternehmens erhöhen können.

Aus diesem Grund verweisen regelmäßig Fußnoten auf entsprechende Fallstudien, die die vorgestellte Thematik noch einmal aufgreifen und vertiefen. Zur Lernkontrolle schließen sich dem Kapitel der Fallstudien deren Lösungen an. Der wissenschaftlich interessierte Leser findet zu einzelnen Fußnoten weitere Informationen im Anhang. Diese Fußnoten enthalten einen entsprechenden Verweis auf den Anhang.

Bedanken möchten wir uns an dieser Stelle zunächst einmal bei den Studierenden der HTW Aalen, die im Rahmen der Vertiefungswahl „Finanzmanagement" durch ihre Fragen und Hinweise wertvolle Tipps gegeben haben.

Besonders bedanken aber möchten wir uns bei unseren Familien, die uns bei der Erstellung des Buches die entsprechende Zeit zur Verfügung gestellt haben. Namentlich erwähnt werden sollen an dieser Stelle Anne & Jo von Westerholt, Jolanta Niezewska, Marcel Biere, Herwig Ruprecht, Martin Reeber, Christian Müller, Jochen Theuerkauf und Beate Stiefl.

Jürgen Stiefl und Kolja von Westerholt

August 2007

Inhalt

1   Einleitung

1.1   Problemstellung

Der globale Wettbewerb um Kunden, Mitarbeiter und Kapital erfordert eine Unternehmensführung, die sich auf das zentrale Ziel unternehmerischer Tätigkeit konzentriert. Dieses Ziel kann in der Steigerung des inneren Wertes eines Unternehmens gesehen werden. Der innere Wert eines Unternehmens stellt dabei die Summe aller zukünftigen Einzahlungsüberschüsse aus heutiger Sicht dar. Die auf den inneren Wert eines Unternehmens ausgerichtete Führung kann als *wertorientierte Unternehmensführung* oder synonym als *wertorientiertes Management* bezeichnet werden.

In der Praxis sowie in der Theorie wird parallel zu einer Steigerung des inneren Wertes eines Unternehmens häufig die Konzentration auf eine Steigerung des Aktionärsvermögens (Shareholder Value) gefordert. Es stellt sich die Frage, ob beide Zielsetzungen einander entsprechen. Unabhängig von der Antwort auf diese Frage sind für eine erfolgreiche Umsetzung einer wertorientierten Unternehmensführung folgende Voraussetzungen zu erfüllen:

(1.) Der innere Wert eines Unternehmens muss regelmäßig bestimmt werden, um eine Veränderung festzustellen. (2.) Dabei ist eine Kenngröße notwendig, die den Beitrag der abgelaufenen Periode zum Unternehmenswert anzeigt. (3.) Des Weiteren müssen die verschiedenen zur Verfügung stehenden Investitionsalternativen in Bezug auf ihren Beitrag zur Erreichung des Ziels bewertet werden. (4.) Außerdem ist es wichtig, dass sämtliche in den Prozess der Unternehmensführung eingebundene Mitarbeiter ihre Handlung auf das Unternehmensziel ausrichten.

Die Erfüllung jeder dieser Voraussetzungen stellt eine Kernaktivität wertorientierter Unternehmensführung dar. Zur Erfüllung der vier Kernaktivitäten wurden in der Theorie verschiedene Rechenansätze entwickelt, die einer näheren Erläuterung bedürfen und im Hinblick auf ihre Eignung untereinander und im Vergleich zu traditionellen Kennzahlenkonzepten bewertet werden sollten.

Darüber hinaus stellt sich die Frage, wie eine wertorientierte Unternehmensführung in der Praxis umgesetzt werden kann. Nach Möglichkeit sollten bei der Umsetzung die Stärken und Schwächen des ausgewählten Konzeptes berücksichtigt werden.

1.2   Zielsetzung und Aufbau des Buches

> Zentrale Zielsetzung der Arbeit ist die verständliche Darstellung und kritische Diskussion der bekannten Rechenansätze zur wertorientierten Unternehmensführung.

Zum Zweck der Verständlichkeit werden zu Beginn jedes Kapitels die wesentlichen Lernziele definiert. In den Kapiteln, in denen konkrete Rechenansätze oder Maßnahmen vorgestellt werden, finden sich Verweise auf Fallstudien. Dadurch wird dem Leser die Möglichkeit gegeben, selbst zu kontrollieren, ob die definierten Lernziele erreicht wurden. Dies betrifft die Kapitel 3 und 5.

Für die Kapitel 2 und 4, die einen theoretischen Fokus aufweisen, werden ebenfalls Lernziele definiert. Um den Leser dabei zu unterstützen, diese Ziele zu erreichen, finden sich in diesen beiden Kapiteln Merksätze mit direktem Bezug zu den definierten Lernzielen.

Nachfolgend findet sich ein kurzer Überblick über den Inhalt des Buches. Dieser soll den Aufbau des Buches veranschaulichen.

Das zweite Kapitel beginnt mit einer Definition und Abgrenzung des Begriffs *wertorientierte Unternehmensführung*. Daran anschließend werden im Zuge der Erläuterung der Historie einerseits die Rahmenbedingungen zum Zeitpunkt der Entstehung erster Konzepte dargestellt. Zu diesen Rahmenbedingungen gehören sowohl volkswirtschaftliche Entwicklungen als auch neue betriebswirtschaftliche Erkenntnisse über die Aussagekraft traditioneller Kennzahlen. Andererseits soll aufgezeigt werden, inwiefern das erste populäre Konzept wertorientierter Unternehmensführung viele, zuvor weitgehend unabhängig voneinander existierende betriebswirtschaftliche Theorien integrierte.

Im dritten Kapitel erfolgt eine Erläuterung der wichtigsten Rechenansätze wertorientierter Unternehmensführung, die sich als Alternative zu den traditionellen Kennzahlenkonzepten anbieten. Bei der Beschreibung der unterschiedlichen Ansätze steht jeweils das aus der Empirie abgeleitete Haupteinsatzfeld im Vordergrund.

Das vierte Kapitel befasst sich mit den Vor- und Nachteilen der vorgestellten Rechenansätze. Dabei wird im Rahmen eines Vergleichs für jede Kernaktivität der passende Rechenansatz herausgearbeitet.

Im fünften Kapital soll eine beispielhafte Umsetzung wertorientierter Unternehmensführung auf der Basis des EVA-Rechenansatzes dargestellt werden. Dabei werden die zuvor beschriebenen Schwächen des Rechenansatzes berücksichtigt.

Das sechste Kapitel fasst die Ergebnisse der Arbeit zusammen und gibt einen Ausblick auf mögliche zukünftige Entwicklungen.

2 Definition und Historie der Wertorientierten Unternehmensführung

Im folgenden Kapitel wird regelmäßig auf den Shareholder Value-Ansatz eingegangen. Ursächlich hierfür ist die hohe Bedeutung des Ansatzes im Kontext wertorientierter Unternehmensführung. Diese Bedeutung ist nicht zuletzt durch die Tatsache begründet, dass das Shareholder Value-Konzept als erstes die konsequente Ausrichtung aller Entscheidungen am Unternehmenswert postulierte.

Trotzdem – und dies ist für das Verständnis der weiteren Ausführungen von hoher Bedeutung – ist das Shareholder Value-Konzept lediglich eine von vielen verschiedenen möglichen Ausprägungsformen wertorientierter Unternehmensführung. Um dies zu erläutern, erfolgt in Abschnitt 2.1 zunächst eine Abgrenzung des Begriffs *wertorientierte Unternehmensführung*.

Abschnitt 2.2 untersucht anschließend die Rahmenbedingungen zur Zeit der Entstehung des Shareholder Value-Ansatzes als erstem Konzept wertorientierter Unternehmensführung. Die Erläuterung der damaligen Rahmenbedingungen soll aufzeigen, dass diese für die Entwicklung des Shareholder Value-Ansatzes und die anschließende hohe Bedeutung des Konzeptes in der Praxis eine wichtige Rolle einnahmen.

Nach der Untersuchung der Rahmenbedingungen als externem Faktor steht im Kapitel 2.3 das Konzept als solches im Vordergrund. Ziel ist es, darzustellen, dass RAPPAPORT als Pionier wertorientierter Unternehmensführung viele bewährte Konzepte aus Finanz- und Betriebswirtschaftslehre in seinen Ansatz integrierte.

Der letzte Punkt des Kapitels behandelt die vier Kernaktivitäten wertorientierter Unternehmensführung. Im Rahmen der Ausführungen zu Punkt 2.4 erfolgt eine kurze Erläuterung der ursprünglichen Gestaltung der vier Kernaktivitäten und eine Kritik an dieser Vorgehensweise aus wertorientierter Sicht.

Die wesentlichen Lernziele des 2. Kapitels sind folgende:
  a) Abgrenzung des Begriffs wertorientierte Unternehmensführung gegenüber dem Shareholder Value Management.
  b) Kenntnis der Rahmenbedingungen zum Zeitpunkt der Entstehung erster Ansätze wertorientierter Unternehmensführung.
  c) Kenntnis der vier Kernaktivitäten des wertorientierten Managements.

2.1   Definition und Abgrenzung der Wertorientierten Unternehmensführung

Wertorientierte Unternehmensführung wird in dieser Arbeit definiert als Führungskonzept, das durch eine konsequent am **fundamentalen Wert** des Unternehmens ausgerichtete Veränderung der betrieblichen Prozesse sowie der Denk- und Verhaltensweisen der Mitarbeiter zu einer Steigerung des Unternehmenswertes führt.[1]

Der Begriff *Unternehmenswert* bezeichnet in dieser Arbeit den fundamentalen Wert eines Unternehmens. Dieser *fundamentale* Wert, der auch als *innerer* Wert bezeichnet werden kann, ergibt sich durch Diskontierung sämtlicher zukünftiger Zahlungsströme auf den Bewertungsstichtag.[2] Durch die Diskontierung erfolgt eine Berücksichtigung des Zeitwertes der Zahlungsströme. Je nach zugrunde liegendem Risiko unterscheidet sich der Wert einer Zahlung im Zeitablauf. Bei einem höheren Risiko werden zukünftige Zahlungen stärker diskontiert.[3]

Ausgehend von der genannten Definition wertorientierter Unternehmensführung soll zunächst eine Abgrenzung gegenüber dem *Shareholder Value Management* vorgenommen werden. Die hohe Bedeutung des Shareholder Value-Ansatzes und vor allem die damit verbundene Zielsetzung legt eine solche Abgrenzung nahe.

Der Shareholder Value-Ansatz geht zurück auf das 1986 erschienene Standardwerk „Creating Shareholder Value" von Alfred RAPPAPORT. Der Begriff *Shareholder Value* bezeichnet dabei das Aktionärsvermögen, also den Marktwert des Eigenkapitals.[4] Der Marktwert ergibt sich durch Multiplikation des Aktienpreises mit der Menge der Aktien.[5] Dabei drückt der

---

[1] „In weiten Teilen der betriebswirtschaftlichen Literatur stellt der innere Unternehmenswert das Ziel der Maximierungsbemühungen im Rahmen der wertorientierten Unternehmensführung dar." (Banzhaf J. 2006, S.134). Vgl. außerdem Becker W. 2000, S.1

[2] Vgl. Weber J. et al. 2004a, S.27; Vgl. außerdem Wenzel J. 2005, S.109 sowie Ernst E. et al. 2006, S.76.

[3] Vgl. zum Wert einer Zahlung im Zeitablauf Punkt 2.4.4.

[4] Vgl. Banzhaf J. 2006, S.101.

[5] Vgl. Wenzel J. 2005, Fußnote 169.

Preis einer Aktie die Erwartungen der Aktionäre in Bezug auf die zukünftige Rendite aus. Die Eigentümerrendite ergibt sich aus Kurswertsteigerung und Dividendenzahlungen.[6] Ziel des Shareholder Value-Managements ist die Maximierung der Eigentümerrendite.[7]

Auch wenn in der Literatur die Begriffe *wertorientierte Unternehmensführung* und *Shareholder Value Management* teilweise synonym verwendet werden[8], gibt es doch einen entscheidenden Unterschied zwischen beiden Ansätzen. Die oberste Zielsetzung wertorientierter Unternehmensführung ist die Maximierung des Unternehmenswertes; der Shareholder Value-Ansatz hingegen verfolgt das Ziel der Maximierung der Eigentümerrendite.[9]

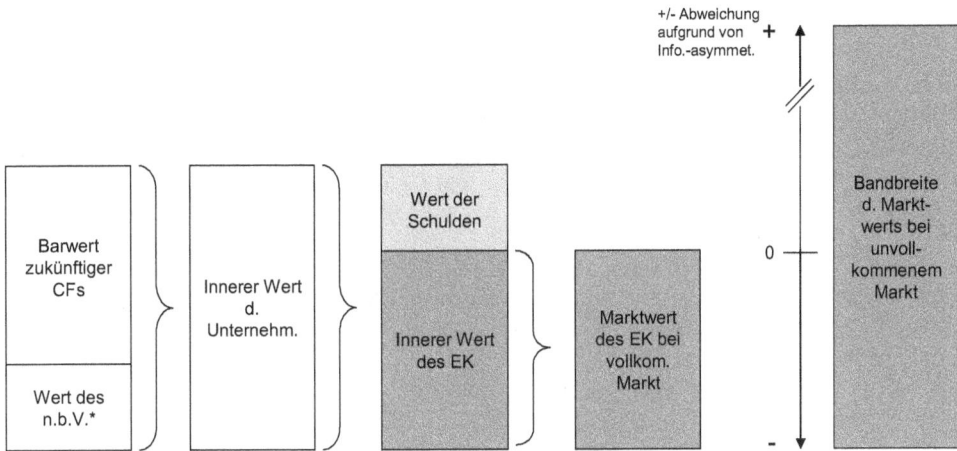

Abbildung 1: Der Zusammenhang zwischen Unternehmenswert und Marktwert des Eigenkapitals

Für die Vertreter des Shareholder Value-Ansatzes sind beide Zielsetzungen identisch. Dies erklärt sich durch die Annahme eines *vollkommenen Kapitalmarktes*.[10] Der vollkommene Kapitalmarkt bezeichnet einen effizienten Markt in dem sämtliche Informationen allen Marktteilnehmern gleichzeitig zur Verfügung stehen und vollständig in die Preise der gehandelten Wertpapiere einfließen. Im vollkommenen Markt wird der Unternehmenswert bzw. der innere Wert des Eigenkapitals objektiv abgebildet. Bei einer Identität der Zielsetzungen ist es irrelevant, ob die Eigentümerrendite oder der innere Wert maximiert wird.

---

[6] Vgl. Rappaport A. 1999, S.15 sowie Wenzel J. 2005, S.34.

[7] Vgl. Rappaport A. 1999, S.15.

[8] Zur synonymen Verwendung vgl. Fußnote 12.

[9] Vgl. Rappaport A. 1999, S.15.

[10] Vgl. zum vollkommenen Kapitalmarkt: Wenzel J. 2005, S.93f. sowie die dort angegebene Literatur. Für weitere Angaben siehe Anhang.

Diese Annahme ignoriert jedoch die zugrunde liegende Ursache-Wirkungs-Beziehung zwischen fundamentalem Wert und Eigentümerrendite. Der fundamentale Wert ist ursächlich für die langfristige Rendite der Eigentümer. Deshalb führt eine Steigerung des inneren Wertes langfristig zu einer höheren Eigentümerrendite. Umgekehrt kann jedoch durch eine Steigerung der Eigentümerrendite nicht der fundamentale Wert gesteigert werden. Die Eigentümerrendite ist Abbild des inneren Wertes, nicht Treiber oder gar Schöpfer. Ebenso können mit einer Kamera reale Gegenstände photographiert, nicht aber verändert werden.

Trotzdem setzt der Shareholder Value-Ansatz beide Zielsetzungen gleich und proklamiert eine Maximierung der Eigentümerrendite. Deshalb erscheint die Differenzierung zwischen wertorientierter Unternehmensführung und Shareholder Value-Management auf Basis der obersten Zielsetzung angebracht.

Andererseits weisen beide Ansätze Gemeinsamkeiten auf. Auch der Shareholder Value-Ansatz gibt vor, den Unternehmenswert zu steigern. Gleichzeitig wird jedoch die „Bereitstellung maximaler Eigentümerrendite als die fundamentale Zielsetzung"[11] eines Unternehmens definiert. Somit bekennt sich der Ansatz nicht nur zur Steigerung des fundamentalen Unternehmenswertes, sondern nimmt im selben Moment an, dass die Maximierung der Eigentümerrendite die einzige Möglichkeit ist, den inneren Unternehmenswert zu maximieren.

Durch den Begriff *wertorientierte Unternehmensführung* ist der Weg zur Erreichung eines maximalen Unternehmenswertes hingegen nicht per se definiert. Insofern kann *wertorientierte Unternehmensführung* als Oberbegriff für Konzepte verstanden werden, die eine Steigerung des Unternehmenswertes verfolgen. Dabei stellt der Shareholder Value-Ansatz eine mögliche Ausprägungsform dar.

Merksatz 2a)

Das Hauptabgrenzungsmerkmal zwischen Shareholder-Value-Management und wertorientierter Unternehmensführung ist die jeweilige oberste Zielsetzung. Die wertorientierte Unternehmensführung verfolgt eine Maximierung des Unternehmenswertes, während der Shareholder-Value-Ansatz die Maximierung der Eigentümerrendite als oberste Zielsetzung definiert. Lediglich in einem vollkommenen Kapitalmarkt sind beide Zielsetzungen identisch. (Vgl. Abb.1)

Auch in der Literatur wird der Unterschied zwischen Shareholder Value-Management und wertorientierter Unternehmensführung diskutiert. Dabei ergibt sich insofern ein ambivalentes Bild, als manche Autoren beide Begriffe bewusst synonym verwenden, während andere eine Differenzierung fordern.[12] In diesem Zusammenhang kam es im Laufe der Zeit zu einer Diskussion um die Begriffe *Wertschaffung* und *Wertverteilung* mit dem Resultat einer „be-

---

[11] Rappaport A. 1999, S.15.

[12] Vgl. bspw. Faul K. 2005, S.32f. oder Pape U. 1997, S.137. Für weitere Angaben siehe Anhang.

grifflich schärferen Differenzierung zwischen Wertverteilung und Wertschaffung"[13]. Dabei entspricht die *Wertschaffung* der Perspektive der wertorientierten Unternehmensführung, während die *Wertverteilung* mit dem Shareholder Value-Ansatz verbunden ist. Mehrere Quellen berichten von einem weitgehenden Konsens bezüglich der Notwendigkeit einer Mehrung des inneren Unternehmenswertes (Wertschaffung), während die Wertverteilung weiterhin ein diskussionswürdiges Thema zu sein scheint.[14]

Wie wirken sich nun die unterschiedlichen Zielsetzungen auf die praktische Umsetzung des Konzepts aus? Als Beispiel ist hier die Wahl von Investitionsmöglichkeiten zu nennen. So legt ein wertorientiert geführtes Unternehmen den primären Fokus auf die Identifikation strategiekonformer Investitionsmöglichkeiten auf dem Gütermarkt, stets unter der Maßgabe, dass die Renditen die Kapitalkosten übersteigen. Die Definition weiterer Schwerpunkte ist dem Anwender wertorientierter Unternehmensführung freigestellt, solange dies dem Ziel der Wertorientierung nicht abträglich ist.

Der Anwender des Shareholder Value-Ansatzes hingegen fokussiert neben den genannten Investitionsmöglichkeiten auf dem Gütermarkt gleichzeitig die aktuelle Lage des Kapitalmarktes und verfolgt hierbei vordefinierte Strategien wie bspw.:

- Ausschüttung von Cashflow an die Aktionäre, wenn der Cashflow nicht zu Renditen oberhalb der Kapitalkosten reinvestiert werden kann.[15]
- Rückkauf eigener Aktien bei angenommener Unterbewertung. Der Rückkauf sollte jedoch nur erfolgen, wenn die erwartete Rendite oberhalb der Rendite alternativer Investitionsmöglichkeiten und oberhalb des Kapitalkostensatzes liegt.[16] Die erwartete Rendite errechnet sich wie folgt:

$$\frac{\text{geforderte Eigentümerrendite}}{(1 - \text{prozentuale Unterbewertung})}$$

Abbildung 2: Rendite des Aktienrückkaufs[17]

Eine ausführliche Bewertung der von RAPPAPORT empfohlenen Aktivitäten am Kapitalmarkt wird an dieser Stelle nicht vorgenommen.[18] Es bleibt festzuhalten, dass ein nach dem Shareholder Value-Prinzip geführtes Unternehmen vordefinierte Strategien am Kapitalmarkt ver-

---

[13]   Coenenberg A.G./Salfeld R. 2003, S. 3; Vgl. außerdem Becker W. 2000, S.7

[14]   Vgl. Coenenberg A.G./Salfeld R. 2003 S.3 sowie Becker W. 2000, S.7. Für weitere Angaben siehe Anhang.

[15]   Vgl. Rappaport A. 2006, S.32.

[16]   Vgl. Rappaport A. 1999, S.114.

[17]   Rappaport A. 1999, S.114; Hierbei geht Rappaport davon aus, dass sich ausscheidende Aktionäre finden, die zum unterbewerteten Preis verkaufen.

[18]   Zu den Auswirkungen von Aktienrückkäufen siehe Gerke W. 2002. Für weitere Angaben siehe Anhang.

folgen muss, um der Zielsetzung einer Maximierung der Eigenkapitalgeberrendite gerecht zu werden. Die Frage, ob hierdurch Fehlsteuerungen hervorgerufen werden, geht über den gesetzten Rahmen der Arbeit hinaus. Folgende mögliche Gefahren lassen eine Auseinandersetzung mit dieser Frage jedoch sinnvoll erscheinen:

- Ein Unternehmen, welches die Maximierung der Eigentümerrendite anstrebt, kann die kurzfristigen Interessen der Eigenkapitalgeber überbetonen und einen zu großen Teil der Gewinne für Dividendenauszahlungen oder Aktienrückkäufe verwenden. In der Realität stellt sich momentan die paradoxe Situation dar, dass Fondsmanager Unternehmen vermehrt dazu auffordern, liquide Mittel zu reinvestieren statt auszuschütten.[19] Gleichzeitig kann beobachtet werden, dass börsennotierte Unternehmen im Durchschnitt langsamer wachsen als große Privatunternehmen.[20]
- Ein Management, dessen Erfolg allein am Ziel der Marktwertsteigerung eines bestimmten Zeitraumes gemessen wird, kann dazu verleitet werden, in erhöhtem Maß Informationsasymmetrien aufzubauen, um die Situation des Unternehmens geschönt abzubilden. Der Aufbau von Informationsasymmetrien kann dabei bis hin zu gezielter Bilanzmanipulation gehen.

2.2   Historie der Entwicklung des Konzeptes der wertorientierten Unternehmensführung

Obwohl *wertorientierte Unternehmensführung* einen Oberbegriff darstellt, unter dem verschiedene Konzepte zur Steigerung des Unternehmenswertes – u.a. das Shareholder Value-Konzept – subsumiert werden können, hat sich wertorientierte Unternehmensführung als Grundprinzip erst aus dem Shareholder Value-Konzept entwickelt. Sicherlich gab es schon seit vielen hundert Jahren wertorientierte Ansätze[21], in der heute existenten Deutlichkeit wurde die Wertorientierung jedoch erstmals durch RAPPAPORT propagiert.[22]

Aufgrund der enormen Bedeutung, die der Shareholder Value-Ansatz deshalb für die Entwicklung der wertorientierten Unternehmensführung einnimmt, soll die Beschreibung der Historie mit dem Zeitpunkt der Entwicklung des Shareholder Value-Ansatzes beginnen. Die Betrachtung der damaligen Rahmenbedingung zeigt, dass die Entwicklung des Konzeptes nicht zufällig in den USA der 1980er Jahre erfolgte.[23] Zu den relevanten Rahmenbedingungen, die damals in den Vereinigten Staaten vorherrschten, gehören:

- Eine Welle von Unternehmensübernahmen, die aus Sicht von RAPPAPORT durch so genannte „Wertlücken", also Differenzen zwischen dem aktuellen Strategiewert – ausge-

---

[19] Vgl. Olney K./Hartnett M. 2007, S.8. Für weitere Angaben siehe Anhang.

[20] Vgl. Fröndhoff B. 2006. Für weitere Angaben siehe Anhang.

[21] Vgl. Plaschke F.J. 2003, S.1-3. Für weitere Angaben siehe Anhang.

[22] Vgl. Stührenberg L. et al. 2003, S.1 sowie Wenzel J. 2005, S.33.

[23] Zur Rolle der Rahmenbedingungen vgl. Malik F. 2004, S. 33.

drückt durch den Börsenwert – und dem Nachstrategiewert als Börsenwert, der durch einen Strategiewechsel erzielt werden kann, verursacht wurde.[24] Diese offenbar werdende Gefahr von Unternehmensübernahmen „veranlasste CEOs, der seit langem überfälligen Wertschaffung für Eigentümer zentrales Augenmerk zu schenken"[25].

- Die aufkommende Prinzipal-Agenten-Theorie[26] legte den Schluss nahe, dass der Misserfolg vieler Unternehmen auf die unterschiedlichen Zielsetzungen von Management und Eigentümern zurückzuführen war. Bei divergierenden Zielsetzungen und gleichzeitiger mangelhafter Kontrollmöglichkeit aufgrund von Informationsasymmetrien besteht der Theorie zufolge *Moral Hazard*[27], also ein moralisches Risiko. Die Moral gebietet es dem Manager eigentlich, die Ziele des Eigentümers zu verfolgen, da dieser ihn angestellt hat. Wenn nun der Eigentümer die Handlung (Action) und den Informationsstand (Information) des Managers nicht beurteilen kann und dieser demzufolge keine Sanktionierung der Verfolgung eigener Zielsetzungen befürchten muss, erwächst die Gefahr, dass der Manager diese Situation ausnutzt. Für dieses Dilemma bot der Shareholder Value-Ansatz durch die veränderte Form der Management-Vergütung einen Ausweg. Denn aus der Sicht von RAPPAPORT kann durch variable, in Abhängigkeit der Marktwertsteigerung gewährte Vergütungsbestandteile der Interesseneinklang zwischen Prinzipal (Eigentümer, also Aktionäre) und Agent (Top-Management) gewährleistet werden.[28]

- Eine weitere relevante Rahmenbedingung stellt die hohe Bedeutung institutioneller Investoren in den USA dar. Zu dieser Investorengruppe gehören Versicherungen sowie Pensions- und Investmentfonds. Ein institutioneller Investor kann seinen Forderungen aufgrund des teilweise sehr hohen Kapitalanteils an einzelnen Unternehmen in wesentlich stärkerem Maße Ausdruck verleihen als eine entsprechende Summe privater Anleger und einen höheren Einfluss auf die Unternehmensführung ausüben. Abbildung 3 zeigt, dass die institutionellen Investoren 1992 in den USA – auch im Vergleich zu anderen Ländern – eine sehr hohe Bedeutung besaßen. Demzufolge wurde dort bereits seit längerer Zeit ein hoher Performancedruck auf Unternehmen ausgeübt. Die Globalisierung der Kapitalmärkte und der dadurch begründete Hang professioneller Investoren, nicht nur national, sondern zunehmend auch international nach den besten Investitionsmöglichkeiten zu suchen, erhöhte diesen Performancedruck zusätzlich.[29]

---

[24]   Vgl. Rappaport A. 1999, S.2. Zur Definition des Begriffs Wertlücke siehe Hachmeister D. 2000, S.50.

[25]   Rappaport A. 1999, S.2.

[26]   Vgl. zur Prinzipal-Agenten-Theorie grundlegend: Jensen M.C./Meckling W.H. 1976, S. 305-360. Für weitere Angaben siehe Anhang.

[27]   Zum Begriff Moral Hazard vgl. Jost P.-J. 2001, S.26 sowie Betz F.E. 2006, S.23.

[28]   Vgl. Rappaport A. 1999, Vorwort S.XV. Für weitere Angaben siehe Anhang.

[29]   Vgl. Günther T. et al. 2000a, S.69. Für weitere Angaben siehe Anhang.

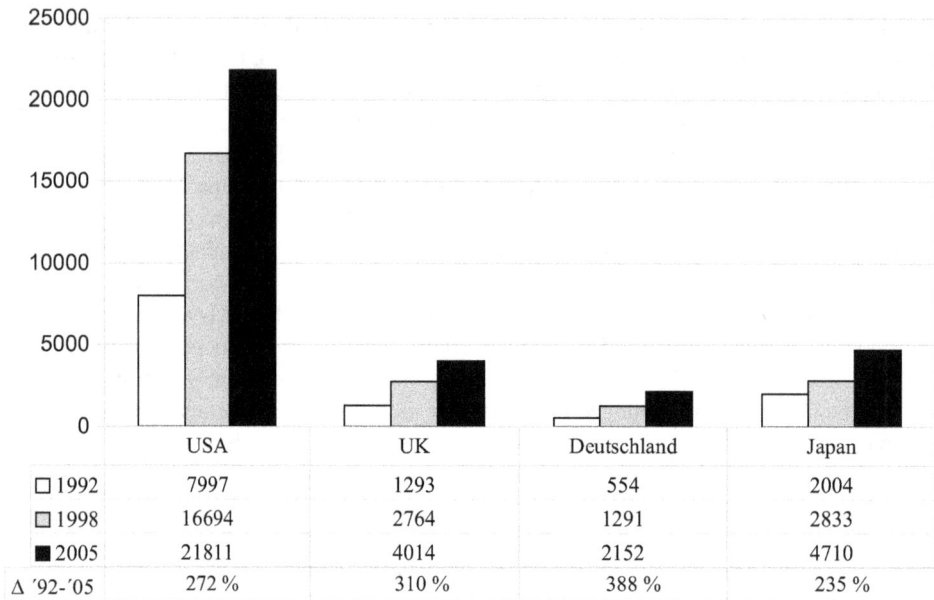

	USA	UK	Deutschland	Japan
☐ 1992	7997	1293	554	2004
☐ 1998	16694	2764	1291	2833
■ 2005	21811	4014	2152	4710
Δ '92-'05	272 %	310 %	388 %	235 %

Abbildung 3: Der Wert der Finanzanlagen institutioneller Investoren in Mrd. US$[30]

Aufgrund der Diskussion um die Gefahren einer Trennung von Management und Eigentum und der starken Verhandlungsposition institutioneller Eigenkapitalgeber rückten die Interessen der Eigentümer und damit auch eine an diesen Interessen ausgerichtete Berichterstattung in den Vordergrund. Die Mängel der traditionellen buchhalterischen Kennzahlen wurden zwar sowohl von MOXTER[31] als auch von SOLOMONS[32] bereits Mitte der 1960er Jahre aufgezeigt. In Verbindung mit den übrigen Rahmenbedingungen erhielt diese Kritik jedoch eine neue Bedeutung und wurde zu einem wichtigen Argument für die Einführung des Shareholder Value-Ansatzes. Die Schwächen der traditionellen Bilanzkennzahlen sind grundsätzlich bis zur heutigen Zeit eines der wichtigsten Argumente für die Einführung wertorientierter Konzepte.[33] Die Kritik an den bilanziellen Kennzahlen wird in Abschnitt 2.4.4 ausführlich diskutiert.

---

[30]   Datenquelle: OECD 2001, S.46 sowie OECD 2006. Für weitere Angaben siehe Anhang.

[31]   Siehe Moxter A. 1964, S.6-35 sowie Moxter A. 1966, S.58. Für weitere Angaben siehe Anhang.

[32]   Siehe Solomons D. 1965.

[33]   Vgl. Günther T. et al. 2000a, S.70.

Merksatz 2b)

Die in Abbildung 4 dargestellten Rahmenbedingungen hatten entscheidenden Einfluss auf die Entstehung des Shareholder-Value-Konzepts. Dieses ist der erste bedeutende Ansatz wertorientierter Unternehmensführung.

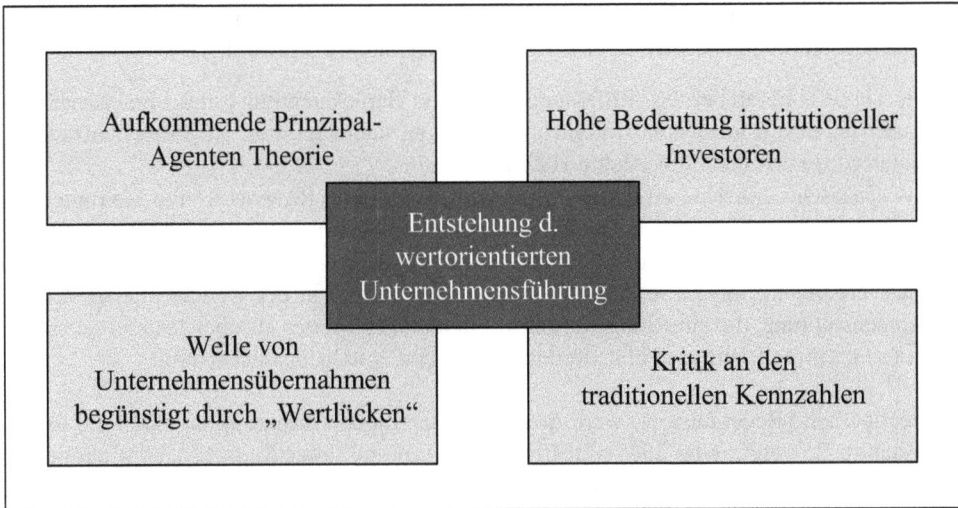

Abbildung 4: Die Rahmenbedingungen, die Mitte der 1980er Jahre zur Entstehung des Shareholder Value-Ansatzes führten

Während das Shareholder Value-Konzept aufgrund der in Abbildung 4 zusammengefassten Rahmenbedingungen in den USA auf fruchtbaren Boden fiel und zeitnah in der Praxis Anwendung fand, dauerte es einige Jahre, bis dieses Konzept und in der Folge auch andere wertorientierte Konzepte in Deutschland eingesetzt wurden. Eines der ersten deutschen Unternehmen, welches den Shareholder Value-Ansatz umsetzte, war 1993 die Veba Öl AG.[34] Als Ursache für die Verzögerung ist vor allem die vergleichsweise geringe Bedeutung institutioneller Anleger in Deutschland zu nennen.[35] In diesem Zusammenhang ist neben der Höhe der Finanzanlagen auch die zugrunde liegende Anlagestrategie zu berücksichtigen.[36]

Der starke relative Bedeutungszuwachs der institutionellen Investoren (vgl. Abbildung 3: Δ '92-'05) und auch die veränderte Anlagestrategie hin zu einer vermehrten Investition in Aktien[37] zeigen jedoch, dass die Eigentümerinteressen mittlerweile auch in Deutschland in

---

[34]   Vgl. ULA 1996, S.1

[35]   Vgl. Abbildung 3. Für weitere Angaben siehe Anhang.

[36]   Vgl. CGFS 2007, S.7. Für weitere Angaben siehe Anhang.

[37]   Vgl. OECD 2001, S.47. Für weitere Angaben siehe Anhang.

hohem Maße institutionell vertreten werden. Entsprechend kann in Deutschland ein starker Bedeutungszuwachs des Shareholder Value-Ansatzes für die Zeit von 1992 bis heute konstatiert werden.[38] In diesem Zeitraum wuchs jedoch gleichzeitig die Kritik an diesem Ansatz.[39] Durch die in Abschnitt 2.1 beschriebene Diskussion des Unterschieds zwischen Wertschaffung und Wertverteilung entwickelte sich daraus die wertorientierte Unternehmensführung als konsensfähiges, zugrunde liegendes Prinzip des Shareholder Value-Ansatzes.

Unter Berücksichtigung des bisher Geschriebenen kann die Entwicklung der wertorientierten Unternehmensführung somit als *dialektischer Prozess* interpretiert werden:

- Die *These* bildet dabei die Auffassung, dass eine Berücksichtigung der Eigentümerinteressen für eine erfolgreiche Unternehmensführung kaum relevant ist. Diese Auffassung schien zu Beginn der 1980er Jahre vorzuherrschen.
- Als klassische *Antithese* zu dieser Auffassung formulierte RAPPAPORT die Maximierung der Eigentümerrendite als oberste Zielsetzung eines Unternehmens und stellte damit den Eigenkapitalgeber ins Zentrum der betrieblichen Prozesse.
- Die Vereinigung (*Synthese*) beider Auffassungen erfolgt in der wertorientierten Unternehmensführung, die eine Steigerung des Unternehmenswertes als oberstes Ziel postuliert und somit mittelfristig eine hohe Rendite der Eigenkapitalgeber sicherstellt.

Die heutige hohe Bedeutung der wertorientierten Unternehmensführung ist durch die Empirie bestätigt. So zeigte eine 2005 veröffentlichte Umfrage unter deutschen börsennotierten Unternehmen, dass 84% dieser Unternehmen der wertorientierten Berichterstattung einen hohen Stellenwert beimessen.[40] In Abhängigkeit der Branchenzugehörigkeit ergibt sich der höchste Stellenwert aus Sicht der Chemie-, Pharma- und Biotechnologie-Unternehmen. Dies erklärt sich durch die hohe Bedeutung von Zukunftsinvestitionen in diesen Branchen.[41]

2.3   Die Verbindung zwischen wertorientierter Unternehmensführung und traditionellen Konzepten der Betriebswirtschaftslehre

Im vergangenen Abschnitt wurden jene Rahmenbedingungen erläutert, die eine Einführung des Shareholder Value-Ansatzes erleichterten. Trotz dieser günstigen Rahmenbedingungen bedurfte es eines gut durchdachten Konzeptes, um die letztendlich erreichte Bedeutung zu erlangen. An dieser Stelle soll kurz auf die Frage eingegangen werden, wie es gelang, ein Konzept zu entwickeln, das bis zum heutigen Tag auf eine große Resonanz in Literatur,

---

[38] Vgl. Copeland/Koller/Murrin 2002, S.28 sowie Faul K. 2005, S.28.

[39] Eine differenzierte Diskussion der möglichen Kritikpunkte findet sich bei Skrzipek M. 2005, S.38-43.

[40] Vgl. Wenzel J. 2005, S. 268. Für weitere Angaben siehe Anhang.

[41] Vgl. Rappaport A. 1999, S.38. Für weitere Angaben siehe Anhang.

Medien und Praxis stößt. Der Bezug zur wertorientierten Unternehmensführung ist insofern hergestellt, als eine Vielzahl der Teilaspekte des Ansatzes von RAPPAPORT bei der späteren Entwicklung wertorientierter Konzepte übernommen wurden.

Das Geheimnis für den Erfolg des Konzeptes von RAPPAPORT liegt in der Berücksichtigung von Bewährtem. Auch wenn RAPPAPORT durch seinen Ansatz Pionierarbeit leistete, erfand er doch nichts gänzlich Neues[42]. Er verstand es vielmehr in einzigartiger Weise, bei der Entwicklung seines Konzeptes bewährte Ansätze aus den verschiedenen Bereichen der Betriebs- und Finanzwirtschaftslehre zu integrieren. So bescheinigt ihm GRUNDY:

„Alfred Rappaport′s major book on shareholder value was the first major synthesis of financial economies, industrial economies, and (to a more limited extend) strategic management".[43]

Auch BURGER/BUCHART sehen im Konzept von RAPPAPORT eine Synthese von Elementen der Kapitalmarkttheorie und der strategischen Unternehmensführung.[44]

Von besonderer Bedeutung ist die Integration der Elemente der dynamischen Investitionsrechnung.[45] Durch die Methodik der dynamischen Investitionsrechnung lässt sich der Barwert, also der heutige Wert, zukünftiger Zahlungsströme unter Berücksichtigung des Risikos darstellen, wobei das Risiko die Kapitalkosten beeinflusst. Diese Methodik verbindet RAPPAPORT mit den grundlegenden Erkenntnissen des strategischen Managements. Hierbei steht vor allem die Auswirkung eines Wettbewerbsvorteils auf zukünftige Zahlungsströme im Vordergrund. Gleichzeitig nutzt er die von PORTER geprägten Strategien zum Aufbau von Wettbewerbsvorteilen.

Die Liste der erprobten Methoden, die RAPPAPORT in sein Konzept integrierte, kann um viele weitere Ansätze ergänzt werden, bspw. um die Methodiken zur Ermittlung der ewigen Rente oder zur Bestimmung der Eigenkapitalkosten Auf der Basis dieser bewährten Ansätze entwickelte RAPPAPORT ein umfassendes Konzept, das von der Vergütung des Managements über die Organisation des Unternehmens und die Aktivitäten am Kapitalmarkt bis hin zur Strategieauswahl Handlungsanweisungen gibt.

Von der Vielzahl der Teilaspekte des RAPPAPORTschen Konzeptes, ist der verwendete Rechenansatz am wichtigsten. Dieser Rechenansatz wird auch als Discounted Cashflow-Ansatz (DCF) bezeichnet. Die Methodik des DCF-Ansatzes wird ebenfalls von den übrigen bedeutenden Rechenansätzen wertorientierter Unternehmensführung angewendet. Entscheidend ist, dass es für die Anwendung der Methodik irrelevant ist, ob ein Unternehmen die Maximierung der Eigentümerrendite oder des fundamentalen Unternehmenswertes verfolgt.

---

[42] Vgl. Drukarczyk J. 1997, S.1. Für weitere Angaben siehe Anhang.

[43] Grundy T. 2002, S.21.

[44] Vgl. Burger A./Buchart A. 2002, S. 594 sowie Gebhardt B. 2001, S.888. Für weitere Angaben siehe Anhang.

[45] Vgl. Obermeier R. 2003, S.343. Für weitere Angaben siehe Anhang.

2.4   Die Kernaktivitäten wertorientierter Unternehmensführung

In der Literatur wird eine Vielzahl von wertorientierten Aktivitäten erläutert. Umfassend werden dabei vor allem folgende Aktivitäten beschrieben, die deshalb in dieser Arbeit als *Kernaktivitäten* wertorientierter Unternehmensführung definiert werden:[46]

- die regelmäßige Unternehmensbewertung
- die Messung des Wertbeitrages pro Periode als Periodenergebnis
- die Beurteilung unterschiedlicher Strategien bzw. Projekte
- die Vergütung des Managements in Abhängigkeit der Entwicklung des fundamentalen Unternehmenswertes

Im Folgenden wird die traditionelle Gestaltung dieser in Abbildung 5 visualisierten Aktivitäten beschrieben. Im direkten Anschluss an jeden dieser vier Punkte wird die Kritik an der ursprünglichen Vorgehensweise in einem gesonderten Punkt zusammengefasst. Aus dieser Kritik resultiert die betriebswirtschaftliche Notwendigkeit einer wertorientierten Unternehmensführung, weshalb nachfolgendem Abschnitt eine hohe Bedeutung zukommt. Er soll wichtige Argumente für die Einführung wertorientierter Unternehmensführung wiedergeben, die dabei von äußeren Rahmenbedingungen – wie etwa der des Wettbewerbs um Kapital – unabhängig sind.

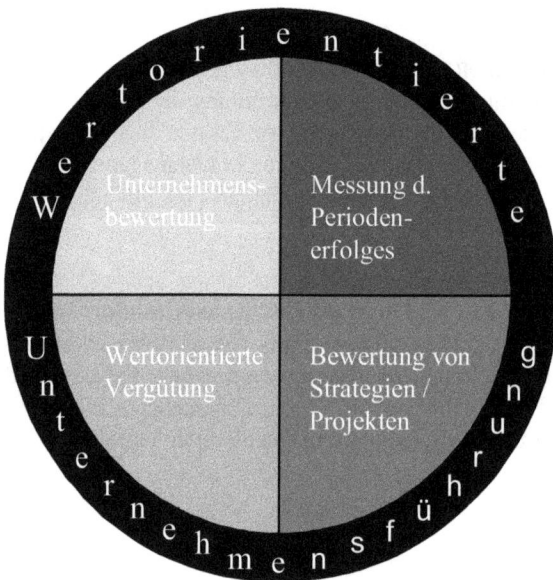

Abbildung 5: Die Kernaktivitäten wertorientierter Unternehmensführung

---

[46]   Vgl. Rappaport A. 1986; Stewart G.B. 1991; Lewis T.G. 1994.

Merksatz 2c)

Die Unternehmensbewertung, die Messung des Periodenerfolges, die Bewertung von Strategien und Projekten sowie die wertorientierte Vergütung sind die vier Kernaktivitäten
wertorientierten Managements.

2.4.1   Traditionelle Verfahren der Unternehmensbewertung

Bei der Unternehmensbewertung wurde in praxi vormals ein ausgeprägter Fokus auf die
Zahlen der Vergangenheit und auf die Vermögenswerte der Bilanz gelegt. Als traditionelle
Verfahren zur Ermittlung des Unternehmenswertes lassen sich vor allem das Substanz-, das
Liquidations- sowie das Ertragswertverfahren bezeichnen.[47]

Die beiden erst genannten gehen bei der Bemessung des Wertes eines Unternehmens zunächst von den bilanziellen Vermögenswerten, also der Substanz des Unternehmens, aus.
Der Substanzwert bezeichnet dabei den „Rekonstruktionswert" der sich aus der Differenz der
zu „Wiederbeschaffungskosten angesetzten Vermögens- und Schuldwerte ermittelt"[48]. Der
Liquidationswert hingegen „repräsentiert die Summe der verwertbaren Vermögensgegenstände zu Preisen des Absatzmarktes bei Liquidation des Unternehmens"[49].

Neben den beiden substanzorientierten Ansätzen werden in der Unternehmensbewertung seit
langem Verfahren eingesetzt, die auf der Kapitalwertmethode basieren. Zu diesen Verfahren
gehören vor allem das Ertragswert- sowie verschiedene Discounted-Cashflow-Verfahren.[50]
Die Grundlagen dieser Bewertungsverfahren wurden bereits in den 1950er Jahren entwickelt.[51]

Die Ertragswertmethode berechnet den Wert des Eigenkapitals eines Unternehmens auf
direktem Weg. Zu diesem Zweck werden die zukünftigen Ausschüttungen an die Eigenkapitalgeber diskontiert und barwertig summiert. Deshalb spielen die Annahmen über die Aus-
schüttungspolitik bzw. über die Verzinsung thesaurierter Gewinne eine wichtige Rolle. In
den meisten Fällen wird vereinfachend davon ausgegangen, dass einbehaltene Gewinne zum
Kapitalkostensatz reinvestiert werden. Unter dieser Annahme ist die Einbehaltung von Gewinnen irrelevant, weil wertneutral. Es kann somit von einer Vollausschüttung ausgegangen

---

[47]   Vgl. Pape U. 1997, S.55. Für weitere Angaben siehe Anhang.

[48]   Pape U. 1997, S.55.

[49]   Koch W./Wegmann J. 2002, S.159.

[50]   Vgl. Schierenbeck H./Lister M. 2001, S.82.

[51]   Vgl. Hachmeister D. 2000, S.274.

werden. Deshalb werden im Rahmen der Ertragswertmethode zumeist die geplanten zukünftigen Gewinne diskontiert.[52]

Parallel zu dem in Deutschland häufig angewendeten Ertragswertverfahren ist das DCF-Verfahren auf Basis eines gewichteten Kapitalkostensatzes (Engl.: **W**eighted **A**verage **C**ost of **C**apital -WACC) weit verbreitet.[53] Statt der Ausschüttungen an die Anteilseigner werden bei diesem Verfahren sämtliche Einnahmenüberschüsse vor Abzug der Fremdkapitalkosten diskontiert. Anschließend wird von dem Ergebnis der Marktwert des Fremdkapitals in Abzug gebracht, um den Wert des Eigenkapitals zu bestimmen. Sowohl beim DCF-Verfahren als auch bei der Ertragswertmethode wird der Wert des nichtbetriebsnotwendigen Vermögens separat ermittelt und dem Wert hinzugezählt.[54]

Beide Ansätze stellen wertorientierte Verfahren der Unternehmensbewertung dar und kommen theoretisch zu dem gleichen Ergebnis.[55] Aufgrund der hohen Akzeptanz und der weiten Verbreitung der Kapitalwertverfahren gibt es zahlreiche Unternehmen, die eine Bewertung des eigenen oder fremder Unternehmen auf Basis dieses Verfahrens vornehmen, ansonsten jedoch keine wertorientierten Aktivitäten verfolgen. Bezüglich der Unternehmensbewertung ist der wertorientierte Gedanke demzufolge bereits weit verbreitet.

Unabhängig davon entwickelten sich im Laufe der Zeit so genannte Multiplikatorverfahren, die mittlerweile häufig verwendet werden.[56] Diese Verfahren legen der Unternehmensbewertung eine bilanzielle Größe – bspw. den Gewinn oder den Buchwert – zugrunde und multiplizieren diese Größe mit einer für vergleichbare Unternehmen üblichen Verhältniszahl. Angenommen sei beispielsweise ein Unternehmen derselben Branche, das auch sonst von den Rahmenbedingungen her vergleichbar ist (z.B. hinsichtlich Internationalisierungsgrad, Steuerbelastung, Produktportfolio). Wenn dieses Unternehmen in den vergangenen fünf Jahren einen durchschnittlichen Gewinn erwirtschaftete, der aktuell fünf Prozent des Börsenkurses entspricht, dann lässt sich dies durch ein Gewinnverhältnis von eins zu zwanzig ausdrücken. Dementsprechend würde sich der vereinfachte Marktwert des eigenen Unternehmens durch Multiplikation des eigenen Gewinns mit dem Multiplikator zwanzig ergeben.

---

[52] Vgl. Coenenberg A.G./ Schultze W. 2003, S.125.

[53] Vgl. Stiefl J. 2005, S.212.

[54] Vgl. Stiefl J. 2005, S.207 sowie Drukarczyk J. 1997, S.4.

[55] Vgl. Coenenberg A.G./ Schultze W. 2003, S.119.

[56] Vgl. Koch W./Wegmann J. 2002, S.189.

2.4.2   Kritik an den traditionellen Verfahren der Unternehmensbewertung

Die Verfahren des Substanz- bzw. Liquidationswertes als solche werden nicht kritisiert. Allerdings wird der Einsatz der Verfahren auf das Vorhandensein bestimmter Rahmenbedingungen limitiert. Entscheidend ist in diesem Zusammenhang die Frage, ob von einer dauerhaften Fortführung des Unternehmens auszugehen ist.[57]

Während die Ermittlung des Liquidationswertes unter bestimmten Umständen sinnvoll erscheint, ist die Anwendung eines Multiplikatorverfahrens aus wertorientierter Sicht zu beanstanden. Die verwendeten Multiplikatoren werden zumeist aus der Bilanz abgeleitet und sind somit ebenfalls mit den Mängeln der traditionellen bilanziellen Kennzahlen behaftet. Die Kritik am Gewinn – der in Form des Gewinns pro Aktie häufig als Multiplikator weiterverwendet wird – und anderen bilanziellen Periodenerfolgsgrößen wird in Abschnitt 2.4.4. zusammengefasst.

Für die Bewertung eines Unternehmens aus wertorientierter Sicht sind die zukünftigen Zahlungsströme sowie die Berücksichtigung der damit verbundenen Risiken von entscheidender Bedeutung. Beides kann durch den Einsatz von Kapitalwertverfahren gewährleistet werden, allerdings nur, solange die Plandaten auf realistischen Annahmen bezüglich der Zukunft basieren und nicht auf Basis der Ergebnisse der abgelaufenen Jahre unreflektiert fortgeschrieben werden.

2.4.3   Messung des Periodenerfolges

Der Gewinn kann als traditionelle Kennzahl mit der größten Bedeutung bezeichnet werden. Durch die Gegenüberstellung von Erträgen und Aufwendungen soll der Periodenerfolg ermittelt werden. Dabei sind die tatsächlichen Zahlungsströme unerheblich, lediglich der Zeitpunkt der Inanspruchnahme oder der Erstellung einer Leistung ist entscheidend. So wird bei der Ermittlung des Gewinns zunächst nicht unterschieden, ob beim Verkauf einer erbrachten Leistung der Forderungs- oder der Bankbestand zunimmt. Ebenso belastet der Kauf von Anlagevermögen den Gewinn nicht vollumfänglich zum Zeitpunkt des Kaufes, weil die Anschaffungskosten mittels Abschreibungen auf die gesamte angenommene Nutzungsdauer verteilt werden. Entsprechend kommt den Abschreibungen im Rahmen der Gewinnermittlung eine bedeutende Rolle zu. In Abhängigkeit der anzuwendenden Bilanzierungsvorschriften (HGB, IFRS, US-GAAP etc.) gibt es verschiedene Vorschriften zur Ansetzung der Abschreibungen und teilweise auch Wahlrechte.[58]

Dem Gewinn als ertragsorientierte Ergebnisgröße steht der Cashflow als zahlungsorientierte Ergebnisgröße gegenüber. Der Cashflow ermittelt die Differenz zwischen Ein- und Auszahlungen der Periode und soll somit Auskunft über den Kapitalfluss der Periode geben. Auf-

---

[57]   Vgl. Rappaport A. 1999, S.49. Für weitere Angaben siehe Anhang.

[58]   Vgl. Wenzel J. 2005, S.133-182.

grund der Orientierung an Zahlungsströmen kann der Cashflow nicht durch verschiedene Abschreibungsmethoden beeinflusst werden. Seine Höhe ist demnach als Tatsache ermittelbar. Trotzdem ist zu berücksichtigen, dass es in der Literatur zahlreiche verschiedene Definitionen des Cashflows gibt, weshalb auch hier die Interpretierbarkeit nicht immer einfach ist.[59]

Weitere wichtige Kennzahlen zur Beurteilung des Periodenerfolges sind die Gesamtkapitalrentabilität (Return on Investment – RoI) sowie die Eigenkapitalrentabilität (Return on Equity – RoE). Die Gesamtkapitalrentabilität ermittelt sich, indem der Gewinn in Prozent des Gesamtkapitals ausgedrückt wird. Dabei wird der Gewinn vor Abzug der Fremdkapitalzinsen zugrunde gelegt, sodass weder kalkulatorische Eigenkapitalkosten, noch Fremdkapitalkosten berücksichtigt werden. Die Eigenkapitalrentabilität gibt den Gewinn in Prozent des Eigenkapitals an.

2.4.4   Kritik an den traditionellen Größen zur Messung des Periodenerfolges

Die Vertreter der unterschiedlichen Konzepte wertorientierter Unternehmensführung sparen durchaus nicht an Kritik, wenn konkurrierende Ansätze bewertet werden sollen. Sobald es jedoch um die Beurteilung der Aussagekraft und Eignung traditioneller Ergebniskennzahlen zur Messung des Periodenerfolges geht, gleichen sich die Meinungen der Promotoren wertorientierter Unternehmensführung. Die Kritik an den traditionellen Kennzahlen ist massiv und bildet in den meisten Werken zur Wertorientierung den argumentativen Ausgangspunkt, aus dem die Notwendigkeit der Einführung des jeweiligen Konzeptes abgeleitet wird.[60] Von besonderer Bedeutung sind in diesem Zusammenhang die Werke Moxters und Solomons´, die bereits in den 1960er Jahren Kritik an den traditionellen Kennzahlen übten. Abbildung 6 veranschaulicht eines der wesentlichen Argumente Solomons´.

---

[59] Zur Diskussion des Begriffs *Cashflow* vgl. Geuppert F. 2003, S.6-8.

[60] Vgl. beispielhaft Rappaport A. 1999, S.15-39. Für weitere Angaben siehe Anhang.

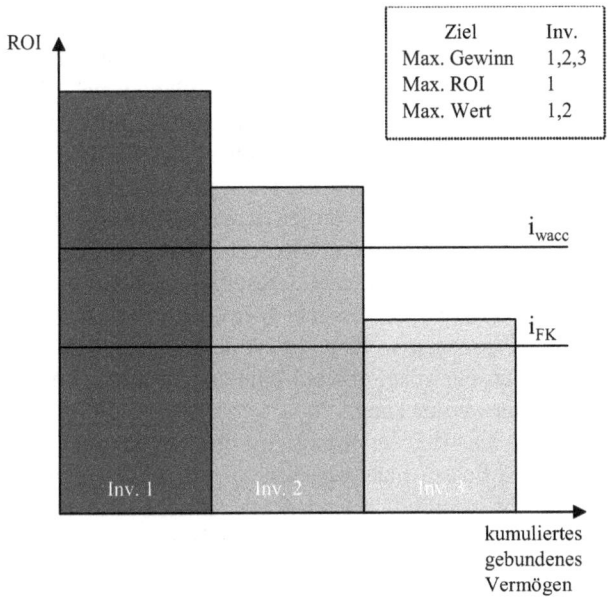

Ziel	Inv.
Max. Gewinn	1,2,3
Max. ROI	1
Max. Wert	1,2

Abbildung 6: Die Wahl von Investitionen in Abhängigkeit der Zielsetzung des Unternehmens.[61]

Zu sehen sind die drei Investitionsmöglichkeiten eines Unternehmens, geordnet nach deren ROI. Das durch die jeweilige Investitionsmöglichkeit gebundene Vermögen ist annahmegemäß identisch (X-Achse). Die gewichteten Kapitalkosten (i_{WACC}) sowie die Kosten des Fremdkapitals (i_{FK}) sind durch horizontale Linien dargestellt. Für den Manager des Unternehmens stellt sich die Frage, welche Investitionen realisiert werden sollen. Diese Entscheidung hängt von der Zielsetzung des Unternehmens ab:

- Bei der Verfolgung einer Maximierung des bilanziellen Gewinns werden sämtliche abgebildeten Investitionen getätigt.
- Zur Maximierung des ROI sollte ausschließlich Projekt 1 gewählt werden.
- Unter Berücksichtigung der Auswirkungen auf den Unternehmenswert sollten hingegen die Investitionen 1 und 2 gewählt werden.

Dieses vereinfachte Beispiel zeigt, dass eine Verfolgung der Zielsetzung Maximierung des ROI oder des bilanziellen Gewinns zu einer Fehlsteuerung führen kann. Im Mittelpunkt der Kritik an den traditionellen Kennzahlen steht – damals wie heute – der Bilanzgewinn. Diesbezüglich werden folgende Hauptkritikpunkte geäußert[62]:

---

[61] Quelle: Balachandran S.V. 2006, S.385.

[62] Vgl. Rappaport A. 1999, S.16 und S.20ff. Vgl. außerdem Banzhaf J. 2006, S.99 sowie Günther T. 1994, S.41-50.

- *Vernachlässigung des Zeitwertes des Geldes.* Der Vorstellung vom Zeitwert des Geldes liegt die Annahme zugrunde, dass ein Euro, über den zum heutigen Zeitpunkt verfügt werden kann, mehr wert ist als ein Euro, der erst in einem Jahr zur Verfügung steht. Diese Annahme kann dadurch begründet werden, dass der heute verfügbare € im bevorstehenden Jahr zu einem garantierten Mindest-Zinssatz angelegt werden kann. Da die unternehmerische Tätigkeit stets mit einem Risiko verbunden ist, muss jedoch eine entsprechend höhere Verzinsung des eingesetzten Kapitals gewährleistet werden. Dieser höhere Zinssatz repräsentiert somit grundsätzlich den garantierten Mindest-Zinsatz zuzüglich eines Aufschlags für das unternehmerische Risiko. Die daraus resultierenden Kosten des Kapitals werden bei der Ermittlung des Gewinns jedoch nicht vollständig berücksichtigt, weil lediglich die Fremdkapitalkosten abgezogen werden. Es ist deshalb möglich, dass ein Unternehmen einen positiven Gewinn ausweist, obwohl eine angemessene Verzinsung des Eigenkapitals nicht gewährleistet werden kann.

- *Ausschließen von Investitionserfordernissen.* Bei der Ermittlung des Gewinns wird im Gegensatz zur Bestimmung des Free Cashflows[63] nicht berücksichtigt, dass Investitionen zur Substanzerhaltung des Unternehmens erforderlich sind. Nach Ansicht RAPPAPORTs geht mit dem Umsatzwachstum eines Unternehmens ein Wachstum des Anlagevermögens einher. Bei einem Wachstum des Anlagevermögens sind die Neuinvestitionen in das Anlagevermögen höher als die bisherigen Abschreibungen. Dieser Differenzbetrag zwischen Neuinvestitionen und Abschreibungen stellt eine Komponente der Wachstumskosten des Umsatzes dar.[64] Er bleibt jedoch bei der Gewinnermittlung unberücksichtigt, d.h. er mindert den Gewinn nicht. Demzufolge wird der Gewinn in dieser Hinsicht bei einem expandierenden Unternehmen zu hoch ausgewiesen.[65]

- *Verwendung alternativer Bewertungsverfahren des Rechnungswesens.* Der Gewinn ist als bilanzielle Kennzahl den gesetzgebenden Vorschriften unterworfen. Die von den Rechnungslegungsvorschriften gewährten Wahlmöglichkeiten implizieren die Gefahr einer Manipulation des Periodenerfolges. So kann „eine Änderung des Bewertungsverfahrens [...] den Gewinn eines Unternehmens maßgeblich beeinflussen".[66] D.h. der Periodenerfolg aus bilanzieller Sicht verändert sich, obwohl aus ökonomischer Sicht keine Veränderung stattgefunden hat.

- *Mangelnde Korrelation mit der Aktienrendite.* Die übrigen genannten Kritikpunkte führen nach Ansicht Rappaports dazu, dass der Gewinn die Veränderung des ökonomischen Unternehmenswertes nicht abzubilden vermag. Daraus folgert er, dass der Gewinn keine zuverlässige Aussage über die Veränderung des Marktwertes trifft.[67]

---

[63] Zur Definition und Erläuterung des Free Cashflows siehe Punkt 3.1.2.1.

[64] Vgl. hierzu die Formel zur Berechnung des Free Cashflows zu Beginn des Abschnitts 3.1.2.1.

[65] Vgl. Günther et al. 2000a, S.70.

[66] Rappaport A. 1999, S.16.

[67] Vgl. Rappaport A. 1999, S.16.

Aufgrund der genannten Kritikpunkte geht Rappaport sogar soweit, Unternehmen dazu aufzufordern, sich Gewinnprognosen zu sparen.[68] Interessant sind in diesem Zusammenhang die Ergebnisse einer von Graham/Harvey/Rajgopal durchgeführten Befragung der Finanzchefs (CFOs) amerikanischer Unternehmen. Graham et al. berichten:

> „that 78 percent of public companies would sacrifice value to smooth earnings and 56 percent would knowingly defer valuable long-term projects to meet targets."[69]

Aus der Sicht von Graham et al. deuten die Ergebnisse ihrer Studie darauf hin, dass

> „For the economy as a whole ... capital investment may not be at its optimal level because of pressures to play the earnings game."[70]

Neben der dargestellten speziellen Kritik am Gewinn werden vor allem die Kennzahlen Return on Equity (RoE, Eigenkapitalrendite) und der Return on Investment (RoI, Gesamtkapitalrendite) umfassend kritisiert. In diesem Zusammenhang wird insbesondere auf die von beiden Kennzahlen ausgehenden Steuerungswirkungen eingegangen. Zur Detailkritik an diesen Kennzahlen sei an dieser Stelle auf die Literatur verwiesen.[71] Es bleibt jedoch festzuhalten, dass sowohl der RoE als auch der RoI den bilanziellen Gewinn im Zähler als Rechengröße verwenden. Aus der geäußerten Kritik am Gewinn ergibt sich deshalb unmittelbar eine Schwachstelle dieser Kennzahlen.

Auch die Verwendung des Cashflows als Kennzahl wird kritisiert. Zwar ermittelt der Cashflow die tatsächlichen Zahlungen, trotzdem können diese jedoch bewusst beeinflusst werden. So ist es bspw. möglich, den Cashflow einer Periode durch den Barverkauf von Vermögen – unabhängig von der Erzielung eines dem tatsächlichen Wert entsprechenden Verkaufspreises – zu erhöhen. Ebenso kann der Cashflow durch Unterlassung von Investitionen zumindest kurzfristig erhöht werden.

2.4.5 Traditionelle Verfahren zur Bewertung von Strategien und Projekten

Für die Bewertung von Strategien und Projekten existieren seit langer Zeit die Methoden der dynamischen Investitionsrechnung. Auf der Basis dieser Methoden lässt sich der Kapitalwert eines Projektes bzw. einer Strategie berechnen, indem saldierte Aus- und Einzahlungsströme auf den Bewertungsstichtag diskontiert werden. In diesem Zusammenhang ist es möglich, kalkulatorische Eigenkapitalkosten zu berücksichtigen. Es ist somit nicht erst seit der Einführung von wertorientierten Managementsystemen möglich, Strategien und Projekte auf einer wertorientierten Basis zu beurteilen.

---

[68] Rappaport A. 2006, S.28.

[69] Graham J.R./Harvey C.R./Rajgopal S. 2006, S.38.

[70] Graham J.R./Harvey C.R./Rajgopal S. 2006, S.38.

[71] Vgl. Rappaport A. 1999, S.24-38 sowie Bischof J. 1994, S.34-41.

2.4.6   Kritik an der traditionellen Vorgehensweise zur Bewertung von Strategien und Projekten

Die Kritik an der traditionellen Vorgehensweise zur Bewertung von Strategien und Projekten richtet sich, den Aussagen des vorigen Punktes folgend, nicht auf die Methoden der dynamischen Investitionsrechnung, sondern auf die zu selten erfolgende Anwendung dieser Methoden. Aus Sicht der Befürworter wertorientierter Unternehmensführung werden Entscheidungen zu häufig auf einer die tatsächlichen monetären Auswirkungen missachtenden Annahme strategischer Notwendigkeit getroffen. So kann die Verfolgung des strategischen Ziels der Umsatzmaximierung zu einer massiven Vernichtung von Unternehmenswert führen, wenn zur Steigerung des Umsatzes auch Projekte mit einer Rendite unterhalb der Kapitalkosten durchgeführt werden. Dieses Phänomen wird auch als Expansionspleite bezeichnet.[72]

2.4.7   Traditionelle Vorgehensweise zur Vergütung des Topmanagements

Die variable Vergütung des Top-Managements erfolgt bis in die heutige Zeit hinein nur selten auf der Basis wertorientierter Erfolgsgrößen. Ein wesentlich stärkeres Gewicht besitzt nach wie vor der bilanzielle Periodengewinn.[73] Dabei wird ein bestimmter zu erreichender Periodengewinn vorgegeben. Am Ende der Periode wird der Ist-Wert mit dem Soll-Wert verglichen und auf Basis der Abweichung die Höhe der variablen Vergütung bestimmt.

2.4.8   Kritik an der traditionellen Vorgehensweise zur Vergütung des Topmanagements

Die Zugrundlegung nicht-wertorientierter Kennzahlen für die variable Vergütung hat mehrere Nachteile. Nicht nur die „ungerechte" Entlohnung allein gibt Anlass zur Kritik, viel wichtiger sind die möglichen Folgen falscher Anreize.[74] Wenn ein Manager zur Verfolgung von Zielen aufgefordert wird, die der tatsächlichen Wertentwicklung entgegenlaufen können – bspw. die Gewinnmaximierung auf Kosten von Investitionen in Forschung und Entwicklung – kann dies langfristig schwerwiegende Folgen haben. Im Kontext der traditionellen Vergütung zeigen sich somit erneut die möglichen negativen Auswirkungen des Gewinns als Steuerungskennzahl.

Unter Berücksichtigung des umfassenden Einflusses des Gewinns nicht nur als allein stehende Kennzahl, sondern auch als einfließende Rechengröße in andere Kennzahlen zur Unternehmens- und Projektbewertung, Performancemessung und zur wertorientierten Vergütung, wird die Bedeutung des Gewinns und somit auch die Notwendigkeit einer Hinterfragung der

---

[72]   Vgl. Bischof J. 1994, S.50.

[73]   Vgl. Kurzich M./Rautenstrauch T., 2003, S.355 und S.357. Für weitere Angaben siehe Anhang.

[74]   Vgl. Rappaport A. 1999. S.137f.

Kennzahl ersichtlich. Eine entsprechende Analyse aus wertorientierter Sicht kommt aufgrund der aufgezeigten Mängel zu dem Ergebnis, dass der Gewinn durch andere, näher an der ökonomischen Realität orientierte Kennzahlen ersetzt werden sollte.[75] Die Mängel des bilanziellen Gewinns begründen deshalb eine Einführung neuer Kennzahlen als betriebswirtschaftliche Notwendigkeit.

Aus dieser Überzeugung heraus enthält jedes bekannte Konzept zur wertorientierten Unternehmensführung eigene Kennzahlen, auf deren Basis eine wertorientierte Unternehmenssteuerung vollzogen werden kann. Diese Rechenansätze werden im folgenden Kapitel vorgestellt.

---

[75] Vgl. Skrzipek M. 2005, S.18.

3 Die wichtigsten Rechenansätze wertorientierter Unternehmensführung

Die bedeutendsten Ansätze wertorientierter Unternehmensführung sind das Shareholder Value-Konzept, das Konzept des Economic Value Added (EVA) sowie das Konzept des Cashflow Return on Investment (CFRoI), der in den Cash Value Added weiterentwickelt werden kann.[76]

Die Entwickler dieser vier Konzepte stellen in ihren Standardwerken[77] jeweils einen Rechenansatz vor, der ihrem Konzept zugrunde liegt. Im Falle des Shareholder Value-Konzeptes ist dies der Discounted Cashflow, in den drei übrigen Fällen sind die Namen der Rechenansätze identisch mit dem Namen des Gesamtkonzepts.

Der Begriff Rechenansatz umfasst als Oberbegriff sämtliche Kennzahlen des jeweiligen Konzeptes. Diese basieren auf einer einheitlichen Rechenlogik, deshalb die Bezeichnung Rechenansatz. Mit jedem der Rechenansätze lassen sich die vier Kernaktivitäten wertorientierten Managements durchführen. In der Praxis werden jedoch je nach Kernaktivität unterschiedliche Rechenansätze präferiert.

Nachfolgend werden die genannten Rechenansätze in den Hauptpunkten 3.1 bis 3.4 vorgestellt. Dabei steht für jeden Ansatz das aus der Empirie abgeleitete Haupteinsatzfeld im Vordergrund der Ausführungen. Dies ist entweder die Unternehmensbewertung oder die Messung des Periodenerfolges. Auf die Gestaltung der verbleibenden Kernaktivitäten wird zusätzlich eingegangen, wenn sich dadurch neue Erkenntnisse gewinnen lassen und die praktische Bedeutung gegeben ist.

Das zentrale Lernziel des 3. Kapitels ist das Verständnis der vorgestellten Rechenansätze DCF, CFRoI, CVA und EVA. Um den eigenen Wissensstand zu überprüfen, können die Fallstudien 1-3 genutzt werden.

---

[76] Vgl. Ernst E. et al. 2006, S.80; Groll K.-H. 2003 S.1; Weber J. et al. 2004a, S.10 sowie Bärtl O. 2001, S.17.

[77] Vgl. Rappaport A. 1986; Stewart G.B. 1991; Lewis T.G. 1994.

3.1   Der Discounted Cashflow Ansatz

Im Zuge der Beschreibung des DCF-Ansatzes soll kurz auf dessen Ursprung und Bedeutung eingegangen werden, bevor eine Erläuterung der Determinanten[78] Free Cashflow, gewichteter Kapitalkostensatz (WACC) und Residualwert erfolgt. Zum Abschluss des Abschnitts 3.1 wird die Gestaltung der verbleibenden Kernaktivitäten behandelt.

3.1.1   Ursprung und Bedeutung des DCF-Ansatzes

Der Discounted Cashflow-Ansatz stellt allgemein betrachtet zunächst ein Konzept zur Berechnung des Unternehmenswertes dar. In der Literatur existiert eine Vielzahl von unterschiedlichen Verfahren zur Ermittlung des Discounted Cashflows. Gemeinsam ist diesen Verfahren die aus der Investitionsrechnung übernommene Methodik zur Berechnung eines Kapitalwertes als barwertige Summe zukünftiger Zahlungsströme und das Ziel einer Berechnung der zukünftigen Nettoausschüttungen an die Anteilseigner.[79] Trotz der gemeinsamen Methodik unterscheiden sich die Ansätze vor allem bezüglich der Verteilung der Zahlungsströme auf die verschiedenen Perioden. Dies ist in erster Linie auf die unterschiedliche Abbildung von Finanzierungseinflüssen zurückzuführen.[80]

In Abhängigkeit der Annahmen über die Kapitalstruktur und die Steuerbehandlung werden in der Literatur vier Verfahren unterschieden: das Konzept der gewogenen durchschnittlichen Kapitalkosten (WACC) sowie das Total Cashflow-, das Adjusted Present Value- und das Flow to Equity-Verfahren.[81] Je nachdem, ob das jeweilige DCF-Verfahren den Wert des Eigenkapitals (Equity) oder den Wert des Unternehmens (Entity) ermittelt, werden die Verfahren in Equity- und Entity-Verfahren unterteilt. Eine Übersicht dieser Verfahren liefert Abbildung 7.

---

[78]   Die Determinanten der verschiedenen Rechenansätze werden in dieser Arbeit teilweise auch als Wertgeneratoren bezeichnet. Vgl. Kapitel 5.

[79]   Vgl. Stiefl J. 2005, S.213.

[80]   Vgl. Hachmeister D. 2000, S.3.

[81]   Vgl. ausführlich: Hachmeister D. 2000, S.105-130, S.270f.; für eine kurze Übersicht: Stiefl J. 2005, S.213.

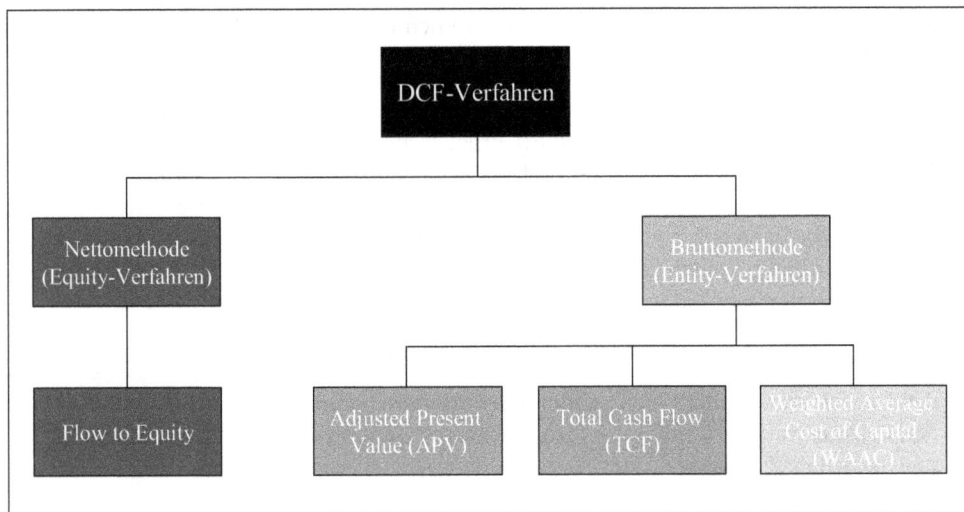

Abbildung 7: Die unterschiedlichen Verfahren zur Ermittlung des Discounted Cashflows

Der Flow-to-Equity Ansatz ist von diesen das einzige Equity-Verfahren und berechnet als solches die Nettoausschüttungen auf direktem Weg. Bei den Entity Verfahren erfolgt die Ermittlung der Nettoausschüttungen auf indirektem Weg. Dazu wird zunächst der Unternehmenswert als Wert des Gesamtkapitals bestimmt. In einem zweiten Schritt erfolgt die Ermittlung der Nettoausschüttungen durch Abzug des Wertes des verzinslichen Fremdkapitals.[82]

Das im Folgenden beschriebene Discounted Cashflow Verfahren nach RAPPAPORT basiert auf dem WACC-Ansatz. Dieser Ansatz besitzt von den DCF-Verfahren im Kontext der Rechenansätze, die im weiteren Verlauf vorgestellt werden, den höchsten Stellenwert. Deshalb werden die übrigen Verfahren nicht ausführlich erläutert.[83] Für die Bestimmung des Unternehmenswertes bzw. des Wertes des Eigenkapitals müssen dabei neben dem WACC weitere Determinanten ermittelt werden.

3.1.2   Die Determinanten des DCF-Ansatzes

Der DCF-Ansatz beschreibt den Wert eines Unternehmens als die barwertige Summe aller zukünftigen frei verfügbaren (Free) Cashflows.[84] Um den Barwert der zukünftigen Cashflows zu ermitteln, werden diese mit einem Abzinsungsfaktor auf den heutigen Zeitpunkt

---

[82]   Vgl. Stiefl J. 2005, S.213.

[83]   Für eine umfassende Behandlung siehe Hachmeister D. 2000, S. 252-268 sowie Dück-Rath M. 2005, S.37-125.

[84]   Vgl. Knorren N. 1998, S.45.

diskontiert.[85] Durch den Diskontierungsfaktor werden die gesamten Kosten des Kapitals in Abzug gebracht.[86]

Die zukünftigen Free Cashflows können unterteilt werden in solche, die während der Prognoseperiode anfallen, und jene, die nach der Prognoseperiode anfallen. Die Prognoseperiode umfasst im Regelfall die kommenden fünf bis zehn Jahre. Für die übrigen in der ferneren Zukunft liegenden Cashflows wird nach dem Modell der ewigen Rente ein Residualwert ermittelt, der ebenfalls auf den heutigen Zeitpunkt diskontiert wird. Zur Ermittlung des Gegenwartswertes der gesamten zukünftigen Cashflows ist die Bestimmung des Kapitalkostensatzes als Diskontierungsfaktor erforderlich.

Somit ist der Unternehmenswert im Wesentlichen determiniert durch:

- den Gegenwartswert der Free Cashflows der Prognoseperiode,
- den Residualwert als Barwert der Cashflows des Zeitraums nach der Prognoseperiode
- und den Kapitalkostensatz[87]

Diesen Zusammenhang verdeutlicht Abbildung 8.

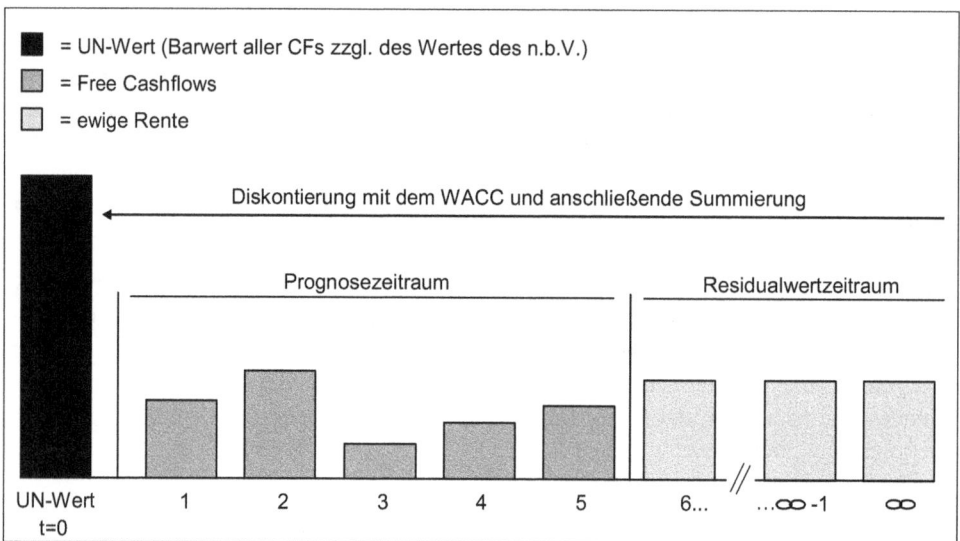

Abbildung 8: Berechnung des fundamentalen Unternehmenswertes nach Rappaport

---

[85] Vgl. Rappaport A. 1999, S. 45.

[86] Vgl. Knorren N. 1998, S.53.

[87] Zur darüber hinausgehenden Behandlung des nicht betriebsnotwendigen Vermögens siehe Anhang.

3.1.2.1   Der Free Cashflow

RAPPAPORT lehnt die Orientierung an Buchwertgrößen ab und fußt sein Rechenmodell auf einer ausschließlichen Betrachtung freier betrieblicher (Free-) Cashflows. Die zukünftigen Cashflows sind in seinen Augen deshalb „relevant, weil sie die verfügbaren Zahlungsmittel repräsentieren, um die Ansprüche von Fremdkapitalgebern und Eigentümern abzugelten"[88]. Den Free Cashflow definiert RAPPAPORT als „Differenz zwischen den betrieblichen Ein- und Auszahlungen"[89].

Bei der Berechnung des Free Cashflows geht er von der „Fiktion einer ausschließlichen Eigenfinanzierung aus"[90]. Deshalb sind Zins- und Tilgungszahlungen auf Fremdkapital sowie die mit Fremdkapital verknüpften steuerlichen Entlastungen[91] „für die Messung des .. [Free] Cash Flows nicht relevant"[92]. Im Free Cashflow sind somit keinerlei Fremdkapitalzahlungsströme berücksichtigt. Die Kosten für Fremdkapital sind ebenso wie die Kosten des Eigenkapitals im Diskontierungssatz enthalten. Die Berechnung des Free Cashflows kann anhand folgender Formel nachvollzogen werden[93]:

$$
Free\ Cashflow = \underbrace{U_{t-1} \cdot (1 + w_t^{U}) \cdot g_t \cdot (1 - s_t)}_{(1a)} - \underbrace{[U_{t-1} \cdot w_t^{U} \cdot (w_t^{AV} + w_t^{UV})]}_{(1b)} \qquad (1)
$$

U_{t-1} = Umsatz des Vorjahres

w_t^{U} = Wachstumsrate des Umsatzes

g_t = Betriebliche Gewinnmarge vor Steuern

s_t = Cash-Gewinnsteuersatz

w_t^{AV} = Zusatzinvestitionsrate im Anlagevermögen

w_t^{UV} = Zusatzinvestitionsrate im Umlaufvermögen

Abbildung 9: Berechnung des Free Cashflows nach RAPPAPORT[94]

---

[88] Rappaport A. 1999, S.40.

[89] Rappaport A. 1999, S.39. Für weitere Angaben siehe Anhang.

[90] Drukarczyk J. 1997, S.4.

[91] Diese steuerlichen Vorteile werden häufig als „Tax Shield" bezeichnet. (Vgl. beispielhaft Hachmeister D. 2000, S.271).

[92] Drukarczyk J. 1997, S.4.

[93] Vgl. Rappaport A. 1999, S.41 sowie Drukarczyk J. 1997, S.5; zur Behandlung von Rückstellungen in diesem Zusammenhang siehe Drukarczyk J. 1997, S.6.

[94] Quelle: Drukarczyk J. 1997 S.5.

Vereinfacht ausgedrückt ist der Free Cashflow die Differenz zwischen Gewinn nach cash-wirksamen Steuern und den Zusatzinvestitionen in Anlagevermögen und Umlaufvermögen. Dies wird durch die Herleitung in Abbildung 10 deutlich.

Die von RAPPAPORT verwendete Formel (1) dient verschiedenen Zwecken:

- Durch die Umwandlung werden einerseits die zentralen Wertgeneratoren sichtbar, über die der Unternehmenswert beeinflusst werden kann. Dies sind das zukünftige Wachstum der Umsätze, die zukünftige Gewinnmarge, die Höhe der Steuerabzüge sowie die Investitionen in das Anlage- und Umlaufvermögen.[95]
- Andererseits werden durch die Umwandlung die Kosten des Umsatzwachstums transparent. Diese Kosten sind als Investitionen in Prozent des zusätzlichen Umsatzes ausgedrückt (1b). Demzufolge entwickeln sich nach der Annahme von RAPPAPORT die Zusatzinvestitionen proportional zum Umsatzwachstum. Diese Darstellung empfiehlt Rappaport insbesondere für die Bewertung von Fremdunternehmen, bei denen keine detaillierten Jahresplanzahlen vorliegen.[96]

$$Free\,Cashflow_t = CF_{ns\,t} - Inv_t \qquad (2)$$

$$mit : CF_{ns\,t} = G_{ns\,t} + Afa_t \qquad (2a)$$

$$und : Inv_t = Afa_t + Z_{i\,nv\,t} \qquad (2b)$$

$$Free\,Cashflow_t = G_{nst} + Afa_t - (Afa_t + Z_{inv}) \quad (2a - 2b)$$
$$= G_{nst} + Afa_t - Afa_t - Z_{inv}$$
$$= G_{nst} - Z_{inv} \qquad (1a - 1b)$$

$$G_{nst} = U_{t-1} \cdot (1 + w_t^{\,U}) \cdot g_t \cdot (1 - s_t) \qquad (1a)$$

$$Z_{invt} = U_{t-1} \cdot w_{tu} \cdot (w_t^{\,AV} + w_t^{\,UV}) \qquad (1b)$$

CF_{nst}	=	Cash Flow nach Steuern der Periode t
G_{nst}	=	Gewinn nach Steuern der Periode t
Afa	=	Abschreibungen der Periode t
Inv_t	=	Investitionen der Periode t
Z_{invt}	=	Zusatzinvestitionen der Periode t

Abbildung 10: Herleitung der von RAPPAPORT verwendeten Formel zur Berechnung des Free Cashflows

---

[95]   Vgl. Drukarczyk J. 1997, S.5.

[96]   Vgl. Rappaport A. 1999, S.42.

Auf der Basis einer Offenlegung der Wertgeneratoren inklusive einer Abbildung der Kosten des Wachstums lassen sich die zukünftigen Cashflows und als deren Summe der Unternehmenswert vergleichsweise einfach berechnen. Dazu ist lediglich eine Prognose der aufgeführten Wertgeneratoren erforderlich. Eine Analyse der vergangenen Entwicklung des Unternehmens soll die Quantifizierung dieser Generatoren ermöglichen und die prognostizierten Werte plausibilisieren.[97] Gleichzeitig ermöglicht die Formel eine vergleichsweise einfache Simulation des Unternehmenswertes für unterschiedliche Strategien. In diesem Fall werden ein Vor- sowie ein Nachstrategiewert ermittelt. Die Differenz bildet den Wertbeitrag der entsprechenden Strategie ab. Ist dieser positiv, so ist ein Strategiewechsel Erfolg versprechend.

Im Zuge der Ermittlung des Free Cashflows stellen sich dem Anwender typischerweise Fragen nach erforderlichen Anpassungen, bspw. inwiefern Rückstellungserhöhungen oder eine Veränderung von *erworbenem Goodwill*[98] in der Berechnung berücksichtigt werden sollten. Auf mögliche Anpassungen geht RAPPAPORT jedoch nur kurz und nicht sehr detailliert ein. Bei der Frage nach erforderlichen Anpassungen des Free Cashflows sollten deshalb die Anpassungsvorschläge der verwandten Rechenansätze des EVA und des CFRoI studiert werden. Gegebenenfalls ergibt sich aus der dort geführten Diskussion auch ein Handlungsbedarf zur Anpassung des Free Cashflows.

3.1.2.2   Der gewichtete Kapitalkostensatz

Um zukünftige Cashflows auf den Wert der Gegenwart zu diskontieren verwendet der DCF-Ansatz einen individuell für jedes Unternehmen zu bestimmenden Kapitalkostensatz. Dieser Kapitalkostensatz entspricht dem gewichteten Mittel aus Fremd- und Eigenkapitalkosten (WACC).[99] Ein Beispiel zur Berechnung des WACC findet sich in Abbildung 11.

---

[97]   Vgl. Drukarczyk J. 1997, S.5f.

[98]   Für eine Erläuterung des Begriffs *Goodwill* siehe Anhang.

[99]   Vgl. Rappaport A. 1999, S.44. Für weitere Angaben siehe Anhang.

Annahme 1: EK_i zukünftig = 11,1%. EK-Anteil = 65%

Annahme 2: FK_i zukünftig = 5,7%. FK-Anteil = 35%

$$WACC = \frac{EK * EK_i}{GK} + \frac{FK * FK_i}{GK}$$

$$WACC = 5,7 * 0,35 + 11,1 * 0,65 = 9,21\%$$

EK	=	Eigenkapital
FK	=	Fremdkapital
GK	=	Gesamtkapital
EK_i	=	Eigenkapitalkosten
FK_i	=	Fremdkapitalkosten
WACC	=	Weighted Average Cost of Capital

Abbildung 11: Berechnung des Weighted Average Cost of Capital (WACC)

Der WACC bildet den Faktor, mit dem alle zukünftigen Cashflows diskontiert werden. Gleichzeitig ist er der Grenzwert für die Wirtschaftlichkeit einer Investition.[100] Liegt die Rendite einer Investition unterhalb der Kapitalkosten, so wird durch diese Investition Unternehmenswert vernichtet und umgekehrt. Diese simple Erkenntnis ist gleichzeitig eines der fundamentalen Prinzipien wertorientierter Unternehmensführung.[101]

Da der WACC als Diskontierungsfaktor die Verzinsungsanforderungen von Eigen- und Fremdkapitalgebern berücksichtigt, müssen die Cashflows der zu diskontierenden Zahlungs-reihe als Werte vor Zinsbelastung berechnet werden. Wie aus der Abbildung hervorgeht ist für die Bestimmung des WACC sowohl die Kenntnis der Renditeforderungen von Fremd- und Eigenkapitalgebern als auch der Kapitalstruktur erforderlich.[102]

In diesem Zusammenhang ergibt sich ein so genanntes Zirkularitätsproblem[103]:

Die Renditeforderungen der Fremd- und Eigenkapitalgeber hängen direkt von der Kapital-struktur ab. Dies liegt in der Tatsache begründet, dass anhand der Kapitalstruktur der Ver-

---

[100] Vgl. Rappaport A. 1999, S.44.

[101] Vgl. Copeland/Koller/Murrin 2002, S.19. Für weitere Angaben siehe Anhang.

[102] Vgl. Rappaport A. 1999, S.44f.

[103] Zum Zirkularitätsproblem vgl. Copeland/Koller/Murrin 2002, S.252f.

schuldungsgrad eines Unternehmens abgelesen werden kann und der Verschuldungsgrad als Risikoindikator die geforderte Verzinsung beeinflusst. Andererseits kann ohne Kenntnis der geforderten Verzinsung jedoch keine Kapitalstruktur festgelegt werden.

Dieses Problem löst RAPPAPORT indem er die Festlegung einer langfristig geplanten Zielkapitalstruktur fordert.[104] Auf dieser Basis ist die Prognose der Fremdkapitalkapitalkosten durch Einholung bankseitiger Informationen recht einfach möglich. Die Schätzung der Eigenkapitalkosten ist hingegen schwieriger. Der DCF-Ansatz von RAPPAPORT bedient sich hierzu des Capital Asset Pricing Models (CAPM), das im Folgenden kurz erläutert werden soll. Das Capital Asset Pricing Model ist ein Verfahren zur Bestimmung der vom Markt geforderten Eigenkapitalkosten. Die Formel ergibt sich aus nachfolgender Abbildung.

$$r_{EK} = r_f + r_p$$

$$r_{EK} = r_f + \beta * (r_m - r_f)$$

r_{EK}	=	geforderte Verzinsung des Eigenkapitals
r_f	=	risikofreier Zinssatz
r_m	=	durchschnittliche Marktrendite
r_p	=	Risikoprämie
ß	=	Risikohöhe

Abbildung 12: Ermittlung der Eigenkapitalkosten nach dem CAPM[105]

Da aus Sicht eines potenziellen Investors stets die Möglichkeit gegeben ist, sein Kapital in annähernd risikofreie Anlageprodukte zu investieren, ergibt sich als logische Konsequenz, dass sich die Verzinsungsanforderung eines Eigenkapital-Gebers mindestens aus folgenden zwei Komponenten zusammensetzt:

1. dem risikofreien Renditesatz
2. einer Zusatzrendite bzw. Risikoprämie „für die Investition in die risikoreicheren Anteilsscheine"[106] des Unternehmens

---

[104] Vgl. Rappaport A. 1999, S.45.

[105] Vgl. Stiefl J. 2005, S.233 sowie Arzac E.R. 2005, S.36.

[106] Rappaport A. 1999, S.46.

Während sich die risikofreie Verzinsung aus der langfristigen Rendite von Bundesanleihen ableitet[107], ist für die Ermittlung der Risikoprämie die vorherige Bestimmung des systematischen Risikos notwendig. Dieses Risiko, als ein dem System des jeweiligen Unternehmens innewohnendes Risiko, ist ein individueller Wert, der durch den so genannten ß-Faktor ausgedrückt wird.[108] Dabei entspricht ein ß-Wert von 1 der durchschnittlichen Marktrendite eines zugrunde liegenden Marktindexes wie bspw. des DAX. In Abhängigkeit verschiedener Risikovariablen wie bspw. der Branchenzugehörigkeit, der Wechselkursabhängigkeit oder der Kapitalstruktur wird der unternehmensindividuelle ß-Faktor festgelegt, wobei ein ß-Wert > 1 eine entsprechend höhere Volatilität als die des Indexes anzeigt und umgekehrt ein ß-Wert < 1 eine niedrigere Volatilität bedeutet.[109] Die Volatilität einer Aktie wird in diesem Zusammenhang gleichgesetzt mit ihrer Risikohaftigkeit, wobei als Maß dafür die Standardabweichung verwendet wird.[110]

Neben der Risikobeurteilung im Rahmen der durch Basel II[111] geforderten Bonitätsbeurteilung bei der Fremdkapitalvergabe ist somit auch auf Seiten der Eigenkapitalkosten das unternehmensspezifische Risiko der entscheidende Einflussfaktor.

3.1.2.3   Der Residualwert

Der Residualwert bezeichnet den „Wert, der im Zeitraum nach dem Prognoseintervall anfällt."[112] Dieser Wert macht häufig einen Großteil des Unternehmenswertes aus.[113]

Dementsprechend hoch ist die Bedeutung der Entscheidung, welches Verfahren zur Bestimmung des Residualwertes gewählt wird. RAPPAPORT bemerkt diesbezüglich: „es gibt keine allgemeingültige Formel für die Bestimmung des Unternehmenswertes".[114] Deshalb ist eine Berücksichtigung der unternehmensindividuellen Umfeldbedingungen bei der Wahl des Verfahrens zur Berechnung des Unternehmenswertes notwendig.[115] Gleichzeitig müssen die Annahmen über die Höhe der Variablen, die im jeweiligen Verfahren eingesetzt werden, hinsichtlich ihrer Plausibilität geprüft werden.

Die verschiedenen Verfahren werden im Wesentlichen in zwei Gruppen unterteilt: in solche, die von einer Fortführung des Geschäftsbetriebs im Anschluss an die Prognoseperiode aus-

---

[107] Vgl. Rappaport A. 1999, S.46.

[108] Vgl. Stiefl J. 2005, S.233.

[109] Vgl. Rappaport A. 1999, S.75.

[110] Vgl. Lewis T.G. 1994, S.87.

[111] Vgl. zum zweiten Baseler Konsultationspapier Stiefl J. 2005, S.179 – 186.

[112] Rappaport A. 1999, S.48.

[113] Vgl. Henselmann K., 2000, S.157.

[114] Rappaport A. 1999, S.49.

[115] Vgl. Knorren N. 1998, S.50.

gehen, und in jene, die eine Einstellung des Geschäftsbetriebes im Anschluss an die Prognoseperiode annehmen.

Innerhalb dieser beiden Gruppen gibt es wiederum zahlreiche Verfahren. Dabei ist das Verfahren der ewigen Rente das am weitesten verbreitete zur Ermittlung eines Fortführungswertes; das Verfahren des Ansatzes eines Liquidationswertes[116] ist das gängigste für die Ermittlung eines Unternehmenswertes bei Annahme einer zukünftigen Einstellung des Geschäftsbetriebes.[117]

Dieser Einteilung der möglichen Verfahren zur Bestimmung des Residualwertes folgt auch
RAPPAPORT. Er unterscheidet dabei zunächst, ob ein Unternehmen in der Prognoseperiode
eine Erntestrategie oder eine Wachstumsstrategie verfolgt. Anschließend empfiehlt er Unternehmen mit einer Erntestrategie den Ansatz des Liquidationswertes als „wahrscheinlich [...]
beste[n] Schätzwert für den Residualwert"[118]. Unternehmen mit einer Wachstumsstrategie rät
er, den Residualwert auf der Basis des Fortführungswertes zu bestimmen.[119]

Da für die wenigsten Unternehmen eine Einstellung des Geschäftsbetriebs nach Abschluss
der Prognoseperiode angestrebt wird, soll im Folgenden die Berechnung des Fortführungswertes näher erläutert werden. Besondere Bedeutung kommt diesem Abschnitt insofern zu,
als der Residualwert bei Verfolgung einer Wachstumsstrategie einen sehr hohen Anteil am
Unternehmenswert hat.

3.1.2.3.1   Berechnung des Residualwertes bei Annahme einer Fortführung des Geschäftsbetriebes

RAPPAPORT berechnet den Fortführungswert nach der Methode der ewigen Rente.[120] Diese
Methode zinst einen Zahlungsstrom, der nach Abschluss der Prognoseperiode in konstanter
Höhe über unendlich viele Jahre anfällt auf den Wert zum Beginn dieser Zahlungsreihe ab.[121]

Der so ermittelte Wert muss anschließend noch auf den Bewertungsstichtag diskontiert werden. Bei der Ermittlung des Residualwertes stellt sich einerseits die Frage, welche Höhe der
konstante Zahlungsstrom besitzt und andererseits ab welchem Zeitpunkt ein konstanter Zahlungsstrom angenommen werden soll, also zu welchem Zeitpunkt die Prognoseperiode endet.

Der Zeitpunkt, an welchem die Prognoseperiode endet, kann keinesfalls frei gewählt werden,
sondern ist definiert als derjenige Zeitpunkt, ab dem Neuinvestitionen eines Unternehmens
lediglich in Höhe der Kapitalkosten rentieren.[122] RAPPAPORT formuliert dies wie folgt: „Die

---

[116] Vgl. zur Definition des Liquidationswertes Punkt 2.4.1.

[117] Vgl. Hachmeister D. 2000, S.270.

[118] Rappaport A. 1999, S.49.

[119] Vgl. Rappaport A. 1999, S.49.

[120] Rappaport A. 1999, S.49.

[121] Zur Berechnung der ewigen Rente siehe: Däumler K.-H. 2000, S.53 und S. 95f.

[122] Vgl. Drukarczyk J. 1997, S.7.

Methode der ewigen Rente unterstellt, dass ein Geschäft nach der Prognoseperiode im Durchschnitt auf neue [!] Investitionen genau die Kapitalkosten verdient."[123]. Auch an anderer Stelle wiederholt er, dass „die Investitionen nach der Prognoseperiode den Unternehmenswert unverändert lassen"[124]. Die Annahme, dass Neuinvestitionen zwangsläufig ab einem bestimmten Zeitpunkt keine Überrenditen mehr erzielen, ist durch die Annahme einer Endlichkeit von Wettbewerbsvorteilen begründet.

Die Erzielung einer Überrendite ist deshalb kausal durch das Vorhandensein eines Wettbewerbsvorteils bestimmt. Eine Erzielung von Überrenditen zieht jedoch automatisch neue Wettbewerber an. Diese Verschärfung des Wettbewerbs führt langfristig zu einem Wegfall des Wettbewerbsvorteils und somit zu einem Absinken der Rendite auf die Höhe des Kapitalkostensatzes.[125] Anders ausgedrückt konvergiert die Rendite auf Neuinvestitionen aufgrund der Wettbewerbsdynamik langfristig gegen den Kapitalkostensatz.[126]

Die aufgrund der dargestellten Zusammenhänge empfehlenswerte Differenzierung zwischen einer Prognose- und einer Fortführungswertperiode beschreiben BUSCH/PAPE wie folgt:

„die freien Cash-flows [werden] bis zur Konvergenz von erzielbarer Rendite und Kapitalkostensatz grundsätzlich explizit geplant, während für die Zeit nach dem Konvergenzzeitpunkt ein konstanter freier Cash-flow angesetzt wird."[127]

Im Anschluss an die Bestimmung des Zeitpunkts, ab dem die zukünftigen Cashflows als ewige Rente berechnet werden, stellt sich die Frage nach der Höhe des der ewigen Rente zugrunde liegenden Zahlungsstromes. Dieser konstante Zahlungsstrom wird im Regelfall mit dem Cashflow des letzten Jahres der Prognoseperiode gleichgesetzt.[128] Die nähere Betrachtung der Einflussfaktoren des Residualwertes verdeutlicht den enormen Einfluss des konstanten Cashflows auf die Höhe des Residualwertes.

Der Residualwert ist ausschließlich determiniert durch den Diskontierungssatz und die Höhe des konstanten Zahlungsstromes. Da der Diskontierungssatz durch den WACC bereits definiert ist, verbleibt die Höhe des konstanten Cashflows als einzige justierbare, den Residualwert beeinflussende Größe. Die Annahme eines konstanten Cashflows bei konstanter Investitionsbasis bedeutet gleichzeitig, dass „das alte Kapital weiterhin die Renditen .. erzielen [wird], die für die letzte Prognoseperiode erwartet werden"[129].

Ist der Beginn der Fortführungswertperiode, der als konstant anzusetzende Cashflow und der Diskontierungssatz bestimmt, lässt sich der Residualwert als Rentenbarwert ermitteln.

---

[123] Rappaport A. 1999, S.50.

[124] Rappaport A. 1999, S.51.

[125] Vgl. Rappaport A. 1999, S.50. Für weitere Angaben siehe Anhang.

[126] Vgl. Rappaport A. 1999, S.50. Für weitere Angaben siehe Anhang.

[127] Bausch A./Pape U. 2005, S.480. Für weitere Angaben siehe Anhang.

[128] Vgl. Rappaport A. 1999, S.51 und S.53 sowie Bausch A./Pape U. 2005, S.480.

[129] Copeland/Koller/Murrin 2002, S.333. Vgl. außerdem Rappaport A. 1999, S.51.

$$r_{ewg} = \frac{CF_k}{WACC}$$

r_{ewg} = Rentenbarwert
CF_k = konstanter Cashflow
WACC = Weighted Average Cost of
Capital

Abbildung 13: Berechnung der ewigen Rente[130]

Es wurde bereits erwähnt, dass der Residualwert oftmals einen großen Anteil des Unternehmenswertes bildet. Nicht nur die absolute Höhe des Residualwertes mag auf den ersten Blick verwundern, sondern auch die Annahme, dass Cashflows bis in alle Ewigkeit offensichtlich den Residualwert beeinflussen. Grundsätzlich drängt sich die Frage auf, ob die Annahme einer unendlichen Fortführung des Unternehmens mit der Realität vereinbar ist. Diese Zweifel relativieren sich jedoch bei genauer Betrachtung der Struktur des Residualwertes, also bei der Frage, welchen Anteil am Residualwert bspw. die Cashflows der nachfolgenden zehn Jahre haben. Der barwertige Anteil der jeweiligen Jahre am Residualwert bei einem WACC von zehn Prozent ist kumuliert in Abbildung 14 dargestellt.

---

[130] Quelle: Rappaport A. 1999, S. 50.

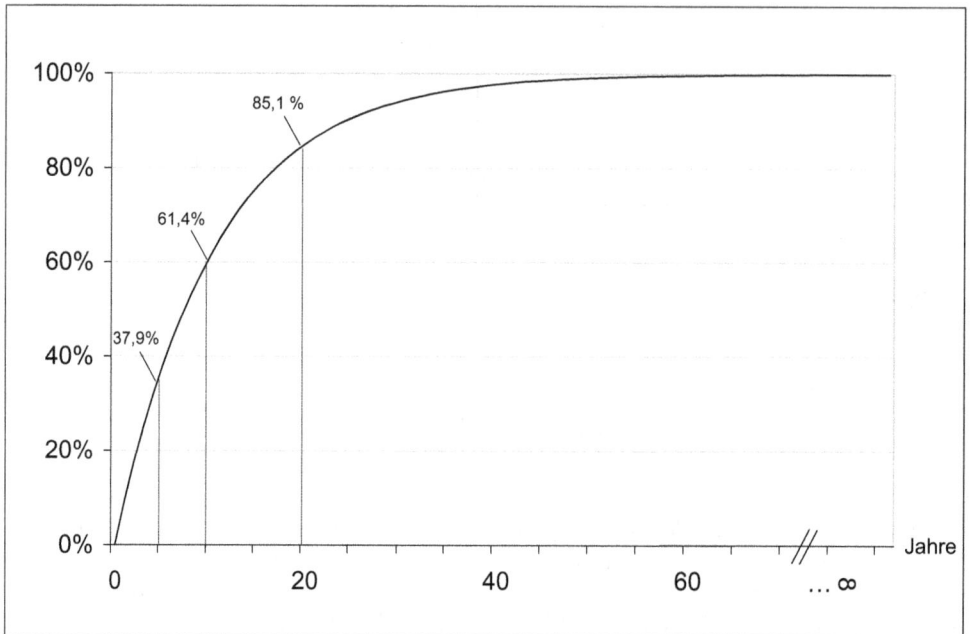

Abbildung 14: Die Struktur des Residualwertes bei einem WACC von 10 Prozent (kumulierte Angaben).[131]

Es wird deutlich, dass bei Annahme eines angenommenen Diskontierungssatzes von 10% der Residualwert fundamental durch die Cashflows der kommenden zehn bis zwanzig Jahre beeinflusst wird. Sämtliche Cashflows der Jahre 60 bis unendlich haben im beschriebenen Beispiel einen Gesamtanteil am Residualwert von 0,3 %. Im Gegensatz dazu beträgt der Anteil des ersten Jahres 9,1%.

Entscheidend ist in diesem Zusammenhang die Höhe des Diskontierungssatzes. Je höher dieser ist, desto geringer ist der Barwert einer ferner in der Zukunft liegenden Einzahlung. Bei einem höheren Diskontierungssatz ist der Residualwert deshalb stärker durch die Cash-flows der kommenden Jahre determiniert. Während bei einem WACC von zehn Prozent der Anteil der ersten fünf Jahre bereits 37,9 Prozent ausmacht, beträgt der Anteil der ersten fünf Jahre bei einem WACC von fünfzehn Prozent sogar 50,3 Prozent. Diese Werte können den Abbildungen 14 und 15 entnommen werden. In Abbildung 15 erfolgt zudem eine direkte Gegenüberstellung von der Struktur des Residualwertes bei einem WACC von zehn sowie bei einem WACC von fünfzehn Prozent.

---

[131] Quelle: eigene Darstellung und eigene Berechnung.

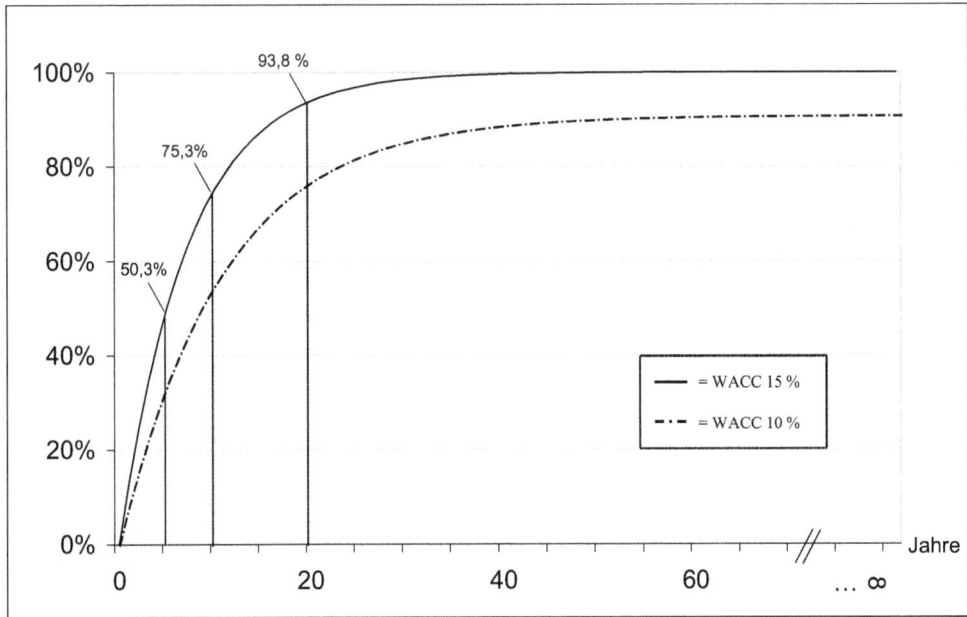

Abbildung 15: Die Struktur des Residualwertes in Abhängigkeit der Höhe des WACC (kumulierte Angaben).[132]

Neben der von RAPPAPORT verwendeten Formel zur Berechnung der ewigen Rente gibt es eine Abwandlung dieser Formel mit hoher praktischer Bedeutung. Auf diese abgewandelte Formel soll im Folgenden eingegangen werden.

3.1.2.3.2   Alternative Berechnung des Residualwertes bei Annahme einer Fortführung des Geschäftsbetriebes

Während RAPPAPORT von der Konvergenzannahme ausgeht, derzufolge Wertsteigerungen durch Neuinvestitionen ab der Residualwertperiode für sehr unwahrscheinlich erachtet und deshalb ausgeschlossen werden, vertreten vor allem COPELAND/KOLLER/MURRIN die Ansicht, dass „die langfristige Wachstumsrate der Nachfrage nach den Produkten zuzüglich der Inflationsrate" berücksichtigt werden sollte.[133] Von diesem Anspruch ausgehend, erfolgt eine Veränderung der ursprünglichen Formel zur Ermittlung der ewigen Rente. Die veränderte Formel wird auch als Gordon-Growth-Modell bezeichnet und lautet wie folgt:

---

[132] Quelle: eigene Darstellung und eigene Berechnung.

[133] Copeland/Koller/Murrin, 2002, S.337.

$$r_{ewg} = \frac{CF_t}{WACC - g_r}$$

$r_{ewg.}$ = Rentenbarwert
CF_t = Cashflow der Periode t
WACC = Weighted Average Cost of
         Capital
g_r = konstante Wachstumsrate

Abbildung 16: Die Gordon-Growth-Formel.[134]

Das Gordon-Growth-Modell geht von einer konstanten Wachstumsrate g_r (growth-rate) des Umsatzes aus. Notwendige Bedingung für die Ermittlung eines Fortführungswertes ist ein Diskontierungssatz größer g_r, da die Formel ansonsten nicht gelöst werden kann oder ein falsches Ergebnis ermittelt. Bei Annahme einer konstanten Gewinn- bzw. Cashflowmarge resultiert aus dem konstanten Wachstum des Umsatzes ein ebenso starkes relatives Wachstum des jährlich anfallenden Cashflows. Während Rappaport von einem konstanten jährlich anfallenden Cashflow ausgeht, ist bei Anwendung des Gordon-Growth-Modell deshalb nicht der Cashflow, sondern die Wachstumsrate des Cashflows konstant.

Dieses konstante Wachstum wirkt dem (Bar-)Wertverlust entgegen, der durch die Diskontierung entsteht. Deshalb würde die Annahme einer Wachstumsrate, die annährend so groß ist wie der Diskontierungssatz zu einem fast unendlich hohen Residualwert führen. Diese Tatsache zeigt gleichzeitig die Grenzen bzw. Gefahren einer Anwendung des Gordon-Growth-Modells auf: Die Annahme eines konstanten Umsatzwachstums bis in die Ewigkeit hat massiven Einfluss auf die Struktur sowie auf die absolute Höhe des Residualwertes.

Diese Auswirkungen einer Anwendung des Gordon-Growth-Modells sollen im Folgenden kurz beschrieben werden. Der Verlauf der Kurven in Abbildung 17 zeigt die Struktur des Residualwertes bei zwei verschiedenen konstanten Wachstumsraten sowie bei einem Nullwachstum.

---

[134]   Quelle: Küting et al. 2000, S.10. Vgl. außerdem Gordon M.J. 1959, S.99-105.

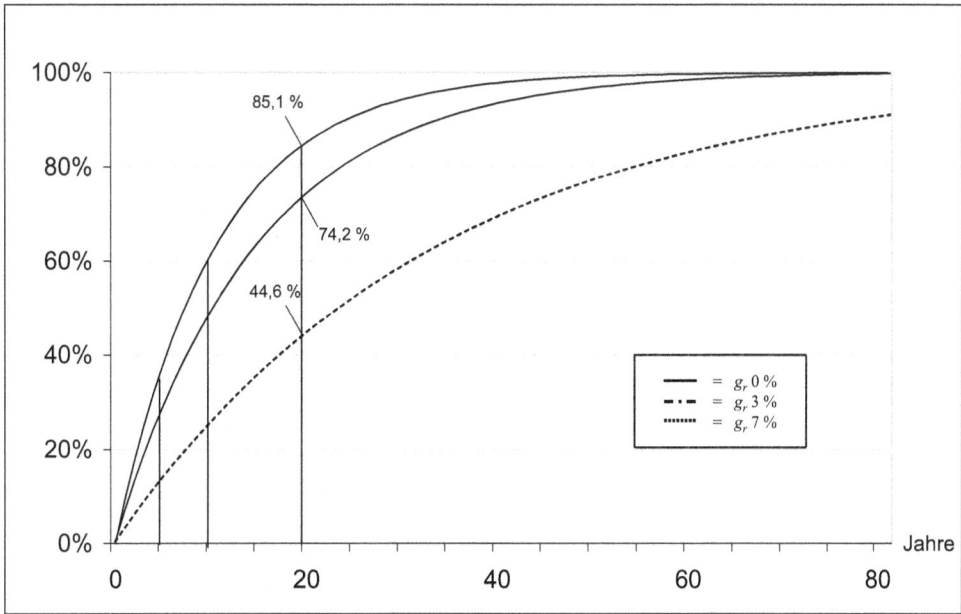

Abbildung 17: Die Struktur des Residualwertes bei Annahme einer konstanten Wachstumsrate des Cashflows (ku-mulierte Angaben)[135]

Der WACC beträgt in den drei dargestellten Verläufen jeweils zehn Prozent. Ein Vergleich zwischen dem Verlauf bei Nullwachstum und dem Verlauf bei einer Wachstumsrate in Höhe von drei Prozent ergibt eine moderate Abweichung. Dahingegen verändert sich die Struktur des Residualwertes bei einer Wachstumsrate in Höhe von sieben Prozent sehr deutlich.

Zur Erinnerung: die Struktur sagt noch nichts über die absolute Höhe des Residualwertes aus. Vielmehr sagt sie etwas darüber aus, wie schnell ein bestimmter Anteil des Residualwer-tes in Form von Cashflows zurückfließt. Abbildung 17 zeigt, dass bei einem WACC von zehn Prozent und bei einer Wachstumsrate von null Prozent 85 Prozent des Residualwertes nach zwanzig Jahren zurückgeflossen sind. Bei einer konstanten Wachstumsrate von drei Prozent sind nach zwanzig Jahren immerhin bereits 74 Prozent des Residualwertes zurückge-flossen. Wird hingegen von einer konstanten Wachstumsrate in Höhe von sieben Prozent ausgegangen, so fließen in den ersten 20 Jahren lediglich 44 Prozent des Residualwertes zurück. Somit ist der Residualwert bei Annahme einer konstanten Wachstumsrate des Cash-flows wesentlich stärker durch ferner in der Zukunft liegende Zahlungsströme determiniert. Je höher die angenommene Wachstumsrate ist, desto stärker ist dieser Effekt. Eine höhere Abhängigkeit von ferner in der Zukunft liegenden Zahlungsströmen bedeutet zwangsläufig eine wachsende Unsicherheit bezüglich der Korrektheit der getroffenen Annahmen.

---

[135] Quelle: eigene Darstellung und eigene Berechnung.

Nachdem die Struktur des Residualwertes behandelt wurde, soll nun auf die Frage eingegangen werden, welche Auswirkungen eine Anwendung des Gordon-Growth-Modells auf die absolute Höhe des Residualwertes haben kann.

Hierzu nachfolgend einige vereinfachte Rechenbeispiele. Der WACC beträgt annahmegemäß jeweils zehn Prozent. Des Weiteren soll von einem Cashflow zu Beginn der Residualwertperiode in Höhe von 100 € ausgegangen werden. Nun soll der Residualwert für die folgenden drei Annahmen berechnet werden:

a) der Cashflow bleibt konstant, die Wachstumsrate beträgt demzufolge null Prozent

b) der Cashflow wächst konstant um drei Prozent

c) der Cashflow wächst konstant um sieben Prozent

Für Annahme a) ergibt sich ein Residualwert in Höhe von: 100/(0,1) = 1000 €

Annahme b) führt zu einem Residualwert in Höhe von: 100/(0,1-0,03) = 1428,6 €

Aus Annahme c) leitet sich ein Residualwert ab in Höhe von: 100/(0,1-0,07) = 3333,3 €

Bereits bei Annahme b) ergibt sich demzufolge ein gegenüber Annahme a) um 40 Prozent erhöhter Residualwert. Der für Annahme c) ermittelte Residualwert fällt sogar um mehr als 300 Prozent höher aus.

Da der Residualwert zumeist einen Großteil des Unternehmenswertes ausmacht haben die Annahmen über die zukünftigen Wachstumsraten enorme Auswirkungen auf die Höhe des Unternehmenswertes. Entsprechend kann eine Überschätzung der Wachstumsaussichten schnell zu einem exorbitanten Unternehmenswert führen.

In Anbetracht der Auswirkungen auf die Struktur des Residualwertes sowie auf die Höhe des Unternehmenswertes ist die Anwendung der Gordon-Growth-Formel stets kritisch zu Hinterfragen. Es mag Einzelfälle geben, in denen die Anwendung des Gordon-Growth-Modells sinnvoll ist. Im Regelfall erscheint die Annahme eines konstanten Wachstums jedoch nicht nachvollziehbar. Ähnlich äußert sich Rappaport. Bei „exzellenten langfristigen Wachstumsaussichten" erscheint ihm eine zusätzliche Berücksichtigung von Wachstum ausnahmsweise angemessen, allerdings auch in einem solchen Fall lediglich in Höhe der Inflationsrate.[136]

Nachdem die verschiedenen Möglichkeiten zur Berechnung des Residualwertes vorgestellt wurden, sind nun alle Determinanten des DCF-Verfahrens bekannt. Anhand eines Beispiels soll zum Abschluss des Abschnitts die Berechnung des Unternehmenswertes und der Einfluss des Residualwertes nachvollzogen werden:

---

[136] Vgl. Rappaport A. 1999, S.54.

	2007	2008	2009	2010	2011	2012 - ∞
Umsatz	110,5	122,1	134,9	149,1	164,7	164,7
Wachstumsrate	10,5%	10,5%	10,5%	10,5%	10,5%	0
Gewinnmarge vor St.	8,0%	8,0%	8,0%	8,0%	8,0%	8,0%
Cash-Gewinnsteuersatz	35,0%	35,0%	35,0%	35,0%	35,0%	35,0%
Zusatzinvestitionsrate AV	24,0%	24,0%	24,0%	24,0%	24,0%	0
Zusatzinvestitionsrate UV	18,9%	18,9%	18,9%	18,9%	18,9%	0
Cash-Flow vor Neuinvestitionen	5,75	6,35	7,02	7,75	8,57	8,57
WACC	10,0%	10,0%	10,0%	10,0%	10,0%	10,0%
Free Cash Flow	1,24	1,37	1,52	1,68	1,85	
Konstanter Cashflow						8,57
Residualwert						85,67
Barwerte	1,13	1,13	1,14	1,14	1,15	53,19
Unternehmenswert	**58,89**					

Abbildung 18: Berechnung des Unternehmenswertes auf Basis des DCF-Verfahrens (Angaben in Millionen)[137]

Das in Abbildung 18 dargestellte Beispiel ist stark vereinfacht, da eine Konstanz der Rechengrößen angenommen wird. Außerdem erstreckt sich die Prognoseperiode lediglich auf fünf Jahre. Somit liegt der Bewertung die Annahme zugrunde, dass nach fünf Jahren keine Wettbewerbsvorteile mehr existieren. Dieser Annahme folgend würden Zusatzinvestitionen ab dem sechsten Jahr nur noch eine Rendite in Höhe der Kapitalkosten erwirtschaften und bleiben deshalb unberücksichtigt. Es zeigt sich sehr deutlich, welchen Einfluss der Residualwert auf den Gesamtwert hat. Im vorliegenden Beispiel, das ursprünglich von Rappaport stammt, beträgt der Anteil des Residualwertes am Unternehmenswert 90,3 Prozent. Trotzdem bleibt festzuhalten, dass die Grundlage für den dargestellten hohen Residualwert erst durch die Zusatzinvestitionen in der Prognoseperiode geschaffen wird. Die in der Residualwertperiode anfallenden Zahlungsströme stellen somit den Rückfluss auf die Investitionen der Prognoseperiode dar.

Eine Anwendung des Gordon-Growth-Modells würde den Anteil des Residualwertes sogar verstärken. Die Annahme eines konstanten Wachstums in Höhe von drei Prozent würde in diesem Fall den Residualwert barwertig um 22,83 Millionen erhöhen. Somit würde der Unternehmenswert nicht mehr 58,89 Millionen betragen, sondern 81,72 Millionen. Der Anteil des Residualwertes würde dabei 93 Prozent ausmachen.

Aus der Darstellung errechnet sich der innere Wert des Eigenkapitals, indem der Marktwert des Fremdkapitals vom Unternehmenswert abgezogen wird.[138] Bei einem Marktwert des Fremdkapitals in Höhe von fünf Millionen würde sich für das vorliegende Beispiel ein inne-

---

[137] Vgl. Rappaport A. 1999, S.51ff.

[138] Vgl. Rappaport A. 1999, S.59.

rer Wert des Eigenkapitals in Höhe von 53,89 Millionen ergeben. In einem vollkommenen Markt würde der innere Wert des Eigenkapitals exakt dem Börsenwert entsprechen.[139]

3.1.3 Gestaltung der verbleibenden Kernaktivitäten auf Basis des DCF-Ansatzes

Die Bewertung von Strategien und Projekten weist im Rahmen der wertorientierten Unternehmensführung eine große Ähnlichkeit zur Unternehmensbewertung auf.

Bei der Unternehmensbewertung wird das Unternehmen als Summe mehrerer Investitionen betrachtet, deren zukünftige Cashflows auf den Bewertungsstichtag abgezinst werden. Ebenso stellt ein Projekt/eine Strategie eine einzelne Investition oder ein Bündel von Investitionen dar. Der Wert des betrachteten Projektes bzw. der Strategie ergibt sich analog zur Bewertung eines Unternehmens als barwertige Summe der zukünftigen Cashflows.

Aufgrund dieser Ähnlichkeit im Vorgehen soll im Folgenden nicht weiter auf die Gestaltung der Kernaktivität Bewertung von Strategien und Projekten eingegangen werden.

Es verbleibt jedoch die Frage, inwiefern der DCF-Ansatz zur Bewertung der Periodenperformance und einer darauf basierenden wertorientierten Vergütung eingesetzt werden kann. Die aus dem DCF-Ansatz abgeleitete Periodenerfolgsgröße lautet Shareholder Value Added (SVA).[140] Vereinfacht dargestellt, errechnet der SVA zunächst die Differenz zwischen dem Unternehmenswert zu Beginn der Periode und zum Ende der Periode, und verteilt diesen Betrag anschließend auf die Jahre der Prognoseperiode.[141] Der SVA ist somit eine zukunftsorientierte Periodenerfolgsgröße. Ein Gewinneinbruch in der aktuellen Periode kann durch eine angenommene Verbesserung der Gewinnaussichten für die ferne Zukunft kompensiert werden. Eine Diskussion der Eignung des DCF-Ansatzes für die Periodenerfolgsmessung erfolgt in Abschnitt 4.1. Es sei jedoch vorweggenommen, dass der DCF-Ansatz aufgrund der hohen Manipulationsanfälligkeit nicht für die Bemessung des Periodenerfolges geeignet erscheint und deshalb auch die wertorientierte Vergütung nicht an den SVA geknüpft werden sollte. Auf eine weitere Beschreibung dieser Aktivitäten wird deshalb verzichtet.

3.2 Der Cashflow Return on Investment

Im Folgenden werden zunächst Ursprung und Bedeutung des CFRoI erläutert. Der anschließende Abschnitt setzt sich mit den verschiedenen Berechnungsarten des CFRoI auseinander, bevor abschließend die wichtigsten Determinanten des CFRoI beschrieben werden.

---

[139] Eine Unternehmensbewertung anhand des DCF Ansatzes findet sich in Fallstudie 1.

[140] Zur Erläuterung des SVA vgl. Rappaport A. 1999, S.141-144.

[141] Vgl. Hebertinger M. 2002, S.121.

3.2.1   Ursprung und Bedeutung des CFRoI

Der Cashflow Return on Investment (CFRoI) wurde zu Beginn der 1990er Jahre von der Unternehmensberatung The Boston Consulting Group (BCG) entwickelt und dabei vor allem durch Thomas G. LEWIS geprägt. Er veröffentlichte im Jahr 1994 das Standardwerk „Steigerung des Unternehmenswertes".[142] In diesem wurde der CFRoI auf Basis der Internen Zinsfußmethode berechnet. Von dem englischen Begriff Internal Rate of Return (IRR) abgeleitet, wird der auf dieser Grundlage ermittelte CFRoI auch als IRR-CFRoI bezeichnet. Gegen Ende der 1990er Jahre entwickelte BCG einen alternativen Ansatz zur Berechnung des CFRoI. Dieser als algebraischer CFRoI bezeichnete Rechenansatz wurde erstmals 1998 von Daniel STELTER beschrieben.[143] In der Folgezeit wurde dieser modifizierte Rechenansatz unter anderem 2000 von GÜNTHER und 2003 von PLASCHKE thematisiert und diskutiert.[144]

Es scheint, als habe sich die algebraische Variante mittlerweile weitgehend durchgesetzt. Indiz hierfür ist, dass BCG nach eigener Auskunft in der Beratung überwiegend den CVA-Ansatz auf Basis des algebraischen CFRoIs empfiehlt.[145] Andererseits gibt es durchaus Autoren, die die ursprüngliche Konzeption bevorzugen oder zumindest zu einer fallabhängigen Entscheidung raten.[146] Um dem Leser zu ermöglichen, die Entwicklungsgeschichte des CFRoI nachzuvollziehen und dabei seine eigene Präferenz zu bestimmen, sollen im Folgenden beide Berechnungsarten vorgestellt werden.

Bevor die beiden verschiedenen Berechnungsarten erläutert werden, erfolgt jedoch zunächst eine Beschreibung der wesentlichen Determinanten des CFRoI.

3.2.2   Die Determinanten des CFRoI

Die wichtigsten Determinanten des CFRoI sind der Brutto Cashflow sowie die Bruttoinvestitionsbasis. Dies gilt sowohl für den ursprünglichen als auch für den algebraischen CFRoI. Die Art der Ermittlung dieser beiden Determinanten ist von der Wahl der CFRoI-Variante unabhängig.

3.2.2.1   Der Brutto Cashflow

Der Brutto Cashflow stellt einen „typischen" Zahlungsüberschuss dar, der bereits um die Steuern auf den Unternehmensgewinn bereinigt ist. Um sicherzustellen, dass der ermittelte Brutto Cashflow tatsächlich als „typisch" bezeichnet werden kann, zielt LEWIS bei der Ermittlung des Brutto Cashflows auf die Korrektur buchhalterischer Verzerrungen. Analog zur

---

[142] Lewis T.G. 1994.

[143] Vgl. Stelter D. 1998, S.29.

[144] Vgl. Günther T. 2000, S. 81ff. sowie Plaschke F.J. 2003, S.145-159.

[145] Quelle: telefonische Auskunft von Frank J. Plaschke, Principal und deutscher Topic Leader für Wertmanagement der Boston Consulting Group.

[146] Vgl. Groll K.-H. 2003, S.14 sowie Weber J. et al. 2004a, S.93f..

Kommentierung der von Rappaport vorgeschlagenen Anpassungen, soll an dieser Stelle wiederholt werden, dass die Autoren der bekannten Rechenansätze des wertorientierten Managements oftmals nicht umfassend auf mögliche Anpassungen der Ergebnis- und Kapitalgrößen eingehen. Es erscheint deshalb angebracht, bei der Anwendung eines Konzepts auch die für andere wertorientierte Rechenansätze vorgeschlagenen Anpassungen zu prüfen. Hierzu sei insbesondere auf die unter Punkt 3.4.2 diskutierten Anpassungen des EVA verwiesen.

Von den verschiedenen möglichen Anpassungen, die bei der Ermittlung des Brutto Cashflows vorgenommen werden können, zeigt Abbildung 19 die wichtigsten.

Brutto Cashflow = Gewinn nach Steuern
+ Abschreibung
+ Zinsaufwand
+ Mietaufwendungen
+ FIFO/LIFO-Anpassung
+ Inflationsgewinn/ -verlust

Abbildung 19: Berechnung des Brutto Cashflow nach Lewis[147]

Ausgangspunkt der Berechnung des Brutto Cashflows ist zunächst der buchhalterische Gewinn. Dieser wird im folgenden Schritt um sämtliche außerordentlichen und aperiodischen Aufwendungen und Erträge bereinigt. Anschließend werden die Abschreibungen und der Zinsaufwand hinzugerechnet. Die Addition des Zinsaufwandes erfolgt dabei ebenso wie bei RAPPAPORT mit dem Ziel, die Gesamtkapitalrentabilität (GKR) zu ermitteln. Des Weiteren addiert LEWIS Mietaufwendungen zum Gewinn nach Steuern, um den vorherigen Abzug im Rahmen der Gewinnermittlung zu egalisieren. Der Grund hierfür liegt darin, dass Miete nach Meinung von LEWIS „eine andere Art von Fremdkapital"[148] darstellt. Zins- und Tilgungszahlungen auf dieses Fremdkapital erfolgen in Form der Mietaufwendungen. Da Fremdkapitalzahlungen aus dem Ergebnis herausgerechnet werden müssen, um die Gesamtkapitalrentabilität zu ermitteln, erfolgt entsprechend eine Addition der Mietaufwendungen zum Gewinn nach Steuern.

In Wirtschafträumen mit hoher Inflation sollten außerdem eine Berechnung von Inflationsgewinn/-verlust sowie eine FIFO/LIFO-Anpassung erfolgen.[149] PLASCHKE ergänzt LEWIS´

---

[147] Quelle: Lewis T.G. 1994, S.41.

[148] Lewis T.G. 1994, S.60.

[149] Vgl. Lewis T.G. 1994, S.42. Die Durchführung einer solchen Anpassung wird in Abschnitt 3.4.2.1 beschrieben. Vergleiche zum Begriff FIFO/LIFO ebenfalls Abschnitt 3.4.2.1.

Ermittlungsschema indem er dazu rät, die Netto-Zuführungen der langfristigen Rückstellungen zum Brutto Cashflow zu addieren bzw. die Netto-Minderungen abzuziehen.[150]

3.2.2.2   Die Bruttoinvestitionsbasis

Die Ermittlung der Bruttoinvestitionsbasis kann anhand der Abbildung 20 nachvollzogen werden.

Bruttoinvestitionsbasis = Buchmäßige Aktiva
                          - nicht verzinsliche Verbindlichkeiten
                          + kumulierte Abschreibungen
                          + Inflationsanpassung
                          + kapitalisierte Mietaufwendungen
                          - Goodwill

Abbildung 20: Berechnung der Bruttoinvestitionsbasis nach Lewis[151]

Ausgehend von LEWIS umfasst die Bruttoinvestitionsbasis „das gesamte, zu einem bestimmten Zeitpunkt in das Unternehmen investierte Kapital abzüglich der unverzinslichen Verbindlichkeiten"[152]. Rückstellungen zählen dabei ebenso zu den unverzinslichen Verbindlichkeiten wie Verbindlichkeiten aus Lieferungen und Leistungen (Verb.aLuL). Wird der Argumentation PLASCHKES gefolgt, sollte bei dem Abzug von Rückstellungen zwischen kurzfristigen und langfristigen Rückstellungen differenziert werden. Während kurzfristige Rückstellungen aus der Sicht PLASCHKES ebenfalls als unverzinsliche Verbindlichkeiten angesehen werden, kommt Pensionsrückstellungen und anderen langfristigen Rückstellungen der Charakter eines „Fremdkapitalsubstituts" zu, weshalb sie als verzinsliche Verbindlichkeiten interpretiert werden.[153]

Der nach Abzug der unverzinslichen Verbindlichkeiten verbleibende Rest des in der Bilanz zu Buchwerten ausgewiesenen Kapitals bildet den Ausgangspunkt für die Berechnung der Bruttoinvestitionsbasis. Zu diesem Wert werden die kumulierten Abschreibungen addiert, um die historischen Anschaffungskosten des zu verzinsenden Investments abzubilden. In diesem Zusammenhang sollte nach Ansicht LEWIS´ außerdem eine Inflationsanpassung er-

---

[150] Vgl. Plaschke F.J. 2003, S.71, S.89f. sowie S.143

[151] Quelle: Lewis T.G. 1994, S.41.

[152] Lewis T.G. 1994, S. 42.

[153] Vgl. Plaschke F.J. 2003, S.89f. sowie S.143.

folgen, „um die in der Vergangenheit getätigten Investitionen mit den heutigen Cash-flows geldwertmäßig vergleichbar zu machen."[154]

LEWIS rät außerdem dazu, die Aktivierung und anschließende Abschreibung von Aufwendungen mit Investitionscharakter zu prüfen.[155] Beispiele für solche Aufwendungen können Werbung oder Aufwendungen für Forschung und Entwicklung sein. Sinnvoll erscheint eine solche Aktivierung, wenn die entsprechenden Aufwandspositionen einen signifikanten Anteil an der Investitionssumme ausmachen oder in einem Jahr ungewöhnlich hoch ausfallen. Die in Abschnitt 3.2.2.1 beschriebene Behandlung der Miete als Fremdkapital erfordert ebenfalls eine Anpassung der Bruttoinvestitionsbasis. Zu diesem Zweck werden die Mietaufwendungen kapitalisiert – also als Vermögenswert in die Bilanz aufgenommen und demzufolge der Bruttoinvestitionsbasis hinzugerechnet.

Selbst geschaffener Goodwill sollte nicht in diese einbezogen werden. Der durch Akquisitionen erworbene Goodwill wird der Bruttoinvestitionsbasis ebenfalls nicht hinzugerechnet; zumindest dann nicht, wenn es um die Frage der Ressourcenallokation geht und verschiedene Geschäfte miteinander verglichen werden. Steht hingegen nicht die Ressourcenallokation im Vordergrund, sondern die Frage ob für Akquisitionen ein angemessener Preis bezahlt wurde, so erfolgt eine Hinzurechnung des erworbenen Goodwills zur Bruttoinvestitionsbasis. Demzufolge entscheidet nach Ansicht Lewis' der Zweck der Analyse darüber, ob der Goodwill berücksichtigt werden sollte oder nicht.[156]

Nachdem nun mit dem Brutto Cashflow und der Bruttoinvestitionsbasis die wichtigsten Determinanten des CFRoI bekannt sind, soll im Folgenden auf die unterschiedlichen Berechnungsvarianten des CFRoI eingegangen werden.

3.2.3   Die verschiedenen Berechnungsarten des CFRoI

Der CFRoI misst – sowohl in der ursprünglichen Version des Internen Zinsfuß als auch in der algebraischen Version – die Rentabilität des Gesamtinvestments der betrachteten Periode. Allerdings ermitteln die beiden Berechnungsmöglichkeiten im Normalfall einen unterschiedlichen CFRoI. In den beiden nachfolgenden Abschnitten werden die unterschiedlichen Varianten des CFRoI erläutert. Ein kurzer Vergleich der beiden Versionen erfolgt unter Punkt 3.2.3.3.

3.2.3.1   Der ursprüngliche CFRoI

Von den im Rahmen dieser Arbeit vorgestellten wertorientierten Rechenansätzen besitzt der IRR-CFRoI die höchste Komplexität.[157] Um diese Komplexität für den Leser zu verringern,

---

[154]   Lewis T.G. 1994, S.43

[155]   Vgl. hierzu sowie für die nachfolgenden Aussagen des Abschnitts 3.2.2.2: Lewis T.G. 1994, S.57-60

[156]   Vgl. Lewis T.G. 1994, S.59. Eine andere Meinung vertritt Stewart. Vgl. hierzu Punkt 3.4.2.1.

[157]   Zur Komplexität des Ansatzes sowie zu weiteren Nachteilen des Konzeptes vgl. Punkt 4.1.2.2.

soll zunächst die grundsätzliche Methodik, auf der die Berechnung des IRR-CFRoI basiert, beschrieben werden. Die *Interne Zinsfuß-Methode*[158] ist ein Verfahren der dynamischen Investitionsrechnung zur Bestimmung der Verzinsung einer Investition. Dabei entspricht der Interne Zinsfuß jenem kalkulatorischen Zinssatz, bei dem der Kapitalwert einer Investition gleich null ist.[159]

Der Kapitalwert ist gleichbedeutend mit der barwertigen Summe aller durch eine Investition ausgelösten Ein- und Auszah7lungen.[160] Zur Ermittlung dieser barwertigen Summe werden alle im Zeitverlauf der Nutzungsdauer anfallenden Ein- und Auszahlungen aufgrund des Zeitwertes des Geldes mit einem kalkulatorischen Zinsfuß diskontiert. Auch der Restwert wird als Einzahlung zum Ende der Nutzungsdauer behandelt. Der Kapitalwert berechnet sich nach folgender Formel:

$$KW = -AK + \frac{EZ}{(1+i)^1} + \frac{EZ}{(1+i)^2} + \cdots + \frac{EZ}{(1+i)^{n-1}} + \frac{EZ}{(1+i)^n} + \frac{R}{(1+i)^n}$$

KW = Kapitalwert
AK = Anschaffungskosten
EZ = Einzahlungsüberschüsse
i   = Zins
n   = Nutzungsdauer
R   = Restwert

Abbildung 21: Die Berechnung des Kapitalwertes einer Investition[161]

Je nach Höhe des angesetzten kalkulatorischen Zinssatzes variiert der Kapitalwert. Bei einem höheren Kalkulationszinssatz sinkt der Kapitalwert, da die zukünftigen Zahlungsüberschüsse, die aus der Erstinvestition in Form der Anschaffungsauszahlung resultieren, stärker diskontiert werden. Umgekehrt steigt der Kapitalwert bei einem niedrigeren Kalkulationszinsfuß. Über ein so genanntes *Interpolationsverfahren*[162] kann auf dieser Basis näherungsweise derjenige Kalkulationszinssatz errechnet werden, bei dem der Kapitalwert gleich null ist.

---

[158] Vgl. zur Methode des Internen Zinsfußes beispielhaft Däumler K.-D. 2000, S.83ff.

[159] Vgl. Däumler K.-D. 2000, S.83.

[160] Vgl. Däumler K.-D. 2000, S.59.

[161] Quelle: Däumler K-D. 2000.

[162] Vgl. Däumler K.-D. 2000, S.91.

Dieser Kalkulationszinssatz entspricht als Interner Zinsfuß der Verzinsung des investierten Kapitals.

LEWIS überträgt das klassischerweise für die Beurteilung von Investitionen in Sachanlagevermögen verwendete Verfahren des Internen Zinsfußes auf die Berechnung des CFRoI und betrachtet das gesamte investierte Kapital – die so genannte Bruttoinvestitionsbasis (BIB) – als Anfangsauszahlung zum Zeitpunkt t gleich null.[163] Die Nutzungsdauer dieser Investition entspricht der durchschnittlichen Nutzungsdauer des abschreibbaren Sachanlagevermögens. Für die Ermittlung der durchschnittlichen Nutzungsdauer wird in der Literatur folgende Formel vorgeschlagen:

$$\varnothing\, n = \frac{AK^{Sa}_{H}}{Afa^{Sa}_{t}}$$

$\varnothing\, n$ = durchschnittliche Nutzungsdauer des AV
AK^{Sa}_{H} = historische Anschaffungskosten des abschreibbaren Sachanlagevermögens
Afa^{Sa}_{t} = lineare Abschreibungen des Sachanlagevermögens

Abbildung 22: Berechnung der durchschnittlichen Nutzungsdauer.[164]

Die saldierten Ein- und Auszahlungen der gesamten Nutzungsdauer leiten sich direkt aus dem Brutto Cashflow des aktuellen Jahres ab. Dieser entspricht annahmegemäß einem „typischen" Cashflow und wird als solcher über alle Perioden der Nutzungsdauer fortgeschrieben. In der letzten Periode wird diesem Brutto Cashflow der Wert des nicht abschreibbaren Anlagevermögens als Restwertadäquat hinzugerechnet.[165]

Auf der Basis dieser Größen erfolgt die Berechnung des CFRoI analog zur Berechnung des Internen Zinsfußes. Abbildung 23 soll dies veranschaulichen.

---

[163] Vgl. Lewis T.G. 1994, S.40.

[164] Vgl. Weber J. et al. 2004a, S.74.

[165] Vgl. Weber J. et al. 2004a, S.75 sowie Plaschke F.J. 2003, S.144

■ = Bruttoinvestitionsbasis (BIB)

▦ = Brutto Cashflow (BCF)

□ = nicht abschreibbares Anlagevermögen (naA)

n = Nutzungsdauer des Sachanlagevermögens

$$0 = -BIB + \sum_{t=1}^{n} \frac{BCF}{(1+CFROI_{IRR})^t} + \frac{naA}{(1+CFROI_{IRR})^n}$$

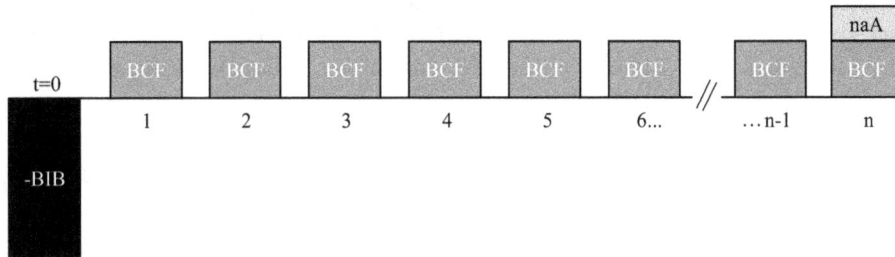

Abbildung 23: Die Berechnung des IRR-CFROI

Da die in Abbildung 23 dargestellte Formel nicht einfach nach dem CFRoI aufgelöst werden kann empfiehlt es sich, den IRR-CFRoI näherungsweise mithilfe der *regula falsi* zu ermitteln. Hierzu ist es notwendig, durch zweimalige Einsetzung eines Versuchszinssatzes in die abgebildete Formel sowohl einen negativen als auch einen positiven Kapitalwert zu ermitteln. Ist dies gelungen, lässt sich der IRR-CFRoI durch die Anwendung der regula falsi annähernd bestimmen. Das Ergebnis ist dabei umso exakter, je dichter die zuvor ermittelten Kapitalwerte am Wert Null liegen. Abbildung 24 zeigt die *regula falsi*, wobei r dem Internen Zinsfuß und somit dem IRR-CFROI entspricht.

$$r = i_1 - KW_1 * \frac{(i_2 - i_1)}{(KW_2 - KW_1)}$$

r = interner Zinsfuß
i_1 = Versuchszins 1
i_2 = Versuchszins 2
KW_1 = Kapitalwert bei i_1
KW_2 = Kapitalwert bei i_2

Abbildung 24: Die regula falsi[166]

---

[166] Quelle: Däumler K.-D. 2000, S.93.

Die Anwendung der *regula falsi* soll anhand eines vereinfachten Beispiels dargestellt werden. Gegeben sei ein Unternehmen mit einer Bruttoinvestitionsbasis in Höhe von 100 €. Der Brutto Cashflow betrage 35 €, die durchschnittliche Nutzungsdauer des Anlagevermögens vier Jahre. Nicht abschreibbare Anlagen (naA) sind nicht vorhanden. Durch Einsetzung der Versuchszinssätze 0,14 und 0,15 ergeben sich ein positiver sowie ein negativer Kapitalwert. Für einen Zinssatz von 14 Prozent ergibt sich ein Kapitalwert in Höhe von 1,97993. Bei einem Zinssatz von 15 Prozent beträgt der Kapitalwert -0,07576. Mithilfe der regula falsi errechnet sich auf dieser Grundlage ein IRR-CFROI in Höhe von 14,9631 Prozent. Die Berechnung kann anhand der Abbildung 25 sowie anhand der Fallstudie 2a) nachvollzogen werden.

<u>Ausgangsdaten:</u>

$$BIB = 100$$
$$BCF = 35$$
$$naA = 0$$
$$n = 4 \text{ Jahre}$$
$$i_1 = 0,14 \quad (\Rightarrow KW_1 = 1,97993)$$
$$i_2 = 0,15 \quad (\Rightarrow KW_2 = -0,07576)$$

<u>Rechnung i_1:</u>

$$-100 + \frac{35}{(1+0,14)^1} + \frac{35}{(1+0,14)^2} + \frac{35}{(1+0,14)^3} + \frac{35}{(1+0,14)^4} + \frac{0}{(1+0,14)^4} = 1,97993$$

<u>Rechnung i_2:</u>

$$-100 + \frac{35}{(1+0,15)^1} + \frac{35}{(1+0,15)^2} + \frac{35}{(1+0,15)^3} + \frac{35}{(1+0,15)^4} + \frac{0}{(1+0,15)^4} = -0,07576$$

<u>Berechnung CFROI:</u>

$$CFROI = i_1 - KW_1 * \frac{(i_2 - i_1)}{(KW_2 - KW_1)}$$

CFROI = 0,149631

Abbildung 25: Berechnung des IRR-CFROI mithilfe der regula falsi

Nachdem die ursprüngliche Berechnungsart des CFRoI erläutert wurde, soll im Folgenden Abschnitt auf den algebraischen CFRoI eingegangen werden.

3.2.3.2   Die alternative Berechnungsart des CFRoI

Als Alternative zur klassischen, auf der Methode des Internen Zinsfußes beruhenden Berechnungsart entwickelte BCG den algebraischen CFRoI.[167] Dieser Ansatz wendet sich ab
von der Methodik des Internen Zinsfußes und setzt stattdessen einen „nachhaltig" zu erzie-
lenden Cashflow ins Verhältnis zur Bruttoinvestitionsbasis. Der nachhaltige Cashflow errechnet sich, indem vom Brutto Cashflow eine so genannte „ökonomische Abschreibung"
abgezogen wird. Abbildung 26 zeigt die Berechnung des algebraischen CFRoI.

$$CFRoI_{alg.} = \frac{BCF - \ddot{o}A}{BIB}$$

BCF	=	Brutto Cashflow
BIB	=	Bruttoinvestitionsbasis
öA	=	ökonomische Abschreibung

Abbildung 26: Die Berechnung des algebraischen CFRoI[168]

Durch die ökonomische Abschreibung wird derjenige Betrag in Abzug gebracht, „der jährlich verzinslich zurückgelegt werden muss, damit das in abschreibbaren Aktiva ... investierte
Kapital über die gesamte ökonomische Nutzungsdauer hinweg zurückverdient werden
kann."[169] Von dieser Definition ausgehend, kann die ökonomische Abschreibung mithilfe des
so genannten Rückwärtsverteilungsfaktors berechnet werden. Dies zeigt Abbildung 27.

---

[167]   Vgl. Weber J. et al. 2004a, S.75 sowie Bundschuh B.J. 2005, S.132.

[168]   Quelle: Plaschke F.J. 2003, S.145. Siehe außerdem Fallstudie 2b.

[169]   Plaschke F.J. 2003, S. 145.

$$\ddot{o}A \quad = \quad \underbrace{\frac{WACC}{(1+WACC)^n - 1}}_{RVF} \quad * \quad aA$$

BCF	=	Brutto Cashflow
BIB	=	Bruttoinvestitionsbasis
öA	=	ökonomische Abschreibung
RVF	=	Rückwärtsverteilungsfaktor
aA	=	abschreibbare Aktiva

Abbildung 27: Die Berechnung der ökonomischen Abschreibung[170]

Der Rückwärtsverteilungsfaktor verteilt eine zum Zeitpunkt t gleich n anfallende Zahlung als gleich bleibende Jahreszahlung (Annuität) über die gesamte Nutzungsdauer. Durch diese Berechnung wird der Tatsache Rechnung getragen, dass die zurück gelegte Abschreibung in Höhe des WACC angelegt werden kann, bevor sie zum Ende der Nutzungsdauer für die Wiederanschaffung benötigt wird. Aufgrund dieses Zinseffektes ist die ökonomische Abschreibung bei gleicher angenommener Abschreibungs- bzw. Nutzungsdauer niedriger als die lineare Abschreibung.

Der für die Berechnung des Rückwärtsverteilungsfaktors notwendige gewichtete Kapitalkostensatz (WACC) wird mittlerweile auch für den CFRoI zumeist mithilfe des CAPM berechnet. Die Ermittlung des WACC auf der Grundlage des CAPM kann unter Punkt 3.1.2.2 nachgelesen werden.

3.2.3.3   Vergleich der beiden Berechnungsarten

Der wesentliche Unterschied zwischen den beiden Berechnungsarten betrifft die Wiederanlage frei werdender Mittel. Während die Methode des Internen Zinsfußes eine Wiederanlage der generierten Cashflows in Höhe des CFRoI annimmt, geht die algebraische Methode von einer Wiederanlage der generierten Cashflows in Höhe des WACC aus.[171]

Dieser zunächst als unwesentlich erscheinende Unterschied kann deutliche Auswirkungen auf die Höhe des ermittelten CFRoI haben. Bei einem CFRoI in Höhe des WACC kommen der IRR- sowie der algebraische CFRoI zwar zu demselben Ergebnis. In allen anderen Fällen

---

[170] Quelle: eigene Darstellung in Anlehnung an Heidecker M. 2003, S.79.

[171] Vgl. Plaschke F.J. 2003, S.145 sowie Weber J. et al. 2004a, S.93.

ermitteln die beiden Varianten jedoch einen unterschiedlichen CFRoI. Bei einem CFRoI oberhalb des WACC ermittelt die Interne Zinsfuß-Variante einen höheren CFRoI, weil sie davon ausgeht, dass die generierten Cashflows in Höhe des IRR-CFRoI reinvestiert werden, während die algebraische Methode von einer Wiederanlage in Höhe des WACC ausgeht. Bei einem CFRoI unterhalb des WACC verhält es sich umgekehrt, das heißt die Interne Zinsfuß-Variante ermittelt einen geringeren CFRoI als der algebraische Ansatz. Die Abweichung der Ergebnisse der beiden Berechnungsarten ist umso stärker, je höher die Differenz zwischen CFRoI und WACC ist.

Diesen auf den ersten Blick schwer nachzuvollziehenden Zusammenhang verdeutlicht das Rechenbeispiel in Punkt 4.1.2.1. Zur Beantwortung der Frage, welche der beiden Varianten einen realistischeren CFRoI errechnet sei erwähnt, dass die Wiederanlageprämisse des IRR-CFRoI in der Literatur teilweise starker Kritik ausgesetzt ist.[172]

Im folgenden Punkt wird der CVA vorgestellt, der mit dem CFRoI eng verwandt ist und diesen als Rechengröße weiterverwendet.

3.3   Der Cash Value Added

Entsprechend der bisherigen Vorgehensweise werden in diesem Punkt zunächst der Ursprung und die Bedeutung des Rechenansatzes beschrieben, bevor eine Erläuterung der Determinanten erfolgt. Schließlich wird auf die Gestaltung der übrigen Kernaktivitäten auf der Basis des CVA und des CFRoI eingegangen. Die gemeinsame Behandlung von CFRoI und CVA in Abschnitt 3.3.3 ist durch den engen Bezug zwischen beiden Ansätzen begründet.

3.3.1   Ursprung und Bedeutung des CVA

Ebenso wie der CFRoI wurde auch der CVA von der Beratungsgesellschaft The Boston Consulting Group entwickelt.[173] Der CVA verwendet den CFRoI als Basisgröße und errechnet einen absoluten Wertbeitrag für die betrachtete Periode.[174] Ebenso wie der Economic Profit und der Economic Value Added (EVA) zählt der CVA zu den bekannten Residualgewinnkonzepten.[175] Wesensmerkmal dieser Konzepte ist die Ermittlung eines Periodenübergewinns, der den Wertbeitrag einer Periode anzeigt.

---

[172] Vgl. zur Kritk am IRR-CFRoI Punkt 4.1.2.2.

[173] Vgl. Heidecker M. 2003, S.82 sowie Weber J. et al. 2004a, S.125.

[174] Vgl. Wolf K. 2003, S.33.

[175] Vgl. Weber J. et al. 2004a, S.76.

3.3.2   Die Determinanten des CVA

Im Rahmen der Ermittlung des CVA werden vom CFRoI, welcher die Rentabilität der vergangenen Periode darstellt, die Kapitalkosten abgezogen. Durch Multiplikation der Differenz mit der Bruttoinvestitionsbasis ergibt sich anschließend der CVA. Abbildung 28 verdeutlicht diesen Zusammenhang.

$$CVA_t = (CFRoI_t - WACC_t) * BIB_{t-1}$$

t   = betrachtete Periode

CVA_t = Cash Value Added der Periode t

$CFRoI_t$ = Cashflow Return on Investment der Periode t

$WACC_t$ = Weighted Average Cost of Capital der Periode t

BIB_{t-1} = Bruttoinvestitionsbasis zum Zeitpunkt t-1

Abbildung 28: Berechnung des Cash Value Added[176]

Da der CFRoI unmittelbar als Rechengröße in den CVA eingeht, hat die Wahl der CFRoI-Variante eine direkte Auswirkung auf die Höhe des CVA. Hierbei gilt analog, was für die Höhe des CFRoI gesagt wurde. So errechnet sich im Regelfall ein höherer Wertbeitrag bzw. ein höherer Wertverlust, wenn der IRR-CFRoI zugrunde gelegt wird.

Eine Möglichkeit, für beide Varianten den gleichen CVA zu errechnen besteht darin, vom IRR-CFRoI nicht den WACC sondern einen so genannten *Soll-Brutto-Cashflow* abzuziehen. Dieses Vorgehen wird jedoch in der Literatur nur vereinzelt diskutiert.[177] Im Übrigen erscheint es wenig sinnvoll, sich zunächst für den IRR-CFRoI zu entscheiden, dann aber die Ermittlungsformel des CVA zu korrigieren um am Ende über Umwege bei einem CVA anzukommen, der mithilfe des algebraischen CFRoI auf direktem Wege ermittelt werden kann. Kurzum: Wer von einer Wiederanlage der generierten Cashflows in Höhe des CFRoI ausgeht, wähle den IRR-CFRoI, wer von einer Wiederanlage in Höhe des WACC ausgeht, entscheide sich für den algebraischen CFRoI.

Es sei an dieser Stelle nochmals auf Punkt 4.1.2.1 verwiesen in dem anhand eines Beispiels auf die beiden Varianten eingegangen wird. Wichtig für das aktuelle Kapitel ist die Feststel-

---

[176]   Vgl. Plaschke F.J. 2003, S.162.

[177]   Vgl. Bundschuh B.J. 2005, S.136 sowie die dort angegebene Literatur.

lung, dass die Wahl der CFRoI-Variante im Regelfall einen direkten Einfluss auf die Höhe des CVA hat.

Neben dem CFRoI stellen die Bruttoinvestitionsbasis und der Kapitalkostensatz die Determinanten des CVA dar. Die Bruttoinvestitionsbasis wurde bereits im Zuge der CFRoI-Ermittlung bestimmt, somit verbleibt die Berechnung des Kapitalkostensatzes als festzulegende Determinante.

Lewis lehnte seinerzeit die Verwendung des CAPM für die Berechnung der Kapitalkosten mit dem Hinweis einer „fehlende[n] empirischen Stützung"[178] des Ansatzes ab und leitete den Kapitalkostensatz aus der Entwicklung eines Marktportfolios her. Zentrale Bedeutung kam dabei einem Kapitalkostensatz zu, der für die wichtigsten Volkswirtschaften ermittelt wurde. Der Kapitalkostensatz des jeweiligen Landes wurde als einheitlicher Kapitalkostensatz verwendet und musste „zumeist nicht an das einzelne Unternehmen angepasst werden"[179].

Trotz der von Lewis und anderen Autoren geäußerten Kritik[180] an der Verwendung des CAPM hat sich eine Berechnung der Kapitalkosten auf der Basis von WACC und CAPM mittlerweile auch für den CVA durchgesetzt.[181]

3.3.3   Gestaltung der verbleibenden Kernaktivitäten auf der Basis des CFRoI/CVA

Der Rechenansatz des CFRoI ermittelt eine vergangenheitsorientierte Periodenerfolgsgröße. Dabei drückt der CFRoI den Periodenerfolg als relative Größe aus. Auch der CVA ermittelt eine vergangenheitsorientierte Periodenerfolgsgröße, jedoch als absoluten Wert. Wenn CFRoI oder CVA als Periodenerfolgsgröße verwendet werden, bietet sich gleichzeitig die Verknüpfung mit einem wertorientierten Vergütungsmodell an. Auf die Eignung des Rechenansatzes für die wertorientierte Vergütung wird in Abschnitt 4.2.4 eingegangen. Aufgrund des gesetzten Rahmens erfolgt an dieser Stelle keine ausführliche Erläuterung der Gestaltung.

Für die Unternehmensbewertung sowie die Bewertung von Strategien als weitere Kernaktivitäten wird der CFRoI/CVA in der Praxis nur selten eingesetzt. Deshalb soll an dieser Stelle nicht weiter auf diese Aktivitäten eingegangen werden.

---

[178] Vgl. Lewis T.G. 1994, S.88.

[179] Lewis T.G. 1994, S.84.

[180] Für eine Literaturübersicht zur Kritik am CAPM vgl. Plaschke F.J. 2003, S.82.

[181] Vgl. Weber J. et al. 2004a, S.84. Auch Plaschke berichtete in einem Telefongespräch davon, dass BCG für die Berechnung des Kapitalkostensatzes in Kundenprojekten weitgehend den WACC sowie das CAPM verwendet.

3.4   Der Economic Value Added

In Anlehnung an das bisherige Muster werden im Folgenden Ursprung und Bedeutung sowie die Determinanten des EVA erläutert. Schließlich wird auf die verbleibenden Kernaktivitäten eingegangen.

Bei der Berechnung des EVA stellt sich regelmäßig die Frage, inwiefern die bereits durch das externe Rechnungswesen ausgewiesenen Größen NOPAT[182] und Investiertes Kapital durch Anpassungen verändert werden müssen. Eine Begründung der Vornahme dieser Anpassungen sowie eine allgemeine Kategorisierung der Anpassungen erfolgen unter dem Abschnitt „Determinanten des EVA". Auf einzelne Anpassungen wird im Rahmen der Beschreibung der Determinanten NOPAT und Investiertes Kapital eingegangen.[183]

3.4.1   Ursprung und Bedeutung des EVA-Ansatzes

Das Konzept des Economic Value Added (EVA) wurde Anfang der 1990er Jahre von der New Yorker Unternehmensberatungsgesellschaft Stern Stewart & Co. entwickelt.[184]

Die Rechenmethodik des EVA ist sehr eng verwandt mit der des Economic Profits.[185] Trotzdem weist das Konzept des EVA einen wesentlich höheren Bekanntheitsgrad auf und wird weitaus häufiger verwendet.[186]

3.4.2   Die Determinanten des EVA

STEWART definiert den EVA als operatives Ergebnis nach Abzug aller Zinsen auf das betriebsnotwendige Kapital.[187] Da ein positiver EVA somit den Gewinn einer Periode nach Abzug aller Kapitalkosten abbildet, wird er auch als Residualgewinn oder synonym als Übergewinn bezeichnet.[188]

---

[182]   Der NOPAT bezeichnet den **N**et **O**perating **P**rofit **A**fter **T**ax = Gewinn vor Abzug von Zinsen und nach Steuern.

[183]   Siehe Abschnitt 3.4.2.1 sowie 3.4.2.2.

[184]   Vgl. Becker W. 2000, S.19 sowie Weber J. et al. 2004a, S.55.

[185]   Vgl. Schaffer C. 2005, S.19; Copeland/Koller/Murrin 2002, S.88 sowie Hostettler S. 1997, S.47.

[186]   Zur Verbreitung des EVA-Ansatzes vgl. Punkt 4.1.4.1.

[187]   Vgl. Stewart G.B. 1991, S.2. Für weitere Angaben siehe Anhang.

[188]   Vgl. Hebertinger M. 2002, S.128 sowie Knorren N. 1998, S.67. Für weitere Angaben siehe Anhang.

Die Formel zur Berechnung des EVA lautet:

$$EVA_t = NOPAT_t - k_{WACC} * Capital_{t-1}$$

NOPAT$_t$ = **N**et **O**perating **P**rofit **A**fter **T**ax. (Operativer Gewinn vor Abzug jegl. Kapitalkosten und nach Abzug angepasster Steuern)
Capital$_{t-1}$ = Investiertes Kapital zum Beginn der Periode t.
k$_{WACC}$ = Diese Größe bezeichnet den gewichteten durchschnittlichen Kapitalkostensatz.

Abbildung 29: Berechnung des Economic Value Added.[189]

Auf den ersten Blick erscheint die Ermittlung des EVA auf der Basis dieser Größen sehr einfach und durch die direkte Übernahme der entsprechenden Daten aus dem externen Rechnungswesen (Engl.: accounting) möglich.

Die Promotoren des EVA-Konzeptes erachten die Aussagekraft der Zahlen des externen Rechnungswesens jedoch nicht für ausreichend. Insbesondere wird darauf hingewiesen, dass durch die Gläubigerschutz- und die Ausschüttungsbemessungsfunktion der Rechnungslegungsvorschriften Verzerrungen verursacht werden.[190] Um diese Verzerrungen zu beseitigen, sollen der NOPAT sowie das Investierte Kapital von Größen des externen Rechnungswesens in ökonomische (Engl.: economic) Größen überführt werden. Dieser Prozess wird in der Literatur als „Transformation des Accounting Model in das Economic Model" bezeichnet.[191]

Im Zuge der Transformation werden bis zu 164 Anpassungen (Engl.: Conversions) der Ausgangsgrößen vorgenommen.[192] Diese Anpassungen haben einen signifikanten Einfluss auf die Höhe und Aussagekraft der Größen Investiertes Kapital und NOPAT. Die Durchführung einer Anpassung betrifft dabei stets beide Größen, sowohl das Investierte Kapital als auch den NOPAT. Deshalb erfolgt bereits an dieser Stelle eine kurze Kategorisierung und Erläuterung der Anpassungen. Die konkreten Auswirkungen einer Anpassung auf die jeweilige

---

[189] Vgl. Hebertinger M. 2002, S.129; Hachmeister D. 2000, S.148 sowie Stewart G.B. 1994b, S.78. Für weitere Angaben siehe Anhang.

[190] Vgl. Weber J. et al. 2004a, S.57; Groll K.-H. 2003, S.63; Gebhardt G./Mansch H. 2005, S.39. Für weitere Angaben siehe Anhang.

[191] Vgl. Stührenberg L. et al. 2003, S.56 sowie Weißenberger B.E./Blome M. 2005, S.3. Für weitere Angaben siehe Anhang.

[192] Vgl. Hostettler S. 1997, S.97; Skrzipek M. 2005, S.33. Für weitere Angaben siehe Anhang.

Größe Investiertes Kapital oder NOPAT werden dann in den entsprechenden Unterpunkten beschrieben.

Bei der Durchführung von Anpassungen ist die Konsistenz dieser Anpassungen von enormer Wichtigkeit. Dies bedeutet, dass bei Veränderungen der Größe Investiertes Kapital immer auch die korrespondierenden Positionen im NOPAT berücksichtigt werden müssen, und umgekehrt.[193] Ein Beispiel: Eine aktivierte Immobilie wird aus der Summe des investierten Kapitals herausgerechnet, weil sie nicht betrieblich genutzt wird. Als nächstes müssen alle mit der Immobilie verbundenen Aufwendungen (z.B. Instandhaltungsaufwendungen) und Erträge (z.B. Mieterträge) aus dem NOPAT herausgerechnet werden.

Die Gesamtzahl der möglichen Anpassungen wird in der Literatur häufig in folgende vier Kategorien eingeteilt:[194]

1. *Operating Conversions*. Im Zuge der Operating Conversions werden der bilanzielle NO-PAT und das in der Bilanz ausgewiesene Investiertes Kapital um außerbetriebliche und aperiodische Einflüsse bereinigt.
2. *Funding Conversions*. Die Funding Conversions zielen darauf ab, versteckte Finanzierungsformen zu identifizieren und zu bereinigen.
3. *Shareholder Conversions*. Durch die Shareholder Conversions wird die Bewertung der Vermögens- und Ergebnisgrößen an die Sicht der Eigenkapitalgeber angepasst.
4. *Tax Conversions*. Die Tax Conversions bereinigen die in der Bilanz ausgewiesene Steuerlast um die Auswirkungen der übrigen Conversions. Dadurch ergibt sich eine fiktive Steuerlast, die für die Berechnung des investierten Kapitals und des Ergebnisses zugrunde gelegt wird.[195]

Die Vornahme von Anpassungen ist dem anwendenden Unternehmen überlassen und muss unternehmensindividuell entschieden werden. Wichtig ist die Befolgung der genannten Reihenfolge, da ansonsten bspw. eine falsche fiktive Steuerlast berechnet wird. Als Entscheidungskriterien für die Vornahme einer Anpassung nennt STEWART folgende vier Fragen:[196]

• Hat die Anpassung einen wesentlichen Einfluss auf den EVA?
• Ist die durch die Anpassung betroffene Position überhaupt durch Manager beeinflussbar?
• Verstehen die Nutzer des EVA die Anpassung?
• Wie schwer sind die zur Durchführung der Anpassung notwendigen Informationen zu beschaffen?

---

[193] Vgl. Weißenberger B.E./Blome M. 2005, S.5.

[194] Ursprünglich stammt diese Kategorisierung von Hostettler (Hostettler S. 1997, insbesondere Graphik S.98 sowie zur Erläuterung S.97-105). Mittlerweile wird sie jedoch häufig in der Literatur verwendet. Vgl. bspw. Weber J. et al. 2004a, S.58f. sowie Weißenberger B.E./Blome M. 2005, S.6.

[195] Vgl. Weber J. et al. 2004a, S.57f.

[196] Vgl. Stewart G.B. 1994b, S.74. Ähnlich: Weißenberger B.E./Blome M. 2005, S.10. Siehe außerdem die Vier-Felder-Matrix zur Auswahl von Anpassungen unter Abschnitt 5.2.

Nur wenn diese vier Fragen positiv beantwortet werden können, erscheint eine Anpassung sinnvoll. Dadurch schrumpft die Vielzahl möglicher Anpassungen schnell auf eine geringere Zahl relevanter Anpassungen. Abbildung 30 zeigt, welche Anpassungen die DAX100 Unternehmen vornehmen.

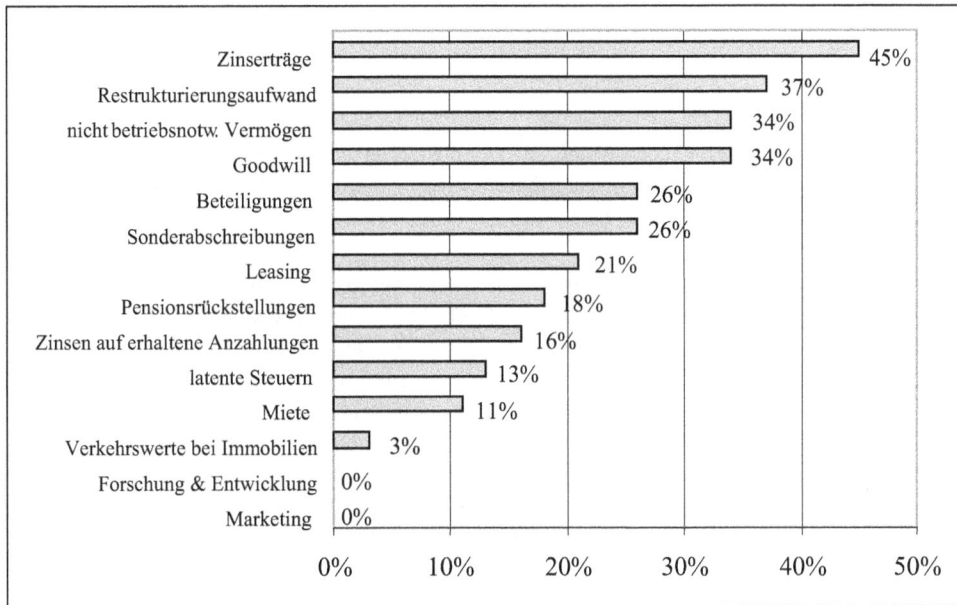

Abbildung 30: Die von den DAX100 Unternehmen vorgenommenen Anpassungen[197]

Nachdem die Anpassungen im Allgemeinen beschrieben wurden und deren Einfluss auf die Höhe der Kenngrößen Investiertes Kapital und NOPAT angesprochen wurde, erfolgt nun eine nähere Beschreibung der EVA-Determinanten Investiertes Kapital und NOPAT. Dabei wird ausführlich auf mögliche Anpassungen beider Kenngrößen eingegangen, sodass der Einfluss dieser Anpassungen nachvollzogen werden kann. Darüber hinaus wird die dritte Determinante des EVA, der WACC, behandelt.

3.4.2.1   Das Investierte Kapital

Ausgangspunkt der Berechnung des Investierten Kapitals ist das Gesamtkapital bzw. die Bilanzsumme eines Unternehmens. Durch die Vornahme von Anpassungen wird die Bilanzsumme schrittweise in die Kenngröße Investiertes Kapital überführt. Die vier Schritte dieses Prozesses sollen im Folgenden detailliert erläutert werden:

---

[197] Quelle: Aders C./Hebertinger M. 2003, S.19.

(1) Im ersten Schritt erfolgen die Operating Conversions, durch die das betriebsnotwendige Kapital aus der Bilanzsumme abgeleitet wird. Zu diesem Zweck werden die verschiedenen Aktivposten der Bilanz korrigiert. Im Zuge dieser Korrektur geht es darum:

- aktivierte Vermögensgegenstände, die nicht betrieblich genutzt werden, von der Bilanzsumme abzuziehen (zu Buchwerten) und
- nicht aktivierte betrieblich genutzte Vermögensgegenstände zu aktivieren[198] (zu Marktwerten)[199]

Beispiele für nicht betrieblich genutzte Vermögensgegenstände sind u.a.:

- *Wertpapiere des Umlaufvermögens.* Wertpapiere des Umlaufvermögens unterscheiden sich von denen des Anlagevermögens durch ihre Eigenschaft, keine dauerhafte Anlage darzustellen und dementsprechend jederzeit veräußerbar zu sein. Ein Wegfall der Wertpapiere des Umlaufvermögens bedeutet im Normalfall keine unmittelbare Beeinträchtigung der operativen Tätigkeit.[200] Deshalb werden sie von der Bilanzsumme abgezogen. Liquide Mittel hingegen stellen betriebsnotwendige Liquidität dar und werden demzufolge nicht von der Bilanzsumme abgezogen. Dieser Auffassung liegt die Annahme zugrunde, dass überschüssige Liquidität direkt in Wertpapiere des Umlaufvermögens investiert wird und dass demzufolge die verbleibende Liquidität als betriebsnotwenig anzusehen ist.
- *Eigene Aktien.* Falls aktiviert, sind die eigenen Aktien von der Bilanzsumme abzuziehen, da sie nicht betriebsnotwendig sind.
- *Anlagen im Bau.* Anlagen sind erst ab dem Zeitpunkt als Investiertes Kapital anzusetzen, ab dem sie für die betriebliche Leistungserstellung zur Verfügung stehen. Dementsprechend werden bereits aktivierte Anlagen im Bau von der Bilanzsumme abgezogen.[201]

Beispiele für nicht aktivierte, betrieblich genutzte Vermögensgegenstände sind:

- *Miet- und Leasinggüter.* Davon ausgehend, dass es sich bei „Miete und Leasing um eine andere Art der Fremdfinanzierung"[202] handelt, wird eine Aktivierung der Miet- und Leasinggüter gefordert.[203] Wertansatz ist, wenn ermittelbar, der Marktwert. Alternativ kann die Höhe der verbleibenden Leasing- bzw. Mietverbindlichkeiten angesetzt werden.

(2) Im zweiten Schritt werden die Funding Conversions durchgeführt. Hierbei geht es unter anderem um die Behandlung der Verbindlichkeiten aus Lieferungen und Leistungen (Verb. aLuL). Diese sind dem Fremdkapital zuzuordnen, erscheinen auf den ersten Blick allerdings ohne Zinsforderung gewährt worden zu sein. Dieser Eindruck täuscht jedoch. Auch wenn mit

---

[198] Eine *Aktivierung* bedeutet die Aufnahme eines Vermögensgegenstandes in die Aktivseite der Bilanz.

[199] Vgl. Hostettler S. 1997, S.111f.

[200] Vgl. hierzu und zu den beiden nachfolgenden Aufzählungspunkten: Hostettler S. 1997, S.113-120.

[201] Vgl. Stewart G.B. 1991, S.744.

[202] Lewis T.G. 1994, S.60, ebenso zitiert in Hostettler S. 1997, S.124.

[203] Vgl. Hostettler S. 1997, S.124. Für weitere Angaben siehe Anhang.

Verb. aLuL keine direkte Zinsschuld verbunden ist, so ist doch davon auszugehen, dass der Lieferant bei der Preisbildung die später erfolgende Erstattung des Kaufpreises berücksichtigt hat.[204] Insofern sind in den Verb. aLuL bereits indirekte Zinsschulden enthalten, die gleichfalls das betriebliche Ergebnis gemindert haben. Somit würde bei der Berechnung der Kapitalkosten durch die Multiplikation des Investierten Kapitals mit dem gewichteten Kapitalkostensatz der Anteil der Verb. aLuL ein zweites Mal mit Zinsen belastet. Um dies zu verhindern, werden die Verb. aLuL aus der Vermögensbasis herausgerechnet.

(3) Im Anschluss an die Funding Conversions erfolgen die Shareholder Conversions. Im Rahmen der Shareholder Conversions werden die Bilanzpositionen aus Sicht der Eigentümer bewertet. Wenn sich dadurch für eine Bilanzposition ein höherer Wert ergibt, erfolgt eine Aktivierung der Bewertungsdifferenz. Die neu aufgenommenen Bilanzpositionen sind als Eigenkapital zu betrachten und werden deshalb *Eigenkapital Äquivalente* (Engl.: *Equity Equivalents*) genannt.[205]

Bewertungsunterschiede können sich bei der Bewertung des Umlaufvermögens bspw. ergeben, wenn das Warenlager nach der LIFO-Methode[206] bewertet ist. In diesem Fall stellt sich die Frage, welcher Wert des Warenlagers sich nach der FIFO-Methode[207] ergeben würde. Führt die Anwendung der FIFO-Methode zu einem höheren Wert des Warenlagers, so wird die Differenz als LIFO-Reserve bezeichnet. Diese Differenz sollte als Equity Equivalent aktiviert werden, wenn die FIFO-Annahme realistisch und der Bewertungsunterschied signifikant ist. Nach Ansicht LEWIS` ist deshalb nur in Wirtschaftsräumen mit hoher Inflation eine LIFO-Reserve zu bilden.[208] Weitere Ansatzpunkte für die Suche nach Bewertungsunterschieden stellen insbesondere pauschale Wertberichtigungen für voraussichtliche Forderungsausfälle dar.

Auch für die Positionen des Anlagevermögens stellt sich die Frage, ob eine Bewertung aus Sicht der Eigentümer zu einem anderen Wertansatz führen würde. Vor allem eine Bewertung auf der Basis historischer Anschaffungskosten, wie sie durch das HGB vorgeschrieben ist, gibt Anlass, eine Neubewertung zu prüfen. Der Ansatz historischer Werte lässt die Inflation ebenso außer Acht wie eine grundsätzliche Erhöhung des Marktwertes. Zur Korrektur dieser Verzerrung bietet sich entweder eine Inflationierung der Buchwerte oder ein regelmäßiger Neuansatz zu Marktwerten an. Eine Inflationierung ist jedoch nicht einfach und für Externe kaum nachvollziehbar.[209] Deshalb kommt eine Inflationierung nur bei hohen Inflationsraten in Frage. Auch der Ansatz zu Marktwerten erscheint nur sinnvoll, wenn starke Unterbewer-

---

[204] Vgl. Hostettler S. 1997. S.127ff.

[205] Vgl. Stewart G.B. 1991.

[206] LIFO steht für Last In First Out. Die Bewertung des Warenlagers erfolgt bei dieser Methode unter der Annahme, dass bei einer Entnahme aus dem Warenlager stets die neueste Ware zuerst entnommen wird.

[207] FIFO steht für First In First Out und bezeichnet die Annahme, dass bei der Warenentnahme zuerst das älteste Gut entnommen wird.

[208] Vgl. Lewis T.G. 1994, S.253.

[209] Vgl. Groll K.-H. 2003, S.96.

tungen vorliegen, die auch für Externe klar ersichtlich sind.[210] Die von den Rechnungslegungsvorschriften IAS/IFRS vorgeschriebene Bewertung nach dem Fair Value entspricht hingegen zumeist der Sicht der Eigentümer und bedarf deshalb im Regelfall keiner Korrektur.

Neben Bewertungsdifferenzen gibt es eine zweite Form von Equity Equivalents. Diese zweite Form stellen Aufwendungen dar, die aus ökonomischer Sicht den Charakter von Investitionen besitzen und deshalb aktiviert und über die Nutzungsdauer abgeschrieben werden. Eine solche Vorgehensweise kann beispielsweise bei Aufwendungen für Forschung und Entwicklung gewählt werden.[211] Ebenso besteht die Möglichkeit, Rückstellungen für Restrukturierungsaufwendungen zu aktivieren. Auch Markterschließungs- oder Marketingaufwendungen kommen für eine Aktivierung als Investition in Frage, werden jedoch in der Praxis nur sehr selten aktiviert.[212]

Eine gesonderte Fragestellung bei der Berechnung der Equity Equivalents bildet die Behandlung von erworbenem Goodwill.[213] Hierbei stellt sich einerseits die Frage, ob der erworbene Goodwill als Equity Equivalent aktiviert werden soll, und andererseits ist über die Annahmen bezüglich der Werthaltigkeit des Goodwills zu entscheiden. Hierbei kann entweder von einer planmäßigen Abschreibung oder von einem konstanten Wert ausgegangen werden. Die Annahme einer planmäßigen Abschreibung deckt sich mit der Vorstellung des HGB. Ein konstanter Wert entspricht den Vorschriften der IAS/IFRS. Zur Überprüfung der Annahme eines konstanten Wertes erfolgt analog der Vorgehensweise nach IFRS ein regelmäßiger Werthaltigkeits- (Engl.: Impairment-) Test. STEWART fordert die Aktivierung des gesamten Goodwills und die Annahme eines konstanten Wertes.[214]

(4) Als letztes erfolgen die Tax Conversions. Ein besonderes Problem im Zuge der Ermittlung des steuerlich bedingten Abzugskapitals stellt die Behandlung von *latenten Steuern* dar.[215] Die Unternehmensberatung SternStewart & Co. empfiehlt, lediglich zahlungswirksame Steuerzahlungen als Steuerbelastungen zu berücksichtigen. Demzufolge müssen die latenten Steuerpositionen der Bilanz aufgelöst werden. Deshalb werden aktive latente Steuern vom Investierten Kapital abgezogen. Passive latente Steuern bleiben hingegen weiterhin in der Bilanz bestehen, allerdings als eine Position der Equity Equivalents.[216]

---

[210] Vgl. Hostettler S. 1997, S.136.

[211] Vgl. Hostettler S. 1997, S.104.

[212] Vgl. Anders C./Hebertinger M., 2003, S.18f.

[213] Zur Definition des Begriffs *Goodwill* siehe Anhang der Fußnote 98.

[214] Vgl. Stewart G.B. 1991, S.114. Für weitere Angaben siehe Anhang.

[215] Vgl. Weißenberger B.E./Blome M. 2005, S.9. Für eine Erläuterung des Begriffs *latente Steuern* siehe Anhang.

[216] Vgl. Weißenberger B.E./Blome M. 2005, S.9.

Nach Abschluss der Anpassungen (1.-4.) entspricht die Bilanzsumme der Kenngröße Investiertes Kapital. In Abhängigkeit der vorgenommenen Anpassungen des Investierten Kapitals erfolgt nun die Anpassung des NOPAT.

3.4.2.2 Der Net Operating Profit After Tax (NOPAT)

Der Net Operating Profit After Taxes (NOPAT) bezeichnet den operativen Gewinn vor Zinsen und nach Steuern und ist als solcher im Regelfall in der Bilanz ausgewiesen. Um den NOPAT von einer Größe des Rechnungswesens in eine stärker ökonomisch orientierte Größe zu überführen, erfolgen zahlreiche Anpassungen, die analog der Vorgehensweise zur Herleitung des Investierten Kapitals in Operating-, Funding-, Shareholder- und Tax- Conversions untergliedert werden.

Bei der Vornahme dieser Conversions geht es hauptsächlich um die Bereinigung des bilanziell determinierten NOPATs um diejenigen Aufwendungen und Erträge, die mit den Conversions zur Ermittlung des Investierten Kapitals korrespondieren.

Hierzu nachfolgend mehrere Beispiele:

- Wurden Wertpapiere des Umlaufvermögens als nicht betriebsnotwendig erachtet und deshalb von der Bilanzsumme abgezogen, so müssen die mit den Wertpapieren verbundenen Aufwendungen und Erträge aus der Erfolgsrechnung herausgerechnet werden. (Operating Conversion)
- Im Zusammenhang mit der Aktivierung von Leasingverbindlichkeiten müssen die in den Leasingaufwendungen der Periode enthaltenen Zinsverbindlichkeiten vom NOPAT abgezogen werden.[217] Dadurch wird sichergestellt, dass der NOPAT ein Ergebnis vor Zinszahlungen darstellt. (Funding Conversion)
- Wurden Aufwendungen mit Investitionscharakter aktiviert, so werden die Aufwendungen in ihrer ursprünglichen Höhe zunächst dem NOPAT wieder hinzugerechnet. Anschließend wird der aus der Aktivierung resultierende jährliche Abschreibungsbetrag als Aufwand vom NOPAT abgezogen. (Shareholder Conversion)

Auf Basis der neuen Abbildung des NOPATs muss eine angepasste Berechnung der Steuerlast erfolgen. So ist darauf zu achten, dass als abzuziehende Steuerlast lediglich diejenige Steuerlast verbleibt, die der *betrieblichen* Tätigkeit vor Zinsbelastung zugeordnet werden kann.[218] Die Ermittlung der Steuerbelastung erfolgt somit unter der Fiktion einer vollständigen Eigenkapitalfinanzierung.[219] Deshalb wird auch das so genannte Tax Shield, also die Steuervergünstigung des Fremdkapitals, an dieser Stelle nicht berücksichtigt.[220] Für die Be-

---

[217] Vgl. Hostettler S. 1997, S.152.

[218] Vgl. Weber J. et al. 2004a, S.57.

[219] Vgl. Weißenberger B.E./Blome M. 2005, S.9 sowie Hostettler S. 1997, S.154.

[220] Vgl. Hachmeister D. 2000, S. 271.

stimmung der angepassten Steuerbelastung kann ein Pauschalsteuersatz verwendet werden, der sich an Vergangenheitswerten orientiert.

Aus dem beschriebenen Prozess der Umwandlung des bilanziellen NOPAT durch verschiedene Anpassungen resultiert ein der ökonomischen Sichtweise angenäherter NOPAT. Nachdem die Ermittlung von Investiertem Kapital und NOPAT nachvollzogen wurde, fehlt als letzte Determinante des EVA der Kapitalkostensatz.

3.4.2.3   Der Kapitalkostensatz

Das Konzept des EVA basiert auf der Annahme eines gewichteten Kapitalkostensatzes. Die im Rahmen des EVA-Konzeptes anzuwendende Vorgehensweise zur Bestimmung des gewichteten Kapitalkostensatzes (WACC) entspricht der Vorgehensweise des DCF-Ansatzes. Deshalb sei an dieser Stelle auf Abschnitt 3.1.2.2. verwiesen. Nach der Ermittlung des WACC sind alle Determinanten bekannt, sodass der EVA ermittelt werden kann.[221]

3.4.3   Gestaltung der verbleibenden Kernaktivitäten auf der Basis des EVA-Konzeptes

Die bisherigen Ausführungen bezüglich des EVA-Konzeptes konzentrierten sich auf den EVA als Periodenerfolgsgröße. Es stellt sich die Frage, wie eine Gestaltung der übrigen Kernaktivitäten auf der Basis des EVA-Konzeptes aussehen könnte.

In Bezug auf die wertorientierte Vergütung besitzt das Konzept des EVA eine höhere Praxisrelevanz als die übrigen Rechenansätze. Eine Beurteilung des EVA für die wertorientierte Vergütung wird in Abschnitt 4.2.4 vorgenommen. Aufgrund des gesetzten Rahmens der vorliegenden Arbeit wird für eine ausführliche Beschreibung der Gestaltung einer EVA-basierten Vergütung auf die Literatur verwiesen.[222] Da das EVA-Konzept für die Bewertung von Strategien und Projekten vergleichsweise ungeeignet erscheint, wird auf die Beschreibung dieser Aktivität ebenfalls verzichtet.[223]

Es verbleibt somit die Unternehmensbewertung als vierte Kernaktivität. Eine Beurteilung der Eignung des EVA-Ansatzes für die Unternehmensbewertung findet sich in Abschnitt 4.2.1. Die nun folgende Beschreibung der Unternehmensbewertung auf der Basis des EVA-Konzeptes ist aufgrund der vergleichsweise geringen praktischen Bedeutung kürzer gefasst.

Eine Unternehmensbewertung auf der Grundlage des EVA-Konzeptes führt bei Zugrundelegung zweier wesentlicher Annahmen zum gleichen Ergebnis wie eine Bewertung auf der Basis des DCF-Verfahrens.[224] Diese Annahmen sind:[225]

---

[221] Siehe Fallstudie 3.

[222] Literaturverweise zur wertorientierten Vergütung auf Basis des EVA finden sich im Anhang.

[223] Zur Eignung des EVA für die Bewertung von Strategien und Projekten vgl. Punkt 4.2.3.

[224] Vgl. Hebertinger M. 2002, S.131; Knorren N. 1998, S.70. Für weitere Angaben siehe Anhang.

- identische Umweltzustände sowie
- Barwertidentität zukünftiger Gewinn- und Cashflowströme

Von identischen Umweltzuständen ist auszugehen, weil die Umweltzustände nicht durch die Wahl des Bewertungsverfahrens beeinflusst werden. Die Annahme einer Barwertidentität von zukünftigen Gewinnen und Cashflows wird durch das so genannte *Lücke-Theorem* beschrieben.[226] In seinem viel zitierten Beitrag[227] zeigte LÜCKE bereits 1955, dass die Bewertung einer Investition auf der Basis einer Betrachtung der Perioden-Gewinne zum gleichen barwertigen Ergebnis führt wie eine Betrachtung der Perioden-Cashflows. Wichtig ist in diesem Zusammenhang die Berücksichtigung des gesamten Zeitraumes der Investition.[228] Besondere Bedeutung kommt darüber hinaus dem Diskontierungssatz als „Ausgleichsventil"[229] zu.

Bei der Berechnung des Unternehmenswertes auf der Grundlage des EVA-Konzeptes wird die barwertige Summe aller zukünftigen EVAs gebildet und zu diesem Wert der Buchwert des Gesamtkapitals addiert.[230] Die barwertige Summe aller zukünftigen EVAs stellt den *ex ante* berechneten Market Value Added (MVA) dar.[231] Die Berechnung des ex ante MVA gleicht der Vorgehensweise zur Berechnung des Barwerts zukünftiger Cashflows. Dem entsprechend erfolgt eine explizite Planung der EVAs für die Prognoseperiode und eine Bestimmung des Restwertes für die EVAs nach der Prognoseperiode.

Der MVA lässt sich außerdem *ex post* bestimmen. Bei dieser Vorgehensweise ergibt sich der MVA als Differenzbetrag zwischen dem Marktwert des Gesamtkapitals eines Unternehmens und dem Buchwert des Gesamtkapitals. Die ex post Berechnung des MVA spiegelt somit die Sicht der Aktionäre wider.[232] Abweichungen zwischen dem ex post und dem ex ante MVA indizieren eine Über- bzw. Unterbewertung des Unternehmens am Markt. Eine Überbewertung liegt vor, wenn der ex post MVA größer ist als der ex ante MVA. Ebenso liegt umgekehrt eine Unterbewertung vor, wenn der ex post MVA kleiner ist als der ex ante MVA.

---

[225] Vgl. Schaffer C. 2005, S.19.

[226] Zu den Annahmen die dem *Lücke-Theorem* zugrunde liegen vgl. Pfaff D./Stefani U. 2003, S.58f.

[227] Lücke W. 1955, S.310-324. Für weitere Angaben siehe Anhang.

[228] Vgl. Lücke W. 1955, S.323.

[229] Lücke W. 1955, S.314.

[230] Vgl. Hachmeister D. 2000, S.150.

[231] Vgl. hierzu sowie zu den beiden nachfolgenden Sätzen Hostettler S. 1997, S.183f. und S.195.

[232] Vgl. Ehrbar A. 1999, S.69.

4 Vor- und Nachteile sowie Vergleich der vorgestellten Rechenansätze

In diesem Kapitel werden zunächst die Vor- und Nachteile der vorgestellten Rechenmodelle aufgezeigt. Anschließend erfolgt ein Vergleich der Eignung der Rechenansätze für die Durchführung der Kernaktivitäten wertorientierter Unternehmensführung.

> Das wichtigste Lernziel des 4. Kapitels ist die Kenntnis, welcher Rechenansatz für die unterschiedlichen Kernaktivitäten die höchste Eignung besitzt.

4.1 Vor- und Nachteile der vorgestellten Rechenansätze

Für jeden der bisher vorgestellten Rechenansätze werden nachfolgend die Vor- und Nachteile bzw. die Stärken und Schwächen diskutiert.

4.1.1 Vor- und Nachteile des DCF-Ansatzes

Analog zur Reihenfolge in Kapitel 3 wird zunächst auf die Vor- und Nachteile des DCF-Ansatzes eingegangen. Wesentlicher Vorteil ist die Einfachheit des Ansatzes in Bezug auf eine Unternehmensbewertung. Der Hauptkritikpunkt ist die Manipulationsanfälligkeit.

4.1.1.1 Vorteile des DCF-Ansatzes

Die Vorteile des DCF-Ansatzes liegen hauptsächlich in der hohen Eignung für die Unternehmensbewertung begründet, die in der Literatur bestätigt wird.[233] In diesem Zusammenhang spielen die Zukunftsorientierung und die Einfachheit der Anwendung eine bedeutende Rolle:

---

[233] Vgl. Aders C./Hebertinger M. 2003, S.19 sowie Müller J. 2006, S.28. Für weitere Angaben siehe Anhang.

- Die Zukunftsorientierung gewährleistet eine Berücksichtigung von Zukunftsinvestitionen. Wie in Abschnitt 3.1.2.3 erläutert, ist eine dauerhafte Wertsteigerung nur auf der Basis von Wettbewerbsvorteilen möglich. Ohne Zukunftsinvestitionen können keine neuen
  Wettbewerbsvorteile entstehen. Gleichzeitig sind die bestehenden Wettbewerbsvorteile
  endlich, sodass ein Wachstum des Unternehmenswertes ohne Zukunftsinvestitionen nicht
  möglich ist. Diese Zusammenhänge werden durch eine Bewertung auf der Basis des
  DCF-Verfahrens berücksichtigt.

Analog zu der in Abschnitt 3.1.2.3 beschriebenen Vorgehensweise lässt sich der Unternehmenswert durch die Prognose weniger Wertgeneratoren vergleichsweise einfach berechnen.
Die ausschließliche Betrachtung von Cashflows bringt außerdem den Vorteil der Unabhängigkeit von bilanziellen Abschreibungen mit sich.

4.1.1.2   Nachteile des DCF-Ansatzes

Der hauptsächliche Nachteil des DCF-Ansatzes ist die Manipulationsanfälligkeit.[234] Schon
geringe Änderungen bei der Annahme bzgl. des Cashflows, der als konstanter Cashflow der
Berechnung des Residualwertes zugrunde gelegt wird, führen zu einer signifikanten Änderung des Unternehmenswertes.[235] Vor dem Hintergrund der enormen Bedeutung des konstanten Cashflows erscheint die Kritik KNORRENs berechtigt, der die gängige Ermittlung des
Residualwerts durch automatische Übernahme des Free Cashflows des letzten Jahres der
Prognoseperiode als „vereinfacht" bezeichnet, auf die damit verbundene „Gefahr einer Über-
oder Unterbewertung der Cash Flows" hinweist und dazu auffordert, eine detaillierte Analyse
der Nachhaltigkeit der erzielten Cashflows vorzunehmen.[236]

Doch auch wenn es gelingen sollte, den konstanten Cashflow auf der Basis einer sorgfältigen
Analyse zu bestimmen, verbleibt stets eine gewisse Unsicherheit bezüglich der zukünftigen
Entwicklung. Diese Unsicherheit gibt gleichzeitig Raum für Manipulation. Unter der Annahme, dass eine Unternehmensbewertung die zukünftige Entwicklung des Unternehmens
als entscheidenden Parameter berücksichtigen muss, lässt sich eine Manipulationsanfälligkeit
des Verfahrens grundsätzlich nicht vermeiden.[237]

Anders verhält es sich bei der Bewertung des Periodenerfolges. Die aus dem DCF-Ansatz
abgeleitete Kennzahl zur Messung des Periodenerfolges ist der Shareholder Value Added
(SVA). Dieser beurteilt den Periodenerfolg mit Bezug auf die Veränderung des Unterneh-
menswertes. Ein aus bilanzieller Sicht miserables Periodenergebnis kann deshalb durch die
Annahme eines hohen Rückflusses aus den getätigten Investitionen in ein hervorragendes
SVA-basiertes Periodenergebnis verwandelt werden.

---

[234] Vgl. Weber J. et. al. 2004a, S.98 sowie Aders C./Hebertinger M. 2003, S.15. Für weitere Angaben siehe An-
      hang.

[235] Vgl. Henselmann K. 2000, S.153.

[236] Knorren N. 1998, S.50.

[237] Ähnlich: Schierenbeck H./Lister M. 2001, S.109.

Der Bezug des SVA zum Unternehmenswert hat zur Folge, dass bereits geringe Manipulationen des Unternehmenswertes starke Auswirkungen auf die Höhe des SVA haben.

Insgesamt erscheint der SVA für eine Messung des Periodenerfolges deshalb nicht geeignet.[238] In Bezug auf den DCF-Ansatz im Allgemeinen werden verschiedene weitere Kritikpunkte genannt. So äußert bspw. DRUKARCZYK Kritik an der von RAPPAPORT getroffenen Annahme einer Zielkapitalstruktur und empfiehlt stattdessen den Adjusted Present Value (APV-) Ansatz. Dieser berücksichtigt Schwankungen der Kapitalstruktur im Zeitablauf, ist jedoch vergleichsweise komplex und scheint in der Praxis nicht weit verbreitet zu sein. So gaben in der empirischen Untersuchung von Aders/Hebertinger lediglich 2% der Unternehmen an, den APV-Ansatz zu verwenden.[239]

4.1.2   Vor- und Nachteile des CFRoI-Ansatzes

Im Folgenden werden die Vor- und Nachteile des CFRoI-Ansatzes erläutert. Zu den wesentlichen Vorteilen gehört die bessere Abbildung von Wertverzehrungen durch Abschreibungen. Einen entscheidenden Nachteil stellt die Komplexität des Ansatzes dar.

4.1.2.1   Vorteile des CFRoI-Ansatzes

Ebenso wie der DCF besitzt der CFRoI den Vorteil einer Unabhängigkeit von durch Abschreibungen ausgelösten Verzerrungen.[240] Der zu diesem Zweck notwendige Ermittlungsweg ist zwar komplex, kann jedoch bei bestimmten Unternehmen zu einer Abbildung des Periodenergebnisses führen, das in deutlich höherem Maß einer ökonomischen Sichtweise entspricht als eine Ermittlung auf der Basis des EVA. Merkmale solcher Unternehmen sind:[241]

- sehr langlebige Anlagen (im Durchschnitt über 15 Jahre)
- ein großes Anlagevermögen im Vergleich zum *Working Capital*[242]
- sehr alte oder sehr neue Anlagen
- umfangreiche gebündelte Investitionsausgaben

Der Grund für diesen Zusammenhang ist folgender: Im Konzept des CFRoI wird die Kapitalbasis nicht auf der Grundlage bilanzieller Werte sondern unter Berücksichtigung der historischen Anschaffungskosten ermittelt. Durch den Bezug auf historische Werte bleibt die Kapitalbasis vergleichsweise konstant. Im Gegensatz dazu verändert sich die Kapitalbasis im Falle des EVA um den Abschreibungsbetrag. Wenn keine neuen Anlagen gekauft werden,

---

[238] Vgl. Weber et al. 2004a, S.99.

[239] Vgl. Aders C./Hebertinger M. 2003, S.19

[240] Vgl. Lewis T.G. 1994, S.106.

[241] Vgl. zu diesen vier Aufzählungspunkten Copeland/Koller/Murrin 2002, S.229.

[242] Das *Working Capital* kann bezeichnet werden als „die Differenz des Umlaufvermögens zum kurzfristigen Fremdkapital." (Stiefl J. 2005, S.113).

sinkt somit die Kapitalbasis im Zeitablauf. Da eine Verringerung der Kapitalbasis gleichzeitig die Kapitalkosten senkt, weisen sehr alte Anlagen ceteris paribus eine höhere Rendite aus, obwohl sich an der wirtschaftlichen Leistungsfähigkeit nichts geändert hat.

STEINKE und BEISSEL beschreiben diesen altersabhängigen Renditeeffekt anschaulich anhand eines Beispiels aus dem Lufthansa Konzern.[243] Einen großen Anteil des Anlagevermögens der Lufthansa AG bilden Flugzeuge. Diese werden in Schüben angeschafft, sodass der Wert des Anlagevermögens starken Schwankungen ausgesetzt ist. Abbildung 31 veranschaulicht die Auswirkungen einer solchen Schwankung des Anlagevermögens auf den EVA und den CVA, der auf dem CFRoI basiert. Entscheidend ist in diesem Zusammenhang die bereits erwähnte Tatsache, dass der EVA die Kapitalbasis anhand der Buchwerte bestimmt, während der CFRoI von den historischen Anschaffungskosten ausgeht.

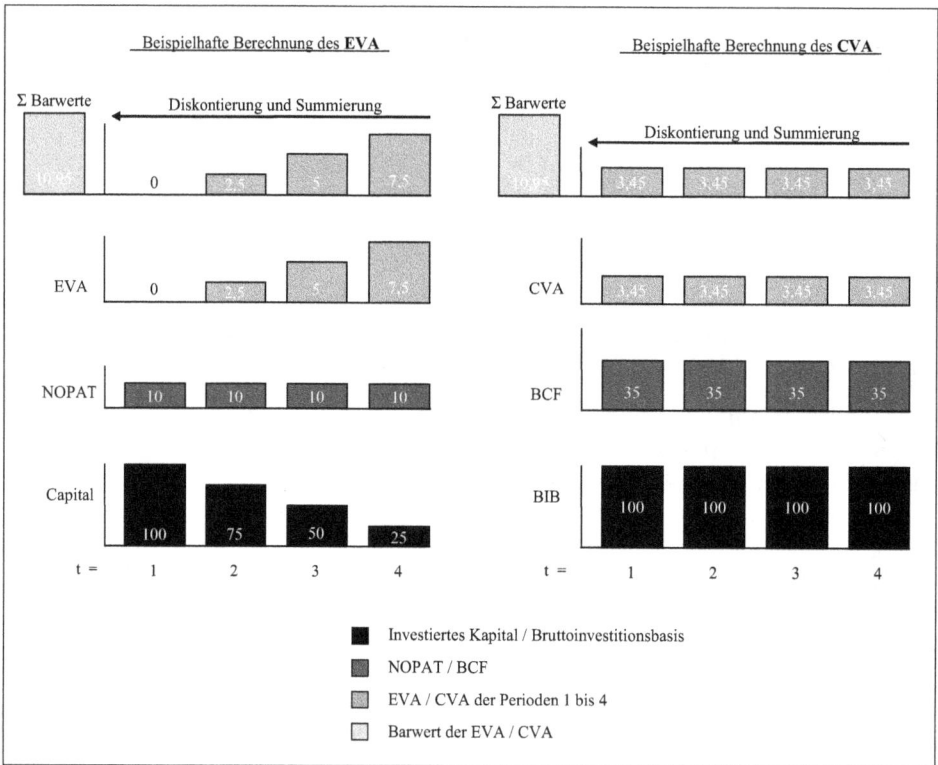

Abbildung 31: Vergleich von EVA und CVA anhand eines einfachen Beispiels[244]

---

[243] Vgl. Steinke K.-H./Beißel J. 2004, S. 118-120.

[244] Quelle: eigene Darstellung in Anlehnung an Steinke K.-H./Beißel J. 2004, S. 119

Die Werte der Abbildung 31 können anhand der Berechnung in Abbildung 32 nachvollzogen werden. In der Abbildung 31 ist eine beispielhafte Investition dargestellt, die zu einer Anfangsauszahlung von 100 € führt. Die Investition besitzt eine Nutzungsdauer von vier Jahren und wird linear abgeschrieben. Der aus der Investition resultierende Jahresüberschuss beträgt gleich bleibend 10 € pro Jahr. Zur Berechnung des EVA werden vom Jahresüberschuss die Kosten des Kapitals abgezogen, wobei der WACC annahmegemäß 10 Prozent beträgt. Die Kapitalbasis bildet im Falle des EVA der Buchwert des jeweiligen Jahres. Da der Buchwert bedingt durch die Abschreibung im Zeitverlauf abnimmt, sinken gleichfalls die Kapitalkosten. Dies führt zu einem steigenden EVA im Zeitverlauf, obwohl der Jahresüberschuss unverändert bleibt.

<u>Berechnung EVA</u>

$$EVA = NOPAT - (k_{WACC} * Capital)$$

$$EVA_{t=1} = 10 - (0,1 * 100) = 0$$

$$EVA_{t=2} = 10 - (0,1 * 75) = 2,5$$

$$EVA_{t=3} = 10 - (0,1 * 50) = 5$$

$$EVA_{t=4} = 10 - (0,1 * 25) = 7,5$$

$$Barwert_{t=1,2,3,4} = \frac{0}{1,1^1} + \frac{2,5}{1,1^2} + \frac{5}{1,1^3} + \frac{7,5}{1,1^4} = 10,945$$

<u>Berechnung CVA (auf Basis des algebr. CFRoI)</u>

$$CVA = (CFRoI - k_{WACC}) * BIB$$

$$CFRoI_{alg.} = \frac{BCF - öA}{BIB}$$

$$öA = \frac{k_{WACC}}{(1+k_{WACC})^n - 1}$$

$$öA = \frac{0,1}{1,1^4 - 1} = 21,547$$

$$CFRoI_{t=1} = \frac{35 - 21,547}{100} = 0,13453 = 13,453\ \%^*$$

$$CVA_{t=1} = (0,13453 - 0,1) * 100 = 3,453^*$$

$$Barwert_{t=1,2,3,4} = \frac{3,453}{1,1^1} + \frac{3,453}{1,1^2} + \frac{3,453}{1,1^3} + \frac{3,453}{1,1^4} = 10,945$$

<u>Berechnung CVA (auf Basis des IRR-CFRoI)</u>

$$CFRoI_{IRR} = 14,96\ \%^{**}$$

$$CVA_{IRRt=1} = (0,1496 - 0,1) * 100 = 4,96^*$$

$$Barwert_{t=1,2,3,4} = \frac{4,96}{1,1^1} + \frac{4,96}{1,1^2} + \frac{4,96}{1,1^3} + \frac{4,96}{1,1^4} = 15,723$$

* = Die Ergebnisse des CFRoI und des CVA für t=1, lassen sich auf t=2 bis t=4 übertragen, da sich in diesem Beispiel die Größen BCF und BIB nicht verändern.

** = Der CFRoI$_{IRR}$ wurde in Punkt 3.2.3.1 berechnet.

Abbildung 32:Die Berechnung des EVA und CVA des Beispiels aus Abbildung 31.

Bei der Berechnung des CVA wird die Kapitalbasis durch die Anschaffungskosten bestimmt und beträgt somit während der gesamten Nutzungsdauer 100 €. Mit Hilfe des Rückwärtsverteilungsfaktors lässt sich die ökonomische Abschreibung errechnen. Der Bruttocashflow ergibt sich durch Addition von Jahresüberschuss und linearer Abschreibung. Eingesetzt in die Formel zur Berechnung des algebraischen CVA ergibt sich daraus ein CVA in Höhe von 3,45 € pro Jahr. Die Diskontierung auf Basis des WACC ergibt einen barwertigen Wert der Investition in Höhe von: 10,945 €.

Dies entspricht exakt dem Barwert der auf Basis der EVA-Rechnung ermittelt wurde. Wird dem CVA hingegen der IRR-CFRoI zugrunde gelegt, so ergibt sich ein abweichendes Ergebnis. Der CFRoI dieser Zahlungsreihe wurde bereits in Kapitel 3 berechnet. Er kann der Abbildung 25 entnommen werden und beträgt 14,96 Prozent. Durch Einsetzung in die CVA-Formel ergibt sich ein CVA von 4,96 € pro Jahr. Barwertig errechnet sich ein Wert in Höhe von 15,72 €.

Es zeigt sich somit, dass eine Barwertidentität zwischen CVA und EVA lediglich dann gegeben ist, wenn der CVA auf Basis des algebraischen CFRoI errechnet wurde. Gleichzeitig bildet dieser CVA die Verteilung der Wertbeiträge besser ab als der EVA. Da bei einer Berechnung auf Grundlage des IRR-CFRoI keine Barwertidentität zwischen CVA und EVA existiert, gilt der beschriebene Vorteil primär für den algebraischen CFRoI.

4.1.2.2   Nachteile des CFRoI-Ansatzes

Als Nachteil des CFRoI-Ansatzes wird in der Literatur häufig die hohe Komplexität des Konzeptes angeführt.[245] Für die erfolgreiche Implementierung eines Konzeptes ist jedoch gerade die Verständlichkeit ein wesentlicher Erfolgsfaktor. Erst durch die verständliche Darstellung eines Konzeptes kann die Überzeugung der Mitarbeiter gewährleistet werden. Auf die Bedeutung der Mitarbeiter für eine erfolgreiche Umsetzung wertorientierter Unternehmensführung wird in der Literatur regelmäßig hingewiesen.[246] Insofern stellt der hohe Komplexitätsgrad ein ernst zu nehmendes Hindernis für den Implementierungserfolg einer CFRoI-basierten Unternehmenssteuerung dar.

Von den vorgestellten Rechenansätzen ist der CFRoI der einzige, der als Kennzahl eine relative Größe ermittelt. Eine Steuerung über relative Größen – egal ob über CFRoI, ROI oder ähnliche Größen wie bspw. ROIC oder ROCE – hat stets den Nachteil, dass eine Veränderung der zugrunde liegenden Kapitalbasis unberücksichtigt bleibt.[247] Die reine Fokussierung auf die Maximierung des CFRoI würde zu einer Fehlsteuerung führen. Dies zeigt folgendes Beispiel:

Ein Unternehmen hat im Zuge der Gründung zwei Investitionsmöglichkeiten:

- Investition A verspricht bei einer Investitionssumme von 100 € einen CFRoI von 30%, also einen Return von 30 €.
- Investition B verspricht bei einer Investitionssumme von 2000 € zwar einen niedrigeren CFRoI in Höhe von 20 %. Der Return dieser Investition würde jedoch 400 € betragen.

---

[245] Vgl. Groll K.-H. 2003, S.94 sowie Coenenberg A.G./Salfeld R. 2003, S.270.

[246] Vgl. beispielhaft Ehrbar A. 1999 sowie Rappaport A. 2006, S.36.

[247] Vgl. Weber J. et al. 2004a, S. 76.

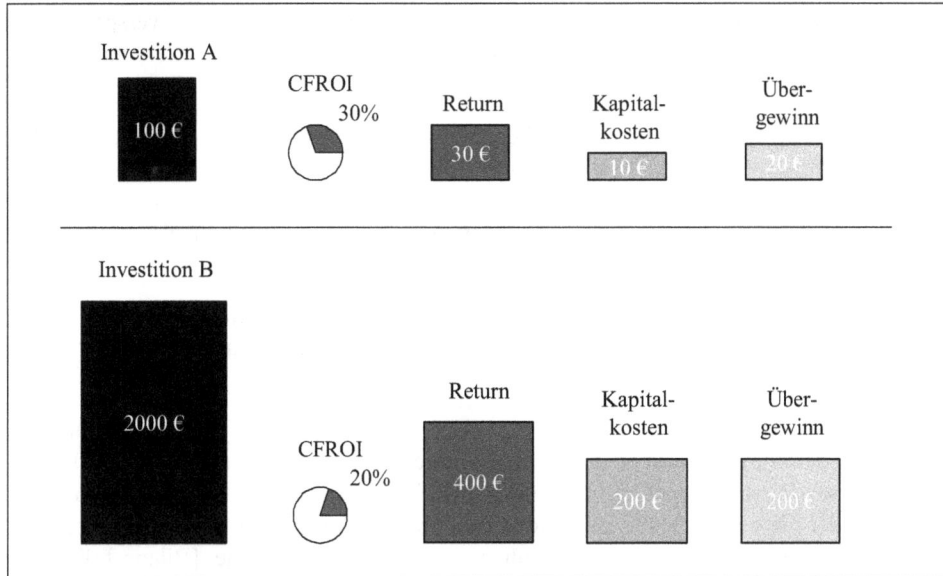

Abbildung 33: CFROI und Übergewinn zweier Investitionsmöglichkeiten

- Nach Abzug der Kapitalkosten in Höhe von 10% verbleiben im Falle A 20 € und im Fall B 200 € Übergewinn. Aus betriebswirtschaftlicher Sicht sollten beide Investitionen durchgeführt werden, da der Interne Zinsfuß bei beiden Alternativen oberhalb des Kapitalkostensatzes liegt. Das Ziel einer Maximierung des CFRoI hätte dahingegen zur Folge, dass Investition B nicht durchgeführt werden würde, weil sie den Gesamt CFRoI reduziert. Der CFRoI von Investition A beträgt 30 %, der CFRoI von Investition B 20%. Durch Multiplikation der gewichteten CFRoIs ergibt sich ein Gesamt CFRoI in Höhe von: (100 * 0,3 + 2000 * 0,2) / 2100 = 20,48 %

Im Extremfall würde eine Orientierung am Ziel der CFRoI-Maximierung theoretisch dazu führen, dass in einem Unternehmen nur eine einzige Investition realisiert wird – die mit dem höchsten CFRoI.[248] Diese Gefahr scheint zwar in dem dargestellten extremen Ausmaß für die Praxis nicht gegeben, jedoch geht von einer Fokussierung des Ziels CFRoI-Maximierung auch in der Praxis ein dahingehender Desinvestitionsanreiz aus, dass als Grenzrendite für die Durchführung einer Investition ein hoher Wert festgelegt wird, um zu verhindern, dass der CFRoI im Jahresvergleich abnimmt.

Die Festlegung eines Grenzwertes für Neuinvestitionen oberhalb des Kapitalkostensatzes birgt jedoch die Gefahr einer Vernichtung von Unternehmenswert, weil wertsteigernde Investitionen unterlassen werden. Der Grenzwert für Neuinvestitionen sollte deshalb stets dem

---

[248] Vgl. Balachandran S.V. 2006, S.385 sowie Punkt 2.4.4 der vorliegenden Arbeit.

Kapitalkostensatz entsprechen.[249] D.h. wenn eine Investition einen CFRoI verspricht, der über dem Kapitalkostensatz liegt, so ist sie grundsätzlich durchzuführen, auch wenn dadurch der durchschnittliche CFRoI sinkt.

Die komplexe Darstellung des ursprünglichen CFRoI – hier insbesondere die Fortschreibung des aktuellen Brutto Cashflows in die Zukunft – legt es nahe, den CFRoI als zukunftorientierte Performancegröße zu interpretierten. Dies ist jedoch ganz eindeutig nicht der Fall. Der CFRoI ist eine statische, rein vergangenheitsorientierte Größe und trifft als solche keine Aussage über die zukünftige Rendite eines Unternehmens.[250]

Der algebraische CFRoI entschärft diese komplexe Darstellung. Dafür ist diese Variante allerdings durch eine schwer kommunizierbare Herleitung der ökonomischen Abschreibung gekennzeichnet.

Neben den bisher angeführten Kritikpunkten wird des Weiteren der große Einfluss einer Veränderung der Annahmen über die durchschnittliche Nutzungsdauer genannt.[251] Die Berechnung dieser Nutzungsdauer ist für den externen Analysten schwer nachvollziehbar, da er teilweise weder die genaue Höhe der abschreibbaren Aktiva noch die lineare Abschreibung kennt. Groll weist in diesem Zusammenhang darauf hin, dass „die [Bilanz-] Position ´Grundstücke, grundstücksgleiche Rechte und Bauten einschließlich der Bauten auf fremden Grundstücken´ [in deutschen Jahresabschlüssen] abschreibbare und nicht abschreibbare Vermögensgegenstände" umfasst und dass „der externe Analytiker ... hier keine Trennung vornehmen" kann.[252] Für die interne Steuerung ist dieser Nachteil jedoch ohne Bedeutung.

Die am IRR-CFRoI geäußerte Kritik ist mitunter substantiell und hat zu der in Abschnitt 3.2.3.2 dargestellten, algebraischen Ermittlungsart geführt.[253] Insgesamt scheint diese Variante aussagekräftiger und verständlicher als die ursprüngliche Version zu sein. Trotzdem wird sie teilweise stark kritisiert. So ist beispielsweise Groll der Meinung, „dass das schlechtere Verfahren ... das bessere Verfahren ... verdrängt hat."[254]

Die Ansicht Grolls wird jedoch in der vorliegenden Arbeit nicht geteilt. Aufgrund der höheren Komplexität des IRR-CFRoI und der unrealistischen Wiederanlageprämisse wird die Auffassung vertreten, dass der algebraische CFRoI eindeutig die überlegene Variante darstellt.

---

[249] Vgl. Rappaport A. 1999.

[250] Vgl. Hebertinger M., 2002, S.165.

[251] Weber J. et al. 2004a, S.99. Weber bezieht dies sowohl auf den CFRoI als auch auf den EVA.

[252] Vgl. Groll K.-H. 2003, S.95.

[253] Vgl. Hebertinger M. 2002, S.166 sowie Schaffer C. 2005, S. 25.

[254] Groll K.-H. 2003, S.94.

4.1.3   Vor- und Nachteile des CVA-Ansatzes

Bei der Erläuterung der Vor- und Nachteile des CVA-Ansatzes steht der Bezug zum CFRoI im Vordergrund. Die meisten Vor- und Nachteile des CFRoI übertragen sich direkt auf den CVA.

4.1.3.1   Vorteile des CVA-Ansatzes

Der CVA überführt den CFRoI als relative Größe in eine absolute Ergebnisgröße. Die mit der Orientierung an der Maximierung des CFRoI verbundene Gefahr eines Desinvestition-sanreizes ist damit beseitigt. Da der CVA den CFRoI als Rechengröße weiterverwendet, überträgt sich der Vorteil der Unabhängigkeit von durch bilanzielle Abschreibungen ausge-lösten Verzerrungen auch auf den CVA-Ansatz. Außerdem weist der CVA bei empirischen Untersuchungen bezüglich der Korrelation mit der Aktienrendite eines Unternehmens auch in unabhängigen Untersuchungen recht gute Werte auf.[255] Aufgrund der genannten Punkte besitzt der CVA-Ansatz konzeptionell eine hohe Eignung für die Periodenerfolgsmessung.

4.1.3.2   Nachteile des CVA-Ansatzes

Aufgrund der Verwendung des CFRoI als Rechengröße überträgt sich der Nachteil der hohen Komplexität auf den CVA. Als neuer Kritikpunkt wird die Namensgebung genannt.[256] Der Name Cash Value Added suggeriert eine Aussage über die Wertsteigerung einer Periode. Zwar errechnet der CVA mit dem Residualgewinn der aktuellen Periode einen absoluten Wert, dieser weist jedoch keinen direkten Bezug zur Wertsteigerung auf, weil der Fokus des CVA vergangenheitsorientiert ist. Um eine Aussage über die Wertsteigerung der Periode zu treffen, wäre eine Analyse der Auswirkungen der abgelaufenen Periode auf alle zukünftigen Residualgewinne notwendig.[257]

4.1.4   Vor- und Nachteile des EVA-Ansatzes

Nachdem auf die übrigen bekannten Rechenansätze eingegangen wurde, verbleibt die Erläu-terung der Vor- und Nachteile des EVA-Ansatzes. Ein besonderer Vorteil ist die einfache Kommunizierbarkeit. Einen wichtigen Nachteil stellt die Gefahr einer Verzerrung aufgrund der Orientierung an Buchwerten dar.

---

[255] Auf die Frage der Korrelation von Periodenerfolgsgrößen mit der Aktienrendite wird in Abschnitt 4.2.2 ausführ-lich eingegangen.

[256] Vgl. Groll K.-H. 2003, S.96. Für weitere Angaben siehe Anhang.

[257] Vgl. Hebertinger M. 2002, S.172.

4.1.4.1   Vorteile des EVA-Ansatzes

Auf den ersten Blick besticht der EVA durch die Einfachheit seiner Berechnung und die daraus resultierende Vorteilhaftigkeit für die Kommunikation. Der Aspekt der vergleichsweise einfachen Kommunizierbarkeit wird immer wieder als Grund für den Erfolg des Konzeptes angeführt.[258] Dieser Erfolg äußert sich gerade auch in Deutschland in Form einer weiten Verbreitung des EVA als wertorientierte Spitzenkennzahl.[259]

Die einfache Kommunizierbarkeit liegt u.a. in der speziellen Abbildung der Wertsteigerungsmöglichkeiten durch das EVA-Konzept begründet. Als Werthebel werden a) eine Steigerung der Gewinne, b) eine Senkung des Investierten Kapitals und c) eine Reduzierung des Kapitalkostensatzes definiert. Dies veranschaulicht Management und Mitarbeitern die Bedeutung des gebundenen Kapitals und bewirkt somit häufig ein gesteigertes Kapitalbewusstsein. So spricht JENDROCK, Leiter Konzernrichtlinien und –methoden der Deutsche Telekom AG, davon, dass sich im Unternehmen durch die Berücksichtigung der Eigenkapitalkosten bei der Wertberechnung das „Bewusstsein" ausbreitete, dass „Kapitalbindung ein entscheidender Erfolgsparameter ist".[260]

Der EVA verwendet den Bilanzgewinn als Grundlage, besitzt jedoch aufgrund der Berücksichtigung der Kapitalkosten eindeutig eine höhere Aussagekraft als dieser. In seiner einfachsten Form – vor der Durchführung von Anpassungen – kann der EVA auch von einem externen Akteur durch die Verwendung bilanzieller Daten leicht errechnet werden. Durch die Vornahme von verschiedenen Anpassungen lässt sich der EVA schrittweise von einer bilanziell determinierten Größe an eine ökonomische Größe annähern. Die stärker ökonomisch geprägte Sichtweise bedeutet gleichzeitig eine Berücksichtigung unternehmensindividueller Gegebenheiten. Dies ermöglicht eine effektivere Steuerung des Unternehmens und kann außerdem zu einer besseren Vergleichbarkeit gegenüber anderen Unternehmen führen.[261]

4.1.4.2   Nachteile des EVA-Ansatzes

Den hauptsächlichen Anteil des Unternehmenswertes bilden die zukünftigen EVAs. Eine Maximierung des Barwertes aller zukünftigen EVAs entspricht einer Maximierung des Unternehmenswertes. Diese Tatsache verleitet zu der Annahme, dass die Maximierung eines einzelnen EVAs – also bspw. des EVA der aktuellen Periode – ebenso den Unternehmenswert maximiert. Dies ist jedoch nicht zwangsläufig der Fall, weil die Maximierung des EVA der aktuellen Periode zu Lasten zukünftiger EVAs gehen kann.[262] Diesen Zusammenhang übersehend, erfolgt in der Literatur teilweise die Aussage, dass die Maximierung des EVA zu

---

[258] Vgl. Horváth P. 2001, S.254; Weißenberger B.E./Blome M. 2005, S.2 sowie Lewis T.G. 1994, S.125.

[259] Vgl. Aders C./Hebertinger M. 2003, S.15 sowie Müller J. 2006, S.28. Für weitere Angaben siehe Anhang.

[260] Jendrock S. 2004, S.129. Ähnlich: Ehrbar A. 1999, S.60.

[261] Vgl. Lewis T.G. 1994, S.60.

[262] Vgl. Knorren N. 1998, S.73.

einer Maximierung des Unternehmenswertes führe und dass der EVA die Wertsteigerung einer Periode messe.[263]

In diesem Zusammenhang spielt auch die Namensgebung eine Rolle. Ebenso wie die Bezeichnung *Cash Value Added* suggeriert auch die Bezeichnung *Economic Value Added* die Messung der Wertsteigerung, obwohl dies nicht der Fall ist. So bemerkt WEBER: „Die Aussage, dass eine der beiden Kennzahlen [EVA/CVA] Wertschaffung misst, ist unzulässig".[264] Würde der EVA die Wertsteigerung einer Periode messen, so müsste er exakt der durch diese Periode ausgelösten Veränderung des Unternehmenswertes entsprechen. Eine Maximierung des EVA der aktuellen Periode würde somit die angesprochene Maximierung des Unternehmenswertes bedeuten. Anhand eines kurzen Beispiels soll gezeigt werden, dass die Maximierung des EVA nicht automatisch gleichbedeutend mit der Maximierung des Unternehmenswertes ist.

Es sei davon ausgegangen, dass ein Unternehmen mit einem gewichteten Kapitalkostensatz (WACC) von 10% vor der Entscheidung steht, eine Investition mit folgenden Merkmalen durchzuführen:

- Im ersten Jahr ist eine Forschungsauszahlung von 50 € notwendig, gleichzeitig erfolgen keine Einzahlungen.
- Der angenommene barwertiger Saldo aus Ein- und Auszahlungen der übrigen gesamten Nutzungsdauer von fünf Jahren beträgt: 200 €

Daraus ergibt sich ein Kapitalwert der Investition von 150 €, die Investition ist also wertsteigernd. Es bestehen nun zwei Möglichkeiten, wie diese Investition aus Sicht der EVA-Ermittlung beurteilt werden kann.

Möglichkeit A beschreibt die Vorgehensweise ohne Aktivierung von Investitionsausgaben[265]. In diesem Fall würde die Investition den EVA der aktuellen Periode mit 50 € belasten. Zwar bewirkt die Investition durch die Einzahlungsüberschüsse der Jahre 2 bis 5 insgesamt eine Mehrung des Unternehmenswertes, im ersten Jahr führt die Forschungsauszahlung jedoch zu einem verminderten EVA. Dies veranschaulicht nachfolgende Abbildung.

---

[263] Vgl. Schaffer C. 2005, S.21; Ehrbar A. 1999, S.16. sowie Pertl M./Niedernberg B. 2004, S.104.

[264] Weber J. et al. 2004a. S.116. Vgl. außerdem Rappaport A. 1999, S.229 sowie Skrzipek M. 2005, S.35.

[265] Eine Erläuterung der Aktivierung von Investitionsausgaben als mögliche Shareholder Conversion findet sich in Abschnitt 3.4.2.1.

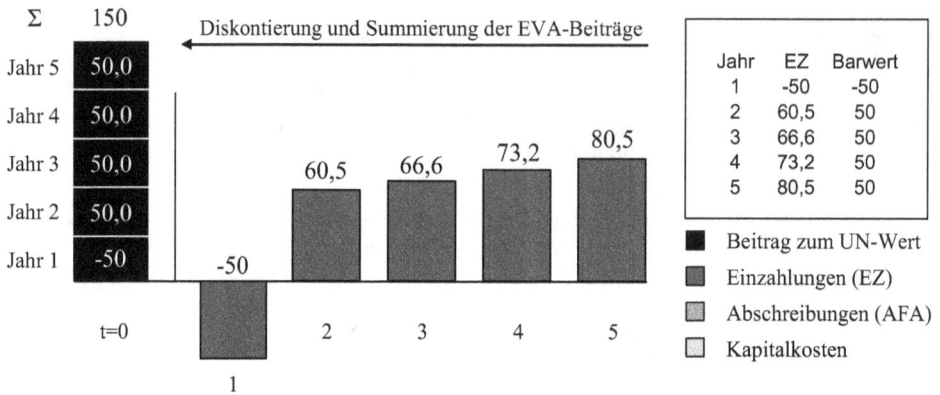

Abbildung 34: Die Auswirkungen einer Investition auf EVA und Unternehmenswert. (Möglichkeit A)

Möglichkeit B geht von einer Aktivierung der Investitionsausgaben aus. Die Aktivierung von Investitionsausgaben ist eine der vielen möglichen Anpassungen, die bei der Berechnung des EVA vorgenommen werden können. Diese Vorgehensweise würde zu einer jährliche Abschreibung von 10 € führen. Außerdem würde sich das Investierte Kapital der aktuellen Periode um 50 € erhöhen. Daraus resultieren Kapitalkosten für diese Periode in Höhe von 5 €. Der EVA der aktuellen Periode würde demzufolge im Falle der Möglichkeit B um 15 € sinken. In den nachfolgenden Perioden sinken die Kapitalkosten, da die Kapitalbasis aufgrund der getätigten Abschreibungen sukzessive abnimmt.

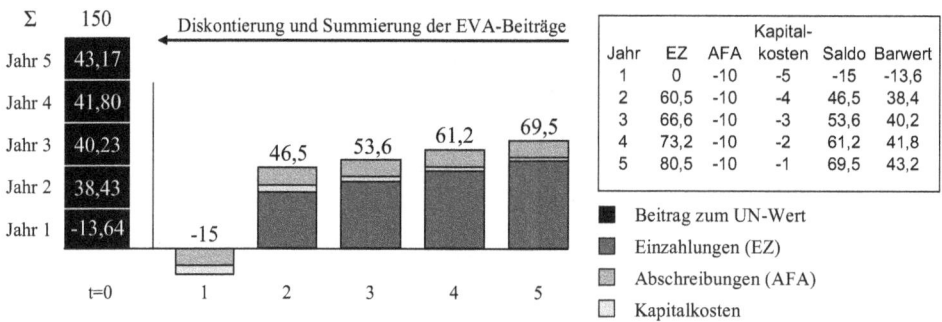

Abbildung 35: Die Auswirkungen einer Investition auf EVA und Unternehmenswert. (Möglichkeit B)

In beiden Fällen ist der durch die Investition generierte Unternehmenswertzuwachs mit 150€ identisch. Trotzdem würde die Verfolgung des Ziels einer Maximierung des aktuellen EVAs in beiden Fällen zur Ablehnung des wertsteigernden Investitionsvorhabens führen, weil der EVA der aktuellen Periode (1) in beiden Fällen eine Minderung erfährt. Somit kann der EVA nicht als ökonomische Größe bezeichnet werden. Gleichzeitig zeigt das Beispiel aber auch, dass durch Anpassungen eine *Annäherung* an die ökonomische Sichtweise gelingen kann. Von einem tatsächlichen *Economic Model* kann jedoch auch nach der Durchführung von Anpassungen nicht ausgegangen werden.[266]

Die Vornahme von Anpassungen zur Überführung der bilanziellen Sichtweise in eine stärker ökonomisch ausgerichtete Sichtweise ist dem Anwender des EVA-Konzeptes überlassen. Der Preis für diese Möglichkeit, den EVA unternehmensindividuell zu ermitteln, ist das Nichtvorhandensein allgemein akzeptierter Vorschriften, durch die geregelt ist, welche Anpassungen vorzunehmen sind. Damit einher geht die Gefahr der Manipulation des Kennzahlenwertes durch Neueinführung von Anpassungen oder den Verzicht auf bisher vorgenommene Anpassungen.[267]

Der mit einer Zunahme der durchgeführten Anpassungen tendenziell einhergehenden höheren Aussagekraft des EVA steht ein steigender Komplexitätsgrad gegenüber[268], der die Nachvollziehbarkeit der Berechnung verringert und die Ermittlung als solche erschwert. Es bleibt somit festzuhalten, dass die genannten Vorteile des Konzepts nicht automatisch konvergent, sondern teilweise als divergierend anzusehen sind.

Auch nach der Vornahme von Anpassungen bleibt der EVA zudem eine vergangenheitsorientierte Größe[269], die aufgrund des Bezugs zu Buchwerten außerdem Verzerrungen durch Abschreibungen unterliegen kann. Die Übernahme der bilanziellen Abschreibungen stellt dabei einen wichtigen Kritikpunkt des EVA-Konzeptes dar. Von besonderer Bedeutung ist in diesem Kontext der „altersabhängige Renditeeffekt, der den Aussagewert des EVA-Konzeptes beeinträchtigt"[270].

Die in Abschnitt 4.1.4.1 als Vorteil angeführte spezielle Abbildung der Wertsteigerungsmöglichkeiten wird teilweise auch kritisiert. So wird berichtet, dass die gleichberechtigte Nebeneinanderstellung der Werthebel *Steigerung der Gewinne* und *Reduzierung des Investierten Kapitals* dazu führen kann, dass Manager der Reduzierung des Investierten Kapitals zu viel Bedeutung beimessen und dadurch Wachstumsoptionen ungenutzt lassen.[271] Zum besseren Verständnis dieses Zusammenhanges sei auf das Kapitel 5 verwiesen.

---

[266] Vgl. Schaffer C. 2005, S.20f.

[267] Vgl. Weber J. et al. 2004a, S.99.

[268] Vgl. Weißenberger B.E./Blome M. 2005, S.10.

[269] Vgl. Rappaport A. 1999, S.150.

[270] Groll K.-H. 2003, S.94. Vgl. außerdem Weber J. et al. 2004a, S.335f.

[271] Vgl. Kröger F. 2005, S.14.

4.2   Vergleich der vorgestellten Rechenansätze und abschließende Beurteilung

Im Rahmen einer Zusammenführung der genannten Vor- und Nachteile wird im Folgenden für jede Kernaktivität der Rechenansatz mit der höchsten Eignung herausgearbeitet. Im Rahmen der Diskussion um die Eignung der Ansätze für die Periodenergebnismessung wird ausführlich auf die Frage eingegangen, inwiefern die vorgestellten Kenngrößen mit der Aktienrendite korrelieren und welche Auswirkungen dies für die wertorientierte Steuerung haben kann.

4.2.1   Eignung der Ansätze für die Unternehmensbewertung

Eine grundsätzliche Eignung der Rechenansätze DCF, algebraischer CFRoI/CVA und EVA für die Unternehmensbewertung ist gegeben, weil diese bei korrekter, das *Kongruenzprinzip* berücksichtigende Anwendung zu dem gleichen barwertigen Ergebnis kommen.[272] Das *Kongruenzprinzip* besagt, „dass über den betrachteten Zeitraum die Summe der Zahlungsüberschüsse der Summe der Ertragsüberschüsse (NOPATs) entspricht".[273] Dabei ist eine unterschiedliche Verteilung der Zahlungsreihen aufgrund des als Ausgleichsventil fungierenden Diskontierungsfaktors wertneutral.[274] Der DCF-Ansatz weist allerdings wegen der Einfachheit der Anwendung die höchste Eignung der beschriebenen Modelle auf. Die Gefahr einer Durchbrechung des Kongruenzprinzips aufgrund von durchgeführten Anpassungen schwächt zudem die Eignung des EVA-Ansatzes für die Unternehmensbewertung.[275] Wie in Punkt 4.1.1.1 erwähnt, bestätigen empirische Untersuchungen die weite Verbreitung des DCF-Ansatzes zur Unternehmensbewertung.

Merksatz 4a)

Alle vorgestellten Rechenansätze sind grundsätzlich für eine Unternehmensbewertung geeignet. Aufgrund der Einfachheit der Anwendung besitzt der DCF-Ansatz jedoch die höchste Eignung.

---

[272] Vgl. beispielhaft Horváth P. 2001, S.255 sowie Weber et al. 2004, S.118.

[273] Weber J. et al., 2004, S.147. Vgl. außerdem Knorren N. 1998, S.69f.

[274] Vgl. Lücke W. 1955, S.314.

[275] Vgl. Schaffer C. 2005, S.20 sowie Ewert R./Wagenhofer A. 2000, S.20f.

4.2.2   Eignung der Ansätze für die Messung des Periodenerfolges

Während die verschiedenen Rechenansätze im Zuge der Unternehmensbewertung bei korrekter Anwendung zum gleichen Ergebnis kommen, unterscheiden sie sich bei der Messung des Periodenerfolges bereits in Bezug auf die zugrunde liegenden konzeptionellen Annahmen. So geht der SVA als Periodenerfolgsmaß des DCF-Ansatzes von einer zukunftsorientierten Bewertung des Periodenergebnisses aus, während EVA und CVA die Vergangenheit betrachten. Ein Vergleich der Eignung der Ansätze setzt deshalb für die Messung des Periodenerfolges mehr Kriterien als die reine Verständlichkeit voraus, weshalb zusätzlich die ökonomische Aussagekraft und die Manipulationsresistenz der Periodenerfolgsmaße berücksichtigt werden sollen.

Die Beschreibung der Vor- und Nachteile hat gezeigt, dass der EVA sowie der CVA nicht gleichzusetzen sind mit der erzielten Wertsteigerung einer Periode und deshalb lediglich über eine eingeschränkte ökonomische Aussagekraft verfügen. Beide Rechenansätze halten am Realisationsprinzip fest, nach welchem Vermögensmehrungen durch eine Markttransaktion bestätigt sein müssen. Eine Steigerung des Unternehmenswertes findet jedoch bereits zum Zeitpunkt der Entscheidung für eine Investitionsalternative statt.[276]

Dieses Argument schließt die Verwendung des EVA oder CVA als Periodenerfolgsgröße nicht aus, es verdeutlicht jedoch die Tatsache, dass eine Messung der in einer Periode ausgelösten Wertsteigerung nicht mit dem aus der Buchführung abgeleiteten Realisationsprinzip[277] vereinbar ist. Eine Aussage über die tatsächliche Wertsteigerung könnte lediglich auf der Basis des SVA getroffen werden. Dieser ist jedoch aufgrund der massiven Manipulationsanfälligkeit für die Messung des Periodenerfolges grundsätzlich nicht geeignet.[278]

Somit ist zunächst ersichtlich, dass kein Rechenansatz existiert, der die geforderten Kriterien komplett erfüllt. Wenn nun jedoch berücksichtigt wird, dass eine wahrheitsgetreue Aussage über den ökonomischen Erfolg einer Periode niemals getroffen werden kann, weil es dem Menschen nicht gegeben ist, sämtliche zukünftigen Folgen einer Handlung zum aktuellen Zeitpunkt vorherzusehen, dann erscheint es angebracht, die Suche nach einer die ökonomische Realität vollumfänglich abbildenden Kennzahl abzubrechen und stattdessen durch einen Vergleich der existierenden Kennzahlenkonzepte das Geeignete zu bestimmen. In diesem Fall weisen sowohl EVA als auch CVA eine wesentlich höhere Eignung für die Messung der Periodenperformance auf als traditionelle Kennzahlenkonzepte. Die Berücksichtigung der Eigenkapitalkosten ist ein entscheidender Vorteil von EVA und CVA, der zu einer höheren ökonomischen Aussagekraft führt. Durch weitere Anpassungen kann diese Aussagekraft

---

[276] Vgl. Hebertinger M. 2002, S.136.

[277] HGB: §252, Satz 1, Absatz 4.

[278] Vgl. Fußnote 234.

verstärkt werden. Eine angemessene Manipulationsresistenz ist aufgrund der Weiterverwendung von durch den Wirtschaftsprüfer testierten bilanziellen Größen ebenfalls gegeben.[279]

Ob für die Beurteilung des Periodenerfolges der EVA oder der CVA gewählt werden sollte, kann pauschal nicht beantwortet werden.[280] Der CVA ermittelt bei Vorhandensein bestimmter Merkmale einen Periodenerfolg mit höherer ökonomischer Aussagekraft.[281] Falls diese Merkmale vorliegen, sollte der CVA zur Messung des Periodenerfolges in Betracht gezogen werden. Im Regelfall, d.h. bei normalen Rahmenbedingungen, scheint jedoch der EVA aufgrund der einfachen Kommunizierbarkeit eine deutlich höhere Eignung zu besitzen, die auch durch die weite Verbreitung des Konzeptes zum Ausdruck kommt (vgl. Abbildung 36).[282]

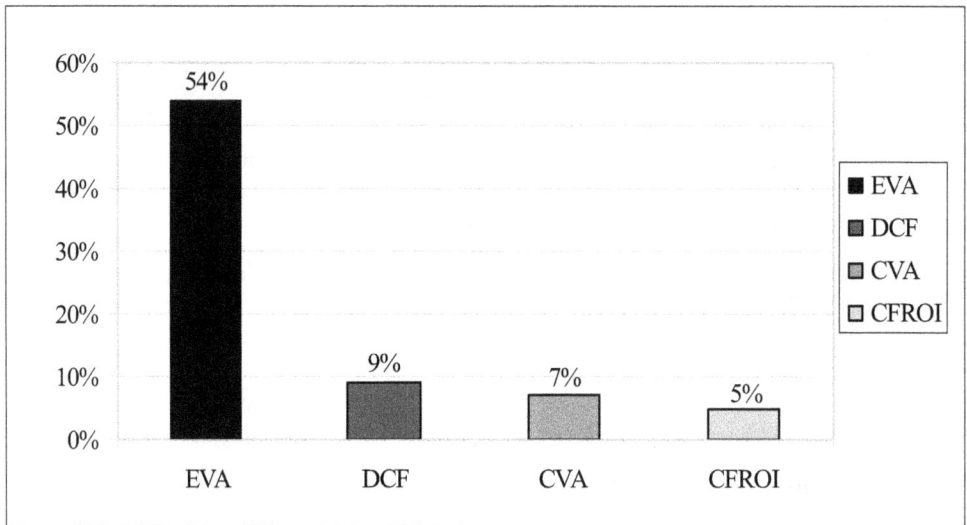

Abbildung 36: Wertorientierte Spitzenkennzahlen bei den DAX100 Unternehmen[283]

Die Flexibilität des EVA-Konzeptes ist dabei ein entscheidender Vorteil gegenüber dem CFRoI/CVA. So ist es dem Anwender möglich, den Ansatz auf einem einfachen Niveau zu implementieren und später im Rahmen einer zweiten Implementierungsphase komplexer zu gestalten. Diesem Gedanken folgt die in Kapitel 5 vorgestellte beispielhafte Umsetzung des Konzeptes.

---

[279] Vgl. Nonnenmacher R. 2004, S.157.

[280] Vgl. Weber J. et al. 2004a, S.335.

[281] Vgl. die vier Aufzählungspunkte in Abschnitt 4.1.2.1. Es wird hierbei davon ausgegangen, dass der CVA auf Basis des algebraischen CFRoI ermittelt wurde.

[282] Vgl. Punkt 4.1.4.1.

[283] Quelle: Aders C./Hebertinger M. 2003, S.15. Für weitere Angaben siehe Anhang.

Zum Abschluss des aktuellen Punktes soll ausführlich auf eine Fragestellung eingegangen werden, der besonders in der englischsprachigen Literatur eine hohe Bedeutung zukommt:

Inwiefern korreliert die Periodenerfolgsgröße mit der Aktienrendite[284]?

Durch diese Fragestellung wird die Thematik des Abschnitts 2.1 wieder aufgegriffen. Dort wurde festgehalten, dass dem Shareholder Value-Ansatz die Annahme eines vollkommenen Marktes zugrunde liegt. Aus dieser Annahme leitet sich ab, dass der innere Unternehmenswert[285] eins zu eins durch den Markt wiedergegeben wird. Dies bedeutet gleichzeitig, dass die Wertsteigerung einer Periode ebenso exakt durch den Markt wiedergegeben wird.

Aus Sicht des Shareholder Value-Ansatzes ist deshalb die hohe Korrelation einer Periodenerfolgsgröße mit der Aktienrendite das entscheidende Kriterium bei der Beurteilung der Eignung einer Periodenerfolgsgröße. Dementsprechend bewerben RAPPAPORT, LEWIS und auch STEWART als Verfechter des Shareholder Value-Gedankens ihr Konzept jeweils mit der Aussage, dass ihre Periodenerfolgsgröße sehr stark mit der Aktienrendite korreliere.[286] Um ihre Aussage zu untermauern, berufen sie sich auf eigene Untersuchungen. Die von ihnen präsentierten Ergebnisse können jedoch einem Vergleich mit den Ergebnissen unabhängiger Untersuchungen nicht standhalten. Seit 1997 weisen unabhängige empirische Untersuchungen regelmäßig die geringe Korrelation wertorientierter Periodenerfolgsgrößen mit der Aktienrendite nach. Besondere Bedeutung in der wissenschaftlichen Diskussion erlangte dabei die 1997 von BIDDLE/BOWEN/WALLACE veröffentlichte Studie.[287] Im Rahmen der Auswertung kamen sie zu dem Schluss, dass die Bilanzgewinne eine höhere Korrelation mit der Aktienrendite aufweisen als der EVA.[288] Ebenso stellen CHEN/TODD im Jahr 2001 eine höhere Erklärungskraft des operativen Ergebnis´ gegenüber dem EVA fest.[289] Auch in jüngerer Vergangenheit kommen zahlreiche Studien zu dem Schluss, dass der EVA keine hohe Korrelation mit der Aktienrendite aufweist.[290] Zwar gab es in der Zeit seit 1997 teilweise auch Untersuchungen, die diese Aussage zumindest in Zweifel zogen, insgesamt betrachtet scheint jedoch aus der Empirie keine Überlegenheit des EVA gegenüber traditionellen Gewinnkenn-

---

[284] Die Aktienrendite entspricht der Eigentümerrendite, die sich aus Kurswertsteigerung und Dividendenzahlungen ergibt.

[285] Genauer gesagt der Wert des Eigenkapitals. Vgl. hierzu Abbildung 1.

[286] Vgl. Rappaport A. 2006, S.26f.; Lewis T.G. 1994, S.47; Stewart G.B. 1994b, S.75. Für weitere Angaben siehe Anhang.

[287] Siehe Biddle/Bowen/Wallace 1997, S.301-336. Zur hohen Bedeutung dieser Studie vgl. Feltham et al. 2004, S.83.

[288] Vgl. Biddle/Bowen/Wallace 1999, S.74. Für weitere Angaben siehe Anhang.

[289] Vgl. Chen S./Dodd J.L. 2001 zitiert nach Schremper R./Pälchen O. 2001, S.544.

[290] Vgl. Griffith J.M. 2006, S.78 sowie Kyriazis D./Anastassis C. 2007, S.94. Für weitere Angaben siehe Anhang.

zahlen in Bezug auf die Korrelation mit der Aktienrendite ableitbar.[291] Auch für die übrigen in dieser Arbeit vorgestellten Periodenerfolgsgrößen gilt dies analog.[292]

Es stellt sich die Frage, welche Aussage die dargestellten Ergebnisse über die Eignung der wertorientierten Periodenerfolgsgrößen treffen. Aus Sicht des Shareholder Value-Ansatzes müsste eine Akzeptanz der Untersuchungsergebnisse dazu führen, die wertorientierten Kennzahlen grundsätzlich in Frage zu stellen. Aus wertorientierter Sicht hingegen kann die geringe Korrelation auf Ineffizienzen des Marktes zurückgeführt werden. Eine Orientierung an Kennzahlen, die keine ökonomische Sichtweise einnehmen, stellt eine solche Ineffizienz dar. Da sich Analysten stark am Bilanzgewinn orientieren und dieser keine ökonomische Größe darstellt, folgt daraus logisch, dass der Markt den ökonomischen Wert eines Unternehmens nicht exakt abbilden kann und demzufolge ineffizient ist.[293] Es erscheint deshalb fraglich, ob die Markteinschätzung eine hohe Korrelation mit einer Kennzahl aufweist, die eine höhere ökonomische Aussagekraft besitzt als der Gewinn. Anders gesagt, kann die mangelnde Korrelation zwischen einer Kennzahl und der Aktienrendite nicht nur auf eine fehlerhafte konzeptionelle Basis der Kennzahl zurückgeführt werden, sondern ebenso auf eine fehlerhafte Abbildung durch den Markt. Diesem Gedanken folgend stellt die wertorientierte Berichterstattung (Value Reporting) ein wichtiges Instrumentarium dar.[294] Durch dieses kann gewährleistet werden, dass Informationsasymmetrien abgebaut werden und dass Analysten ihre Investitionsentscheidungen nicht mehr auf der Basis des Bilanzgewinns, sondern auf der Basis wertorientierter Kennzahlen treffen. In diesem Zusammenhang spielen die verwendeten Rechnungslegungsvorschriften eine wichtige Rolle. Im Falle der IFRS und US-GAAP sind im Vergleich zum HGB weniger Anpassungen bei der Umwandlung des aus der Bilanz abgeleiteten NOPATs notwendig, wodurch die Transparenz für Externe erhöht wird.[295]

Auch nach der Diskussion der Korrelation wertorientierter Kennzahlen mit der Aktienrendite bleibt festzuhalten, dass der EVA im Regelfall die größte Eignung für die Messung des Periodenerfolges aufweist.

Merksatz 4b)

Aufgrund der hohen Manipulationsanfälligkeit erscheint der DCF-Ansatz für die Messung des Periodenerfolges nicht geeignet. Der EVA sowie der CVA besitzen dahingegen eine sehr hohe bzw. hohe Eignung als Periodenerfolgsgröße.

---

[291] Vgl. Monden Y. 2006, S.100. Für weitere Angaben siehe Anhang.

[292] Vgl. Günther T. et al. 2000b, S.133.

[293] Zur Orientierung der Analysten am Gewinn vgl. Günther et al. 2000b, S.133 sowie Schremper R./Pälchen O. 2001, S.555.

[294] Zur Bedeutung und Gestaltung des Value Reportings vgl. umfassend Wenzel J. 2005 sowie Banzhaf J. 2006.

[295] Vgl. Wenzel J. 2005, S.266. Für weitere Angaben siehe Anhang.

4.2.3   Eignung der Ansätze für die Bewertung von Strategien und Projekten

Wie bereits in Abschnitt 3.1.3 ausgeführt, ähnelt die Bewertung von Strategien und Projekten stark der Vorgehensweise zur Bewertung eines Unternehmens. Aufgrund dieser Ähnlichkeit im Vorgehen kann davon ausgegangen werden, dass ein Rechenansatz, der für die Unternehmensbewertung eine hohe Eignung aufweist, auch für die Bewertung von Strategien und Projekten sehr geeignet ist. Unter Berücksichtigung der Aussagen des Abschnitts 4.2.1 empfiehlt sich deshalb der DCF-Ansatz besonders für die Bewertung von Strategien und Projekten.

> Merksatz 4c)
>
> Die Bewertung von Strategien und Projekten ähnelt in der Methodik einer Unternehmensbewertung. Entsprechend besitzt der DCF-Ansatz für diese Kernaktivität die höchste Eignung.

4.2.4   Eignung der Ansätze für die wertorientierte Vergütung

Im Regelfall besteht die Vergütung des Top-Managements aus einem fixen sowie einem variablen Bestandteil. Es ist nahe liegend, die variable Vergütung des Top-Managements an die Wertentwicklung des Unternehmens zu koppeln. Durch eine Verknüpfung der Vergütung des Managements mit der Wertentwicklung kann die Übereinstimmung der Interessen von Eigentümern und Management herbeigeführt und dadurch das Prinzipal-Agenten-Problem entschärft werden.

Auf der Suche nach einer Bemessungsgrundlage für die Bewertung des Top-Managements erscheint die Betrachtung des Zeitintervalls, in dem das Management für die Performance des Unternehmens Verantwortung trug, als geeignet. Zumeist wird eine variable Vergütung in Abhängigkeit der Leistung der vergangenen Periode gezahlt. Somit stellt sich an dieser Stelle erneut die Frage nach einem geeigneten Periodenerfolgsmaß. Analog zu den Ausführungen in Abschnitt 4.2.2 erscheint im Normalfall der EVA als wertorientierte Periodenerfolgsgröße mit der höchsten Eignung. Allerdings hat die Diskussion über die Vor- und Nachteile der verschiedenen wertorientierten Rechenansätze auch gezeigt, dass eine Manipulation der Kennzahlen nicht ausgeschlossen werden kann und dass die Gefahr einer Zerstörung von Unternehmenswert durch die kurzfristige Maximierung besteht. Deshalb empfiehlt sich ein so genanntes Bonus Bank-System, nach dem die variable Vergütung zwar auf der Basis des Periodenerfolges berechnet, anschließend jedoch für einen bestimmten Zeitraum eingefroren wird. Bestätigt sich zum Ende dieses Zeitraums die zuvor angenommene Wertentwicklung, so wird der Bonus voll ausgezahlt, andernfalls erfolgt eine Auszahlung in Abhängigkeit der Abweichung.[296]

Merksatz 4d)

Eine wertorientierte Vergütung sollte auf der Grundlage des Periodenerfolges bemessen werden. Deshalb besitzen der EVA sowie der CVA im Kontext der wertorientierten Vergütung die höchste Bedeutung.

Ansatz \ Aktivität	UN-Bewertung	Messung des Periodenerfolges	Bewertung von Strategien / Proj.	wertorientierte Vergütung
DCF / SVA	++	-	++	-
EVA	0	++	0	+
CFRoI	0	-	0	-
CVA	0	+	0	+

++ / + = sehr gut / gut geeignet   0 = geeignet aber mit Einschränkung   - = eher ungeeignet

Abbildung 37: Zusammenfassung der wesentlichen Aussagen über die vorgestellten Ansätze[297]

---

[296] Für eine kurze Erläuterung des Bonus Bank Systems vgl. Hogan C.E./Lewis C.M. 2005, S.722. Für weitere Angaben siehe Anhang.

[297] Die Zusammenfassung bezieht sich auf den algebraischen CFRoI und auf einen auf dieser Basis ermittelten CVA. Aufgrund der genannten Schwachpunkte der Internen Zinsfuß Variante wird in dieser Arbeit die Ansicht vertreten, dass der IRR-CFRoI als wertorientierte Kennzahl nicht verwendet werden sollte.

5 Praktische Umsetzung des Wertorientierten Managements – der EVA

In den vorangegangenen Kapiteln wurde das Hauptaugenmerk auf die saubere Herausarbeitung der möglichen Rechenansätze zur wertorientierten Unternehmensführung gelegt, um dem Betrachter alle gangbaren Facetten aufzuzeigen.

Nun sollen praktikable Lösungsansätze im Vordergrund stehen, die es dem Anwender zunächst einmal ermöglichen, eine wertorientierte Kennzahl als Orientierungsgröße zu gewinnen. Damit ist jedoch den eigentlichen Zielen noch nicht genügend Rechnung getragen, geht es doch letztlich nicht nur darum, eine geeignete Kennzahl zur Messung des Wertbeitrages zu definieren sondern besonders auch darum, konkret aufzuzeigen, an welchen Stellen angesetzt werden kann, um den Unternehmenswert zu steigern.

Deshalb wird in diesem Kapitel nicht nur die allgemeine Vorgehensweise zur Implementierung wertorientierten Managements beschrieben, sondern gleichzeitig auf konkrete Maßnahmen eingegangen, die zur Steigerung des Wertbeitrages einer Periode gewählt werden können.

Im aktuellen Abschnitt soll zunächst kurz auf die allgemeine Vorgehensweise eingegangen werden. In den Abschnitten 5.1 und 5.2 wird anschließend die spezifische Umsetzung des EVA-Konzeptes beschrieben.

Mit der Umsetzung wertorientierten Managements wird stets die Steigerung des fundamentalen Unternehmenswertes verfolgt. Deshalb stellt sich zu Beginn der Umsetzung die Frage, durch welche Wertgeneratoren der Unternehmenswert determiniert wird.[298] Diese Wertgeneratoren werden durch die verwendete Spitzenkennzahl bestimmt. Da die Spitzenkennzahl durch den jeweiligen Rechenansatzes vorgegeben wird, steht die Auswahl eines Rechenansatzes an erster Stelle der Umsetzung wertorientierten Managements.[299] Gemeinsam ist allen

---

[298] Die Bezeichnung Wertgenerator kennzeichnet in der vorliegenden Arbeit jene Werttreiber, die durch den jeweiligen Rechenansatz vorgegeben werden. Dabei kann ein Werttreiber „allgemein als ein Faktor aufgefasst werden, der einen Einfluss auf den Wert des Unternehmens ausübt." (Weber J. et al. 2004a, S. 106).

[299] Vgl. Weber J. et al. 2004a S.334. Hier wird ein „Drei-Phasen Modell der Implementierung" entworfen. Erster Punkt der ersten Phase dieses Modells ist die als „Konzeptauswahl" bezeichnete Entscheidung für einen Rechenansatz.

Rechenansätzen, dass durch Investitionen oberhalb der Kapitalkosten und durch eine Verringerung der Kapitalbasis bei gleich bleibendem Ergebnis der Unternehmenswert gesteigert werden kann.[300] Trotzdem ergeben sich je nach Spitzenkennzahl unterschiedliche Wertgeneratoren. Die Wertgeneratoren wurden in den vorangegangenen Kapiteln ausführlich besprochen und sollen deshalb an dieser Stelle nur kurz aufgelistet werden:

- Wenn der EVA gewählt wurde, sind die Wertgeneratoren der NOPAT, das Investierte Kapital sowie der gewichtete Kapitalkostensatz.
- Der CVA definiert den Bruttocashflow, die Bruttoinvestitionsbasis sowie den gewichteten Kapitalkostensatz als Wertgeneratoren.
- Beim DCF-Ansatz bilden die Wachstumsrate des Umsatzes, die Dauer des Wachstums, das betriebliche Ergebnis nach Steuern, die durchschnittliche Rate der Investitionen in Anlage- und Umlaufvermögen und der gewichtete Kapitalkostensatz die Wertgeneratoren.

Im Anschluss an die Definition der Wertgeneratoren stellt sich zunächst die Frage, ob auf dem Weg der Ermittlung der Spitzenkennzahl Anpassungen der einfließenden Bilanzkennzahlen erfolgen sollen. Nachdem die Spitzenkennzahl und die zugehörigen Wertgeneratoren bekannt sind und außerdem die notwendigen Anpassungen ausgewählt wurden, steht als nächstes die Identifikation der Werttreiber im Mittelpunkt. Die Werttreiber sind unterhalb der Wertgeneratoren angesiedelt und können ihrerseits verschiedenen Aggregationsebenen zugeordnet werden. Charakteristisch für die Werttreiber der ersten Aggregationsebene ist ihr unmittelbarer Einfluss auf die Entwicklung der Wertgeneratoren.

Durch die Aufschlüsselung der Wertgeneratoren auf Werttreiber mehrerer Ebenen entstehen so genannte Werttreiberbäume.[301] Die Verknüpfungen zwischen den Werttreibern der verschiedenen Aggregationsebenen bzw. zwischen den Werttreibern und den Wertgeneratoren sind entweder formallogisch (mathematisch) oder sachlogisch.[302] Eine sachlogische Verknüpfung beruht entweder auf Annahmen oder auf Erfahrungswerten aus der Vergangenheit bezüglich einer Ursache-Wirkungsbeziehung zwischen den verknüpften Elementen des Werttreiberbaumes.

Ein Beispiel für eine formallogische Verknüpfung ist die Bestimmung des Wertgenerators Kapitalkostensatz durch Gewichtung der Kosten für Eigenkapital und Fremdkapital.

---

[300] Vgl. Coenenberg A.G./Salfeld R. 2003, S.11.

[301] Ein solcher Werttreiberbaum findet sich in Abbildung 43.

[302] Zum Unterschied zwischen formallogischer und sachlogischer Unterscheidung vgl. Weber J. et al. 2004a, S. 107.

$$\text{Kapitalkostensatz (9,6 \%)} \quad — \quad \frac{\text{Kapitalkostensatz EK (12 \%)} \times \text{EK (600)}}{\text{GK (1000)}} + \frac{\text{Kapitalkostensatz FK (6 \%)} \times \text{FK (400)}}{\text{GK (1000)}}$$

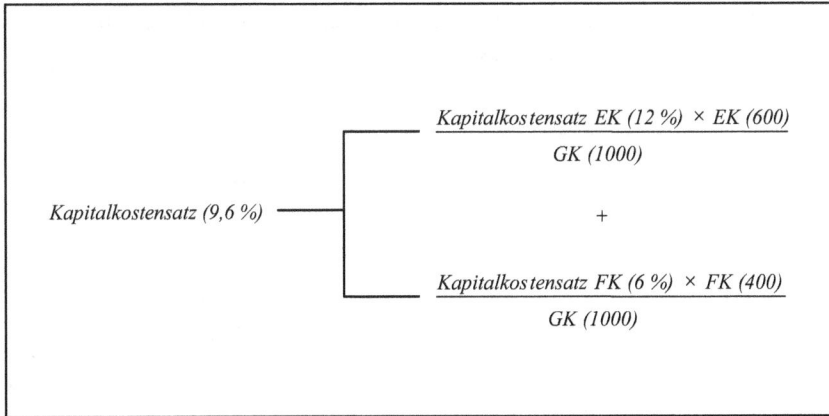

Abbildung 38: Beispiel einer formallogischen Verknüpfung

Als sachlogische Verknüpfung kommt bspw. die Verknüpfung zwischen Kundenzufriedenheit und Umsatzwachstum in Frage.

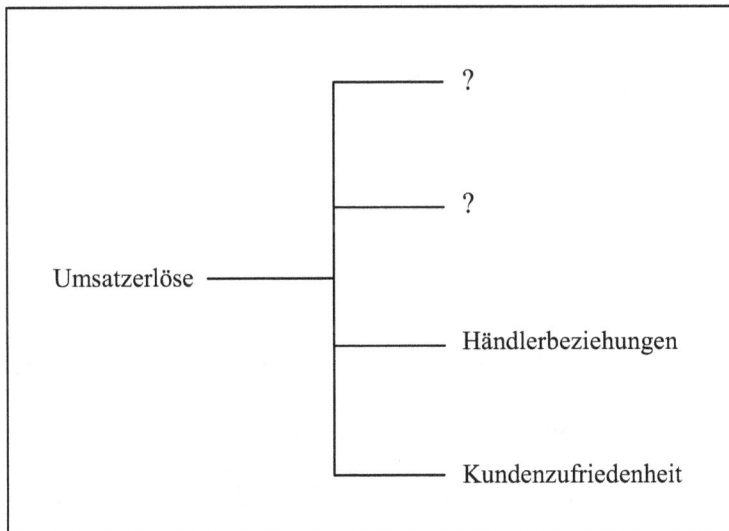

Umsatzerlöse
- ?
- ?
- Händlerbeziehungen
- Kundenzufriedenheit

Abbildung 39: Beispiel einer sachlogischen Verknüpfung

Typisch für die Struktur von wertorientierten Wertreiberbäumen ist der Wechsel von überwiegend formallogischen zu vermehrt sachlogischen Verknüpfungen mit Abnahme der Aggregationsebenen. Anders gesagt: Auf der höchsten Aggregationsebene finden sich zumeist überwiegend formallogische Verknüpfungen, während tiefer liegende Ebenen durch eine Mehrzahl an sachlogischen Verknüpfungen gekennzeichnet sind.[303]

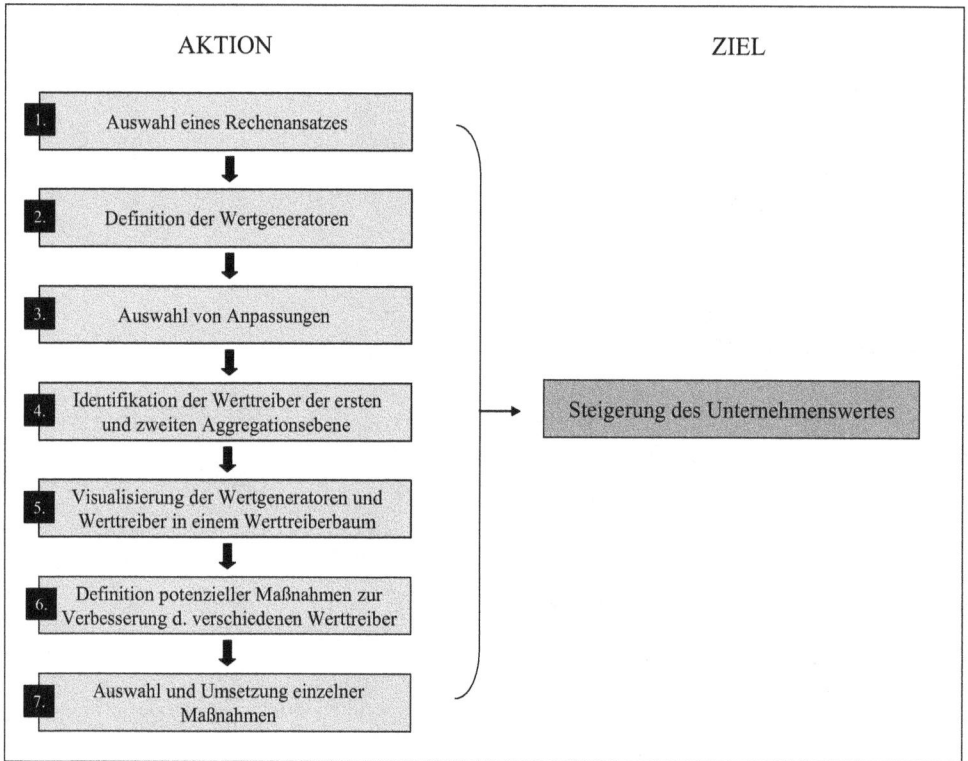

Abbildung 40: Allgemeine Vorgehensweise bei der Umsetzung wertorientierter Unternehmensführung

Die wichtigsten allgemeinen Eckpunkte bei der Umsetzung wertorientierter Unternehmensführung fasst die Abbildung 40 zusammen. Nachdem das allgemeine Grundgerüst beschrieben wurde, soll auch die spezielle Umsetzung eines Rechenansatzes anhand eines Beispiels beschrieben werden. Hierfür kommen zunächst mehrere Ansätze in Frage, da es – wie im Kapitel 4 aufgezeigt – keinen wertorientierten Rechenansatz gibt, der den anderen grundsätzlich überlegen ist.[304]

Eine Abwägung der Vor- und Nachteile der verschiedenen Ansätze führt in der Praxis jedoch im Regelfall zu einer Entscheidung für den EVA als wertorientierte Spitzenkennzahl. Des-

---

[303] Die Abbildung von wertorientierten Werttreiberbäumen findet sich in der Literatur bspw. bei Weber J. et al. 2004a, S.108. sowie bei Jendrock S. 2004, S.127. Vgl. außerdem Copeland/Koller/Murrin 2002, S.135.

[304] Vgl. Weber J. et al. 2004a, S.335.

halb soll nachfolgend auf die Frage eingegangen werden, wie eine EVA-basierte Umsetzung wertorientierter Unternehmensführung aussehen könnte. Von Bedeutung ist in diesem Zusammenhang die Unterscheidung von zwei aufeinander folgenden Implementierungsphasen. Diese beiden Phasen werden in den nun folgenden Abschnitten 5.1 sowie 5.2 beschrieben.

Die erste Phase der Umsetzung (5.1) bildet dabei den klaren Schwerpunkt des fünften Kapitels und stellt den wichtigsten praktischen Beitrag des vorliegenden Buches dar. Hier werden viele mögliche Maßnahmen zur Steigerung des EVA vorgestellt, weshalb dieser Abschnitt sehr umfangreich ausfällt.

> Das wichtigste Lernziel des 5. Kapitels ist das Verständnis der operativen Maßnahmen zur Steigerung des EVA. Hierfür können die Fallstudien 4 - 16 genutzt werden.

Die verschiedenen Maßnahmen behalten auch für die zweite Phase ihre Gültigkeit, werden hier jedoch nicht nochmals vorgestellt. Der Hauptunterschied zwischen den beiden Phasen ist im jeweiligen Fokus zu sehen. Es wird davon ausgegangen, dass in der ersten Phase der Einführung des EVA eine Steigerung der Rentabilität im Vordergrund steht. Nachdem die Rentabilität verbessert wurde, wird in der zweiten Phase auf das Wachstum des Unternehmens fokussiert. Hierfür ist eine veränderte Abbildung der Unternehmensperformance wichtig, die nicht nur den EVA der aktuellen Periode sondern auch die Wachstumsaussichten und –investitionen berücksichtigt.

Der Untergliederung der Umsetzung in zwei Phasen liegt die Annahme zugrunde, dass durch diese Vorgehensweise die Stärken des EVA-Konzeptes optimal genutzt und die Schwächen gleichzeitig auf ein akzeptables Minimum reduziert werden können.

5.1   Erste Phase der praktischen Umsetzung

In der ersten Phase der Implementierung können vier wesentliche Aktionen und drei Ziele unterschieden werden. Den Zusammenhang zwischen diesen Aktionen und Zielen verdeutlicht nachfolgende Abbildung.

PHASE I

AKTION   ZIEL

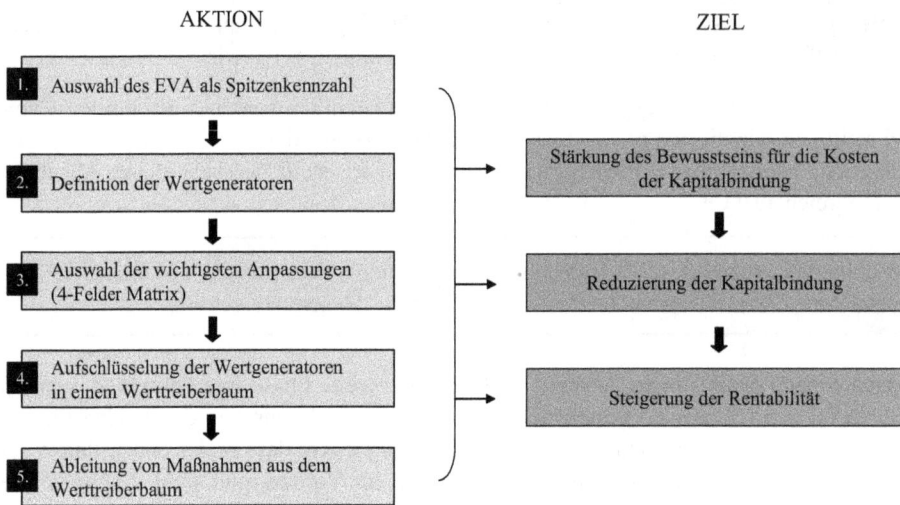

Abbildung 41: Die erste Phase einer EVA-basierten Umsetzung wertorientierter Unternehmensführung

Nach der Entscheidung, den EVA als Rechenansatz zu verwenden, wird die Berechnungs-
formel der Spitzenkennzahl definiert und unternehmensweit kommuniziert. In diesem Zusammenhang ist zu entscheiden, welche der möglichen Anpassungen vorgenommen werden
sollen. Grundsätzlich kann die Bedeutung von Verständlichkeit und Einfachheit eines neu zu
implementierenden Führungskonzeptes kaum überschätzt werden.[305]

Deshalb sollten in der ersten Phase der Implementierung möglichst wenige Anpassungen
vorgenommen werden, sodass die Berechnung von allen Beteiligten leicht nachvollzogen
werden kann. Zur Unterstützung der diesbezüglichen Entscheidungsfindung eignet sich eine
Vier-Felder-Matrix, auf deren Achsen die beiden für die Entscheidung relevanten Parameter
abgetragen werden. Diese Parameter sind[306]:

- die Steigerung der Aussagekraft des EVA durch die jeweilige Anpassung sowie
- der Aufwand, der mit der Durchführung dieser Anpassung verbunden ist

Die Steigerung der Aussagekraft lässt sich mittels der durchschnittlichen prozentualen Veränderung des EVA beschreiben, die infolge der Anpassung auftritt.[307] Bei der Einschätzung

---

[305] Im Hinblick auf die Anforderungen an wertorientierte Kennzahlen bezeichnen Weber et al. die Verständlichkeit
als „äußerst relevant" (Weber J. et al. 2004a, S.100)

[306] In der Literatur werden teilweise noch weitere Parameter genannt. Vgl. zu den Parametern die Angaben in
Fußnote 196.

[307] Voraussetzung ist selbstverständlich, dass die Anpassung dazu beiträgt, die ökonomische Aussagekraft des
EVA zu erhöhen.

des Aufwandes, der mit der Durchführung der Anpassung verbunden ist, sollte vor allem der laufende Aufwand berücksichtigt werden.

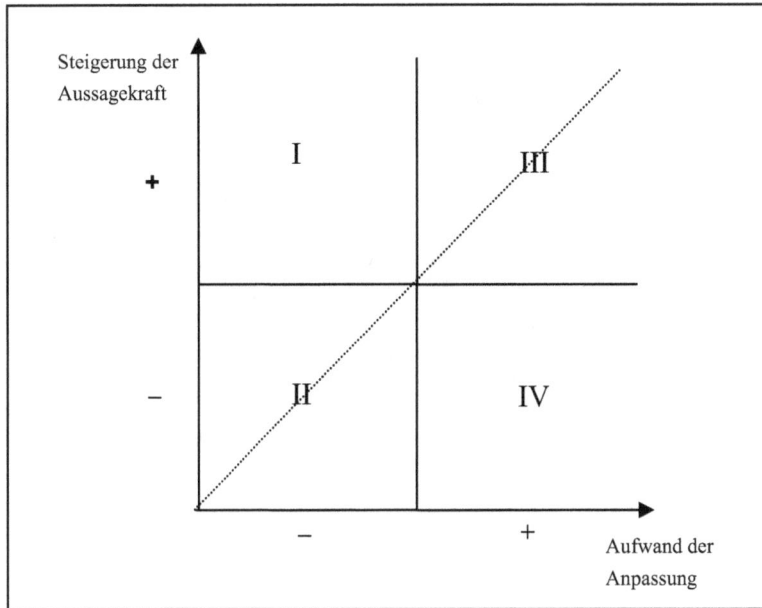

Abbildung 42: Vier-Felder Matrix zur Auswahl von Anpassungen

Aus der resultierenden Matrix lassen sich im Feld I die Anpassungen ablesen, die zu Beginn der Implementierung der wertorientierten Unternehmensführung vorgenommen werden sollten. Gleichzeitig ist bereits ersichtlich, welche Anpassungen im Zuge der zweiten Phase der Implementierung in Frage kommen. Diese sind in den Feldern II und III jeweils oberhalb der Winkelhalbierenden angesiedelt. Die Anpassungen unterhalb der Winkelhalbierenden – insbesondere die im Feld IV angesiedelten – sollten hingegen weder in der ersten, noch in der zweiten Implementierungsphase durchgeführt werden.

Nachdem mit dem EVA der anzuwendende Rechenansatz ausgewählt und die vorzunehmenden Anpassungen definiert wurden, stehen im nächsten Umsetzungsschritt die Wertgeneratoren im Mittelpunkt der Betrachtung.

Bei der Anwendung des EVA-Ansatzes bilden der NOPAT (Net Operating Profi After Tax; Gewinn nach Steuern, aber vor Berücksichtigung der Verzinsung), das Investierte Kapital sowie der gewichtete Kapitalkostensatz die Wertgeneratoren. In der ersten Phase der Umsetzung sollten diese Wertgeneratoren zunächst formallogisch aufgeschlüsselt werden. Diese Darstellung erleichtert das grundsätzliche Verständnis des EVA, weil ein auf dieser Grundlage entstehender Werttreiberbaum allen Beteiligten visualisiert, durch welche Einflussgrößen die Periodenerfolgsgröße EVA gesteigert werden kann. Ein Beispiel für einen EVA-basierten Werttreiberbaum zeigt nachfolgende Abbildung.

Wertgeneratoren	1. Ebene	2. Ebene	Ansatzpunkte f. Wertsteigerung

```
                                          ┌─── Preis ───┐
                         ┌─ Umsatz ──┤             │
                         │                └─── Menge ───┤   Deckungs-
   Steigerung des ──┤                                     beitrags-
      NOPAT              │                ┌─ Variable    │
                         │                │   Kosten ────┤   rechnung
                         └─ Operativer ┤             │
                            Aufwand      └─ Fixkosten ──┘

                         ┌─ Anlagevermögen ──────────────── Leasing

   Verringerung     ┤
 Investiertes Kapi-      │
      tal                │                ┌─ Forderungen ─── Forderungs-
                         │                │                  management
                         └─ Umlaufvermögen┤
                                          └─ Vorräte ──────── Lageroptimierung

                         ┌─ Kapitalstruktur ─────────────── Optimierung der
   Reduzierung Ka-  ┤                                       Kapitalstruktur
    pitalkosten          │
                         └─ Risikostruktur ───────────────── Aktives Risiko-
                                                             management
```

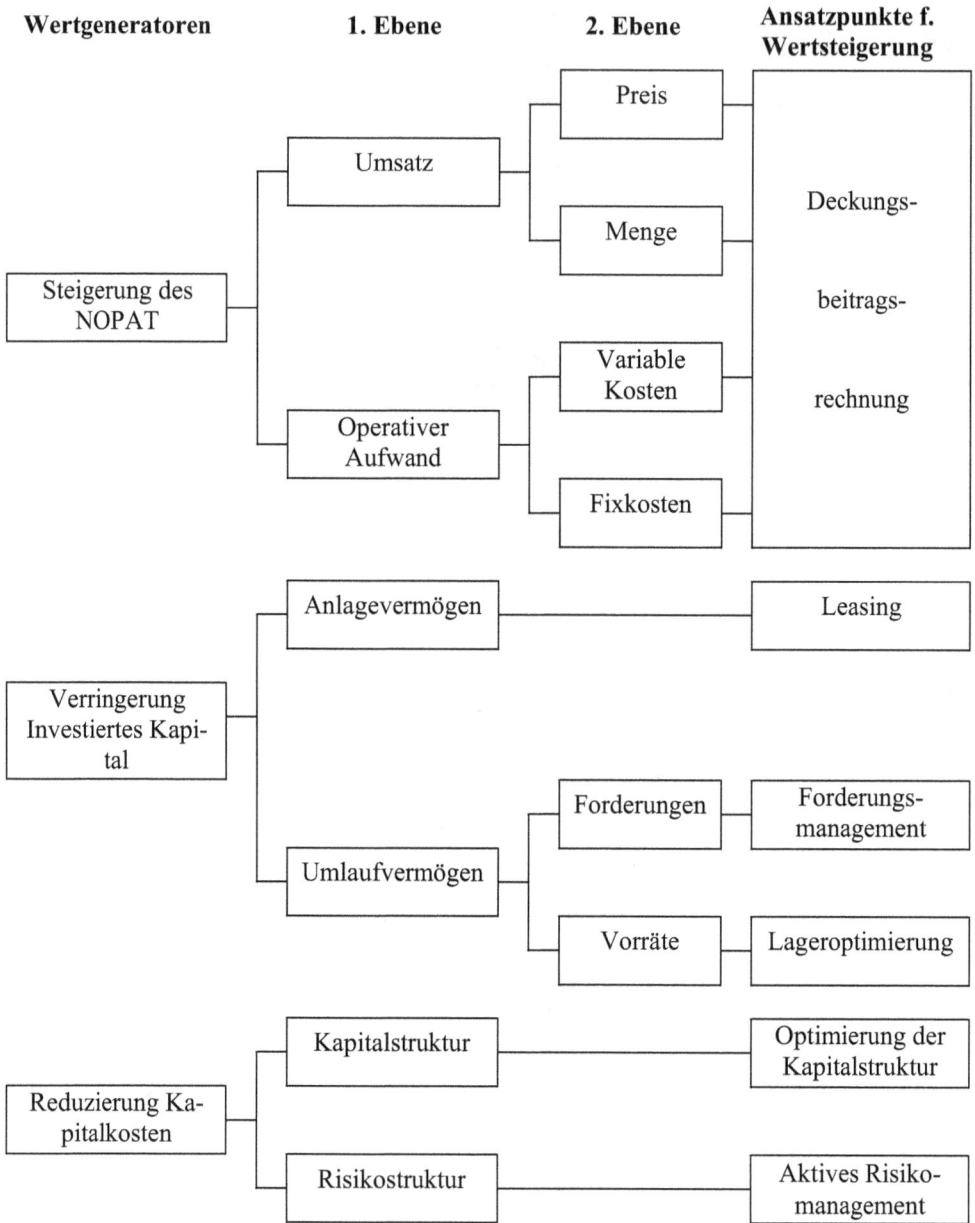

Abbildung 43: Darstellung eines Werttreiberbaumes auf Basis des EVA[308]

---

[308]   In Anlehnung an Stiefl J. 2005, S.235

Die Darstellung folgt dem im vergangenen Abschnitt beschriebenem Wandel von der ausschließlichen Abbildung formallogischer Verknüpfungen auf den oberen Aggregationsebenen zur überwiegenden Abbildung sachlogischer Verknüpfungen auf der unteren Ebene. Die auf der unteren Ebene genannten Ansatzpunkte zur Wertsteigerung veranschaulichen dem Anwender unmittelbar, durch welche operativen Maßnahmen der EVA gesteigert werden kann.

Die angeführten Maßnahmen zielen hauptsächlich auf eine Steigerung der Rentabilität. Dieser Fokus ist sinnvoll, weil davon auszugehen ist, dass sich einem Unternehmen im Zuge der Einführung wertorientierter Unternehmensführung eine Vielzahl von Potenzialen zur Steigerung der Rentabilität eröffnet. Diese Annahme ist durch folgende Punkte begründet:

- Erst durch die Umstellung auf eine wertorientierte Unternehmensführung werden die tatsächlichen Kosten des Investierten Kapitals berücksichtigt. Wurden die Kosten des Eigenkapitals bei Investitionsentscheidungen oder der Beurteilung des Erfolges verschiedener Geschäftsfelder in der Vergangenheit nicht berücksichtigt, kann durch gezielte Reduzierung von Investiertem Kapital die Rentabilität und der Wertbeitrag gesteigert werden.
- Der Werttreiberbaum veranschaulicht die positiven Effekte einer Reduzierung des Investierten Kapitals. Dadurch erwächst bei den Mitarbeitern ein stärkeres Bewusstsein bzgl. der Bedeutung der Kapitalbindung. Denkbar erscheint, dass dieses weiterentwickelte Bewusstsein dazu führt, dass Mitarbeiter unnötige Kapitalbindung in Abläufen wahrnehmen, denen sie vorher keine Beachtung schenkten. Dies ermöglicht die Steigerung der Rentabilität des betreffenden Ablaufs.

Wenn diese Potenziale zur Rentabilitätssteigerung genutzt werden, stellen sich schnell Anfangserfolge ein, welche für die erfolgreiche Umsetzung eines neuen Konzeptes sehr wichtig sind.

5.1.1   Ein Praxisbeispiel

Im Folgenden soll anhand eines Jahresabschlusses der EVA berechnet und im Anschluss mögliche Verbesserungspotenziale aufgezeigt werden.

Bilanz (in Tsd. €)			
Aktiva			**Passiva**
Technische Anlagen	300,0	Eigenkapital (01.01)	487,5
Andere Anlagen	270,0	Bilanzgewinn	29,9
Anlagevermögen	**570,0**	**Eigenkapital (31.12)**	**517,4**
Roh- Hilfs- und Betriebsstoffe	200,0		
Unfertige und fertige Erzeugnisse	100,0	Bankendarlehen	900,0
Vorräte	**300,0**	Verbindlichkeiten LuL	150,0
Forderungen LuL	600,0		
Kasse	97,4		
Umlaufvermögen	**997,4**	**Fremdkapital**	**1.050,0**
Bilanzsumme	**1.567,4**	**Bilanzsumme**	**1.567,4**

Gewinn- und Verlustrechnung		
	in Tsd. €	in %
Umsatzerlös	**2.400,0**	**100,0**
Materialaufwand	600,0	25,0
Personalaufwand	1.500,0	62,5
Abschreibungen	120,0	5,0
Sonstige betriebliche Aufwendungen	80,0	3,3
Betriebliche Aufwendungen	**2.300,0**	**95,8**
Operatives Ergebnis	**100,0**	**4,2**
Steuern vom Einkommen und Ertrag	16,1	0,7
NOPAT	**83,9**	**3,5**
Zinsaufwand	54,0	2,3
Bilanzgewinn	**29,9**	**1,2**

Rufen wir uns noch einmal ins Gedächtnis, was genau der EVA besagt und wie er berechnet wird!

Nach der EVA-Methode sollen Investitionen Renditen erwirtschaften, die über den Kapitalkosten, also den Preisen für die eingesetzten finanziellen Mitteln liegen. Liegen die Renditen über den Kapitalkosten, so ist es der Geschäftsführung gelungen, einen zusätzlichen Wert zu schaffen, liegen die Renditen darunter, so wurde (Unternehmens)Wert vernichtet.

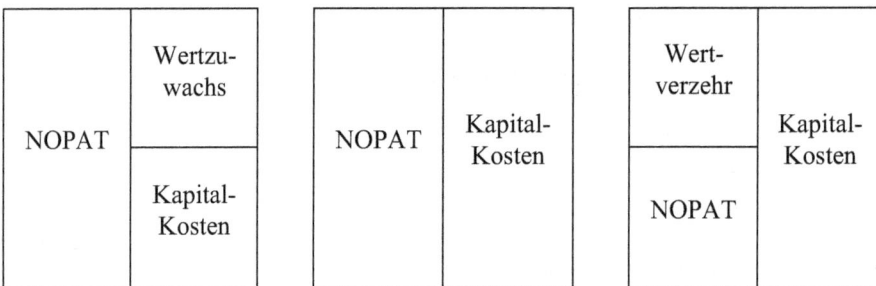

Abbildung 44: Der Economic Value Added

Im Schaubild links kommt es aufgrund von Kapitalkosten, die unter dem operativen Ergebnis nach Steuern und vor Zinsen (=NOPAT) liegen, zu einem Wertzuwachs, im mittleren Schaubild ist der Mindestverzinsungsanspruch erfüllt, d.h. die Rendite reicht gerade aus, um die Kapitalkosten zu decken und im rechten Schaubild werden die Kapitalkosten nicht erwirtschaftet, es kommt zu einer Wertvernichtung.

Algebraisch ermittelt man den EVA einer Periode aus dem Produkt vom gesamten ins Unternehmen investierte verzinsliche Kapital (IK) (= Eigenkapital und verzinsliches Fremdkapital) und der in der Periode erwirtschafteten „Überrendite", verstanden als Differenz von erwirtschafteter Rendite auf das investierte Kapital (i_{ik}) und den gewogenen Kapitalkosten (i^{WACC}):[309]

$$(1)\ EVA = (i_{ik} - i^{WACC}) * IK$$

Da die Rendite auf das investierte Kapital definiert ist als Quotient aus operativem Ergebnis vor Zinsen und nach Steuern (NOPAT) und investiertem Kapital (IK), gilt:

$$(2)\ i_{ik} = \frac{NOPAT}{IK}$$

Durch Umformung von (1) erhält man dann:

$$(3)\ EVA = NOPAT - i^{WACC} * IK$$

Damit ist klar, dass ein Wertzuwachs nur dann möglich ist, wenn der NOPAT die gesamten Kapitalkosten, verstanden als Produkt des gewogenen Kapitalkostensatzes und des investierten Kapitals übersteigen. Etwas dezidierter lassen sich die Bestimmungsgründe für die Entwicklung des EVA noch angeben, wenn man die gewogenen Kapitalkosten in den Anteil des Eigen- und Fremdkapitals zerlegt:[310]

Die Gleichung

$$(4)\ i^{WACC} = r_{FK} * (1 - s) * \frac{FK}{GK} + r_{EK} * \frac{EK}{GK}$$

eingesetzt in (3) ergibt:

$$(5)\ EVA = NOPAT - \left[r_{FK} * (1 - s) * \frac{FK}{GK} + r_{EK} * \frac{EK}{GK} \right] * IK$$

Als nicht ganz unproblematisch erweist sich in obiger Formel die Höhe des anzusetzenden Eigen- und Fremdkapitalzinssatzes.

---

[309] Vgl. hierzu auch die DCF-Methode im Rahmen der Unternehmensbewertung. Im Unterschied zur Gesamtkapitalrentabilität bezieht sich die hier erwirtschafteten Rendite auf das investierte Kapital i_{ik} nicht auf das Gesamtkapital (= Bilanzsumme) sondern lediglich auf das Eigenkapital inklusive des verzinslichen Fremdkapitals.

[310] Diese Ausführungen zum WACC befinden sich in einer ähnlichen Form bereits unter Gliederungspunkt 3.1.2.2. Es wird hier lediglich aufgrund der kompakten Darstellung noch einmal gezeigt.

- Beim **Fremdkapitalzinssatz** r_{FK} ist der Ansatz dann einfach, wenn man diesen aus den Darlehenskonditionen der Unternehmung ableiten kann. Es ergibt sich dann ein gewichteter durchschnittlicher Fremdkapitalkostensatz, der sich aus den unterschiedlichen Fremdkapitalkategorien mit ihren jeweiligen Zinssätzen zusammensetzt.

- Liegen keine Fremdkapitalkonditionen vor oder weichen die für den EVA zu berücksichtigenden Konditionen stark von den zurückliegenden Zinssätzen ab, so sind die anzusetzenden Zinskonditionen zu schätzen oder bspw. aufgrund eines Bankenratings zu berücksichtigen.

- Bei der Ermittlung der **Eigenkapitalkosten** r_{EK} haben sich zwei Ansätze herausgebildet:

- Nach der <u>Risikozuschlagsmethode</u> – sie findet in Deutschland die häufigste Anwendung im Rahmen der Ermittlung des Kapitalisierungszinssatzes beim Ertragswertverfahren – setzt sich der Zinssatz r_{EK} additiv aus einem risikofreien Zinssatz r_f sowie einem subjektiven Risikozuschlag r_z zusammen. Es gilt also:

$$r_{ek} = r_f + r_z$$

Nach der <u>CAPM</u> (Capital Asset Pricing-Method) ergeben sich die Eigenkapitalkosten aus der risikolosen Rendite r_f zuzüglich einer Risikoprämie, die sich aus dem Marktpreis für das Risiko $(r_m\text{-}r_f)$ multipliziert mit der Risikohöhe β ergibt. r_m ist dabei die durchschnittliche Marktrendite für Wertpapiere.

- $r_{ek} = r_f + \beta*(r_m\text{-}r_f)$

Die Anwendbarkeit der CAPM ist damit abhängig von der Schätzbarkeit von β und r_m. Für die Bewertung börsennotierter Unternehmungen hat sich die CAPM als adäquate Methode zur Ermittlung der Eigenkapitalkosten herausgestellt, da die β-Faktoren branchenspezifisch angegeben werden können. Bei nicht-börsennotierten Unternehmen liegen diese nicht vor. Zudem konnte die CAPM empirisch weder bestätigt noch widerlegt werden.[311]

---

[311] Vgl. Mankiw G./Shapiro M. 1986, Mac Kinley C. 1987 und Black F./Jensen M./Scholes M. 1972

Für obiges Beispiel ergeben sich die folgenden Werte:

Kennzahl	Wert	Erläuterung
NOPAT	83,9 T€	Umsatzerlös ./. betrieblicher Aufwand ./. Steuern (35% vom Ergebnis nach Zinsen)
Investiertes Kapital (IK)	1.387,5 T€	Eigenkapital (01.01) + verzinsliches Fremdkapital
Kapitalkostensatz (WACC)	7,800 %	Eigenkapitalanteil (35,14%) x Eigenkapitalkostensatz (15%)[312] + verzinslicher Fremdkapitalanteil (64,86%) x Fremdkapitalkostensatz (3,9%)[313]
EVA = NOPAT – IK x WACC = 83,9 – 1.387,5 x 0,078 = -24,325 T€		

Es wurde aufgrund der Jahresabschlussanalyse auf Basis des EVA also deutlich, dass der NOPAT nicht ausreichte, um das mit den gewichteten Kapitalkosten verzinste investierte Kapital zu decken. Es wurde folglich Wert vernichtet![314,315]

5.1.2   Steigerung des operativen Gewinnes

Die nun folgenden Unterkapitel beschäftigen sich mit der Frage, wie der EVA durch die Steigerung des operativen Gewinnes (erster Wertgenerator) verbessert werden kann. Ausgangsbasis ist der Jahresabschluss des vorangegangenen Kapitels (5.1.1), der mit einem negativen EVA in Höhe von -24.325 € abgeschlossen hatte.

Die Instrumente zur Verbesserung des EVA auf Basis des NOPAT sind vielfältig. Wie das Schaubild des Werttreiberbaumes zeigt, kann die Steigerung des operativen Gewinns einmal über höhere Umsatzerlöse erfolgen. Hier können Preis- und/oder Mengenkomponenten eine Rolle spielen. Die hierzu passenden Instrumente wären mögliche **Preisdifferenzierungen** und die **Rabattpolitik**. Ebenso denkbar ist eine Reduktion des Operativen Aufwandes, also der variablen und/oder der fixen Kosten. Die Instrumente wären dann die **Akquise** von (neuen) **Lieferanten** oder das **Zero Based Budgeting**, um die Fixkosten zu reduzieren.

---

[312] Der Eigenkapitalkostensatz leitet sich ab aus einem Basiszins für eine risikolose Anleihe (hier Annahme = 5%) und einem unternehmensabhängigen Risikozuschlag (hier Annahme = 10%).

[313] Der Fremdkapitalkostensatz leitet sich ab aus der durchschnittlichen Fremdkapitalverzinsung (Zinsaufwand/verzinsliches Fremdkapital; hier 54/900 = 6%) abzüglich der Steuerersparnis (=taxshield; hier 35% auf 6% = 3,9%).

[314] Hätte sich der Unternehmer bspw. lediglich auf die Verzinsung des eingesetzten Eigenkapitals (Eigenkapitalrentabilität) verlassen, so wäre die unbefriedigende Situation nicht so offen zu Tage getreten. Die Eigenkapitalrentabilität hätte einen Wert von 6,13% (Relation des Bilanzgewinns nach Steuern (29,9) zum eingesetzten Eigenkapital (487,5)) ergeben.

[315] Siehe Fallstudien 4 und 5.

Alle diese Instrumentarien lassen sich am besten mit dem Tool der **Deckungsbeitragsrechnung** erklären. Mit diesem Werkzeug können Gewinnveränderungen über Preisdifferenzierungen, Rabattstaffelungen, etc. nicht nur sichtbar gemacht werden, dem Entscheidungsträger werden darüber hinaus in besonderem Maße vor Augen geführt, wie effektiv die einzelnen Instrumente sind bzw. nicht sind.

Aus diesem Grund konzentrieren sich die weiteren Ausführungen auf die Darstellung der Deckungsbeitragsrechnung.

5.1.2.1   Was ist bzw. wie funktioniert die Deckungsbeitragsrechnung?

Die Deckungsbeitragsrechnung ist ein Verfahren aus dem Bereich der Kostenrechnung. Ihre Ausgestaltungen gehören allesamt zu den so genannten Teilkostenrechnungssystemen, d.h. hier werden alle Kostenarten auf ihre Abhängigkeit von der Produktion untersucht und danach in variable (beschäftigungsabhängige) und fixe (beschäftigungsunabhängige) Kosten aufgeteilt.

Die Deckungsbeitragsrechnung geht davon aus, dass die variablen Kosten maßgeblich für den Betriebserfolg sind. Die fixen Kosten hingegen sind, zumindest kurzfristig, unvermeidbar, d.h. fallen auch dann an, wenn der Betrieb Beschäftigungsschwankungen unterliegt oder gar nicht mehr produziert.

Die Deckungsbeitragsrechnung läuft immer in zwei Schritten ab:

- Zunächst erfolgt die Berechnung des Deckungsbeitrages insgesamt für die Unternehmung sowie i.d.R. für die einzelnen Kostenträger (dies können Produkte, Produktgruppen oder auch bspw. Projekte sein).
- Dann erfolgt die Ermittlung der Gewinnschwelle (Break-Even). Diese kann mengenbezogen oder betragsmäßig erfolgen und ebenfalls wieder für die gesamte Unternehmung und/oder für einzelne Kostenträger.

1. Schritt: Die Ermittlung des Deckungsbeitrages

Um festzustellen, in welchem Umfang ein Kostenträger am Betriebserfolg beteiligt ist, werden von den Umsatzerlösen dieses Kostenträgers dessen variable Kosten abgezogen. Die Differenz wird als Deckungsbeitrag bezeichnet und gibt den Betrag an, der zur Deckung der fixen Kosten noch zur Verfügung steht:

Umsatzerlös des Kostenträgers
– variable Kosten des Kostenträgers
= **Deckungsbeitrag**

Die Summe aller Deckungsbeiträge der Kostenträger eines Unternehmens ergibt dann den gesamten Deckungsbeitrag der Unternehmung. Ist dieser Deckungsbeitrag größer als die

Summe der Fixkosten, erwirtschaftet die Unternehmung einen Betriebserfolg, im umgekehrten Fall einen Betriebsverlust.[316]

Schritt 2: Bestimmung der Gewinnschwelle (Break-even)

Die Gewinnschwelle kennzeichnet die Produktionsmenge, bei der die Summe der Stückdeckungsbeiträge gerade zur Deckung der fixen Kosten ausreicht, d.h. der Betriebsgewinn beträgt bei dieser Menge gerade 0 €.

Wir wollen nun diese Gewinnschwelle formal ableiten, denn sie ist von ganz zentraler Bedeutung für das spätere Verständnis von möglichen Verbesserungspotenzialen!

Dazu muss man sich zunächst einmal klar machen, wie der Gewinn (G) einer Abrechnungsperiode definiert ist. Er ist die Summe aller Umsatzerlöse (E) abzüglich aller anfallenden Kosten (K):

$$G = E - K$$

Die Kosten kann man noch genauer definieren, denn sie setzen sich, wie oben beschrieben, aus variablen (VK) und fixen Kosten (FK) zusammen:

$$G = E - VK - FK$$

Die Differenz von Erlösen und variablen Kosten hatten wir als Deckungsbeitrag (DB) definiert:

$$G = DB - FK$$

Möchten wir die Gewinnschwelle ermitteln, so müssen wir die Werte auf die Ausbringungsmenge (x) beziehen. Der Deckungsbeitrag (gesamt) ist somit das Produkt von Ausbringungsmenge und Stückdeckungsbeitrag (db). Damit ist aber auch der Gewinn abhängig von der Ausbringungsmenge:

$$G(x) = db * x - FK$$

Im Break-even-Punkt ist der Gewinn annahmegemäß Null (wir wollen ja die Ausbringungsmenge ermitteln, ab der ein Gewinn erwirtschaftet wird):

$$0 = db*x - FK$$

Lösen wir nun die Gleichung nach der Menge auf, so erhalten wir zunächst:

$$db*x = FK$$

---

[316] Für weiter- und tiefer gehende Literatur aus dem Bereich der Teilkostenrechnungssysteme vgl. Z.B. Kilger W./Pampel J./Vikas K., 2007, S. 12ff.

und schließlich:

$$x = \frac{FK}{db}$$

Allgemein kann festgehalten werden:

- Die Gewinnschwellenmenge ermittelt sich aus FK/db.
- Ist der Deckungsbeitrag größer als die fixen Kosten, entsteht ein Betriebsgewinn, übersteigen die fixen Kosten hingegen den Deckungsbeitrag, erwirtschaftet die Unternehmung einen Betriebsverlust.
- Eine Preiserhöhung (-senkung) würde die Gewinnschwellenmenge bei unveränderten Kosten verringern (erhöhen).
- Durch Erhöhung (Senkung) der fixen Kosten wird die Gewinnschwellenmenge vergrößert (verringert).
- Die Erhöhung (Verringerung) der variablen Stückkosten hat eine Verringerung (Erhöhung) des Stückdeckungsbeitrages zur Folge. Die Deckung der fixen Kosten ist dann über eine Erhöhung (Verringerung) der Gewinnschwellenmenge möglich.

5.1.2.2   Praktische Umsetzung

Wurde im letzten Kapitel der formale Baustein gelegt, um die Gewinnschwelle anhand der Deckungsbeitragsrechnung abzuleiten, so soll nun mit Hilfe unseres Ausgangsbeispiels die praktische Umsetzung erfolgen. Ziel ist es, der Geschäftsleitung die Auswirkungen von Kostenveränderungen sowohl im variablen als auch im fixen Kostenbereich aufzuzeigen.

Die erste Aufgabe besteht für den Kostenrechner darin, aus der Gewinn- und Verlustrechnung die Kostenrechnung abzuleiten. Dies erfolgt mit Hilfe der so genannten Abgrenzungsrechnung, d.h. es muss ermittelt werden, inwieweit die in der Gewinn- und Verlustrechnung enthaltenen Aufwendungen auch als Kosten – vereinfachend handelt es sich hierbei um Aufwendungen, die durch das Kerngeschäft der Unternehmung entsehen – zu erfassen sind. Ansonsten würden sie nicht oder ggf. in einer anderen Höhe berücksichtigt.

Nachfolgendes Schema soll die Systematik verdeutlichen:

Aufwendungen aus der Gewinn- und Verlustrechnung (Finanzbuchhaltung)			
Neutrale Aufwendungen	Betriebliche Aufwendungen	Betriebliche Aufwendungen	
	=	≠	
	Grundkosten	**Anderskosten**	**Zusatzkosten**
	Kosten der Kosten- und Leistungsrechnung		

Abbildung 45: Abgrenzungsrechnung im Rahmen der Kosten- und Leistungsrechnung

Im Sinne der Kostenrechnung werden nach obigem Schema also zunächst einmal diejenigen Aufwendungen und Erträge herausgefiltert, die **neutral** sind und deshalb nicht in die Kosten- und Leistungsrechnung übernommen werden dürfen.

Neutrale Aufwendungen und Erträge entstehen

- **bei der Verfolgung betriebsfremder Ziele** (z.B. Verluste aus Wertpapierverkäufen oder Erträge aus der Vermietung von betriebsfremden Grundstücken)
- aus betrieblichen aber **periodenfremden** Vorgängen (z.B. Nachzahlung von Löhnen und betrieblichen Steuern)
- als **außerordentliche** Aufwendungen und Erträgen (z.B. Erlöse aus dem Verkauf von Anlagevermögen)

Viele, wahrscheinlich sogar die meisten Aufwendungen der Finanzbuchhaltung können unverändert als Kosten in die Betriebsergebnisrechnung aufgenommen werden. In diesen Fällen spricht man von **aufwandsgleichen Kosten** oder auch **Grundkosten**. Beispielhaft sind hier zu nennen:

- Löhne und Gehälter
- Materialaufwand
- Frachtkosten

Aufwendungen aus der Finanzbuchhaltung, die kalkulatorisch ungeeignet sind und deshalb in der Kosten- und Leistungsrechnung mit einem anderen Wert anzusetzen sind, nennt man **aufwandsungleiche Kosten** oder auch **Anderskosten**. Standardbeispiele sind:

- Abschreibungen, die in der Gewinn- und Verlustrechnung nach handels- und steuerrechtlichen Grundsätzen angesetzt werden, während sie in der Kostenrechnung zu Wiederbeschaffungspreisen und nach dem tatsächlichen Werteverzehr darzustellen sind
- Zinsaufwendungen, die in der Kostenrechnung zu durchschnittlichen Marktpreisen ihren Niederschlag finden, während sie im Jahresabschluss gemäß den aktuellen Gegebenheiten dargestellt werden. Hier können also bspw. kurzfristig geltende zinsgünstige Darlehen ihren Niederschlag finden.

Es gibt drittens Kosten, denen in der Finanzbuchhaltung keine Aufwendungen gegenüberstehen, die aber leistungsbedingt anfallen und deshalb im Rahmen der Kalkulation anzusetzen sind. Diese Kosten nennt man **Zusatzkosten**. Hier kann der

- kalkulatorische Unternehmerlohn beispielhaft genannt werden, der bei Personengesellschaften in der Kostenrechnung also zusätzlicher Kostenfaktor berücksichtigt werden muss, sofern bspw. das Geschäftsführergehalt nicht in den Aufwendungen der Finanzbuchhaltung enthalten ist.

Die Abgrenzungsrechnung sieht für unseren beispielhaften Jahresabschluss wie folgt aus:

Ergebnistabelle						
Finanzbuchhaltung			Kosten- und Leistungsrechnung			
Gesamtergebnisrechnung			Abgrenzungs-rechnung		Betriebsergebnis-rechnung	
Konto	Aufwand	Erträge	Neutraler Aufwand	Neutraler Ertrag	Kosten	Leistungen
Umsatz		2.400.000				2.400.000
Material	600.000				600.000	
Personal	1.500.000				1.500.000	
Abschreibung	120.000				120.000	
Leasing	14.000				14.000	
Frachten	30.000				30.000	
Büromaterial	5.000				5.000	
Messe	5.000				5.000	
Versicherungen	10.000				10.000	
So. Aufwand	16.000		4.000		12.000	
Zinsen	54.000				54.000	
	2.354.000	2.400.000	4.000		**2.350.000**	2.400.000
	46.000			4.000	**50.000**	
	Gesamtergebnis		**Neutrales Ergebnis**		**Betriebsergebnis**	

Das Gesamtergebnis gemäß Gewinn- und Verlustrechnung (vor Steuern) beträgt also 46.000,- €, während das Betriebsergebnis sogar mit 50.000,- € um 4.000 € höher ausfällt. 4.000,- wurden als neutraler Aufwand abgegrenzt, da sie aufgrund eines betriebsfremden Zieles infolge eines Verlustes aus dem Verkauf von Wertpapieren entstanden sind.[317]

Haben wir nun die Grundlage für die Kostenrechnung gelegt, so geht es im nächsten Schritt um die Einteilung der Kosten in beschäftigungsabhängige (variable) und beschäftigungsunabhängige (fixe) Kosten. Dieser Schritt erfordert in der Praxis meist einen etwas höheren zeitlichen Aufwand, denn jeder einzelne Kostenblock muss sorgfältig untersucht werden. Gleichzeitig werden die variablen Kosten in Relation zum Umsatzerlös erfasst:

---

[317] Siehe Fallstudie 6.

Konto	Betrag	Kostencharakter	in % vom Umsatz
Umsatz	2.400.000		100,00
Material	600.000	variabel	25,00
Personal	708.000	fix	
Personal	792.000	variabel	33,00
Abschreibung	120.000	fix	
Leasing	14.000	fix	
Frachten	30.000	variabel	1,25
Büromaterial	5.000	fix	
Messe	5.000	fix	
Versicherungen	10.000	fix	
So. Kosten	12.000	fix	
Zinsen	54.000	fix	

Obige Tabelle bietet nun eine ausreichende Basis, um die Gewinnschwelle und damit Verbesserungspotenziale zu ermitteln.[318]

Gewinnschwellenermittlung mittels der Deckungsbeitragsrechnung	
Bei einem Fixkostenblock von	928.000 €[319]
sowie der variablen Kostenblöcken:	
Material	25,00 %
Personal	33,00 %
Frachten	1,25 %
beträgt die Gewinnschwelle	**2.277.301 €[320]**

---

[318] In diesem Beispiel wird davon ausgegangen, dass das Ergebnis des letzten Jahres auch richtungsweisend für das kommende Jahr ist, d.h. dass die Kosten absolut gesehen in einer ähnlichen Höhe und die variablen Kosten in gleicher Relation zum Umsatzerlös eintreten.

[319] Der Wert ergibt sich aus der Summe aller ermittelten fixen Kosten, also für Personal, Abschreibungen, Leasing etc.

[320] Zur Ermittlung diente uns die im letzten Gliederungspunkt abgeleitete Formel x = FK/db. Hier eingesetzt erhalten wir x = 928.000/(1-0,25-0,33-0,0125) = 2.277.301 €.

Nun können Auswirkungen von bspw. sinkenden/steigenden Fixkosten oder sinken-den/steigenden variablen Kostenblöcken dargestellt werden:

- Sinkt der Fixkostenblock bspw. um 10.000,- €, kann auf 24.540,- € Umsatzerlös verzichtet werden.
- Gelingt es bspw. den Materialanteil von 25% um 1% auf 24% zu reduzieren, so sinkt die Gewinnschwellenmenge auf 2.222.754 €, d.h. es könnte gegenüber der Ausgangssituation auf 54.546,- € Umsatz verzichtet werden.[321]

5.1.2.3   Auswirkung auf den EVA

Im letzten Schritt betrachten wir nun Auswirkungen von einem durch die Deckungsbeitrags-rechnung veränderten Kostenbewusstsein der Unternehmung. Wir unterstellen, dass es der Geschäftsleitung gelingt, durch Reduktion des Ausschussanteils in der Produktion den Anteil der Materialaufwendungen an den Umsatzerlösen auf 23% (um 2%) zu reduzieren. Die Auswirkungen auf den Jahresabschluss sowie den EVA sind dann wie folgt:

Bilanz (in Tsd. €)			
Aktiva			**Passiva**
Technische Anlagen	300,0	Eigenkapital (01.01)	487,5
Andere Anlagen	270,0	Bilanzgewinn	61,1
Anlagevermögen	**570,0**	**Eigenkapital (31.12)**	**548,6**
Roh- Hilfs- und Betriebsstoffe	200,0		
Unfertige und fertige Erzeugnisse	100,0	Bankendarlehen	900,0
Vorräte	**300,0**	Verbindlichkeiten LuL	150,0
Forderungen LuL	600,0		
Kasse	128,6		
Umlaufvermögen	**1.028,6**	**Fremdkapital**	**1.050,0**
Bilanzsumme	**1.598,6**	**Bilanzsumme**	**1.598,6**

---

[321] Siehe Fallstudie 7.

Gewinn- und Verlustrechnung		
	in Tsd. €	in %
Umsatzerlös	**2.400,0**	**100,0**
Materialaufwand	552,0	23,0
Personalaufwand	1.500,0	62,5
Abschreibungen	120,0	5,0
Sonstige betriebliche Aufwendungen	80,0	3,3
Betriebliche Aufwendungen	**2.252,0**	**93,8**
Operatives Ergebnis	**148,0**	**6,2**
Steuern vom Einkommen und Ertrag	32,9	1,4
NOPAT	**115,1**	**4,8**
Zinsaufwand	54,0	2,3
Bilanzgewinn	**61,1**	**2,5**

Kennzahl	Wert	Erläuterung
NOPAT	115,1 T€	Umsatzerlös ./. betrieblicher Aufwand ./. Steuern (35% vom Ergebnis nach Zinsen)
Investiertes Kapital (IK)	1.387,5 T€	Eigenkapital (01.01) + verzinsliches Fremdkapital
Kapitalkostensatz (WACC)	7,800 %	Eigenkapitalanteil (35,14%) x Eigenkapitalkostensatz (15%) + verzinslicher Fremdkapitalanteil (64,86%) x Fremdkapitalkostensatz (3,9%)
EVA = NOPAT – IK x WACC = 115,1 – 1.387,5 x 0,078 = 6,875 T€		

Zunächst einmal bewirkte also die Reduktion bei den Materialaufwendungen um 2% eine Erhöhung des operativen Ergebnisses auf 148 T€, mit einer folgenden Erhöhung des Bilanzgewinns auf 61,1 T€. Auf der Aktivseite der Bilanz erhöhte sich folgerichtig der Kassenbestand aufgrund des geringeren Materialverbrauchs auf 128,6 T€.

Während bei der Ermittlung des EVA das investierte Kapital und der Kapitalkostensatz gleich blieben, erhöhte sich der NOPAT von 83,9 auf 115,1 T€ mit der Konsequenz, dass der EVA nun einen positiven Wert aufweist, d.h. es wurde gegenüber der Ausgangssituation Wert generiert.

5.1.3   Verringerung des investierten Kapitals

5.1.3.1   Leasing von Anlagevermögen

5.1.3.1.1   Was ist bzw. wie funktioniert Leasing

Neben der Möglichkeit, in Anlagevermögen zu investieren (hier im Sinne von Betriebs- und Geschäftsausstattungen, maschinelle Anlagen und Fuhrpark), d.h. Eigentum an der Sache zu erwerben, besteht die Möglichkeit, diese Güter anzumieten, d.h. zu leasen.

Leasing ist somit die entgeltliche, pacht- oder mietähnliche Überlassung von Wirtschaftsgütern zur Nutzung oder zum Gebrauch auf Zeit. Es kann nach verschiedenen Arten und Merkmalen unterschieden werden. Leasing ist eine immer mehr in Anspruch genommene Finanzierungsform, insbesondere auch von KMU mit dem Effekt, dass weniger Geld gebunden und damit die Kreditlinie der Unternehmung geschont wird. Zwischen 1999 und 2002 hat Leasing als Finanzierungsmöglichkeit von KMU um mehr als 70% zugenommen und ein Abbruch dieses Trends ist noch nicht in Sicht. Der Leasinganteil an den gesamtwirtschaftlichen Investitionen betrug 2002 etwa 18%, wobei sich mehr als 50% auf die Anlageinvestitionen bezogen. Dem Leasing wird in Deutschland, obgleich es eine recht teure Finanzierungsform ist, eine weiterhin steigende Bedeutung beigemessen.[322]

Untergliedert man Leasing nach der Art der Leasinggeber, den vertraglichen Verpflichtungen und der Vertragsform, lassen sich unterschiedliche Leasingausprägungen differenzieren.

Kriterien	Leasingformen
unterschiedliche Leasing-geber	**direktes Leasing**; Hersteller des Leasing-Gutes ist auch gleichzeitig Leasing-Geber **indirektes Leasing**; es wird eine Leasinggesellschaft eingeschaltet, die zwischen dem Hersteller des Leasing-Gutes und dem Leasing-Nehmer als Leasing-Geber tritt
nach den vertraglichen Verpflichtungen	**Operate Leasing** (=unechtes Leasing) • kurzfristige Nutzungsüberlassung • von der Laufzeit des Leasingvertrages unabhängige Leasingrate • Laufzeit kürzer als die betriebsgewöhnliche • Teilweise kurzfristige Kündigung des Vertrages möglich • Eigentum verbleibt beim Leasinggeber • Bilanzierung beim Leasinggeber • hohe Kosten beim Leasingnehmer dafür kein Investitionsrisiko

---

[322] Vgl. Achleitner A./v. Einem C./v. Schröder B. 2004, S. 23.

	Finance-Leasing (=echtes Leasing) • langfristige Nutzungsüberlassung des Leasing-Objektes • keine Möglichkeit der Kündigung während der Grund-mietzeit • von der Länge der Mietzeit abhängige Gebühr • Grundmietzeit i.d.R. 50-70% der betrieblichen Nut-zungsdauer • verbleiben des Eigentumsrisikos beim Leasinggeber • Bilanzierung je nach Grundmietzeit beim Leasingnehmer oder Leasinggeber (>90% der Grundmietzeit – Leasing-nehmer)
nach Vertragsformen	**Leasing ohne Optionsrecht**; es werden keine Abreden für die Zeit nach dem Leasingvertrag getroffen **Leasingvertrag mit Kaufoption**; es besteht vertraglich die Möglichkeit des Erwerbs nach der Grundmietzeit durch den Leasinggeber **Leasingvertrag mit Mietverlängerungsoption**; es besteht die vertragliche Möglichkeit, das Leasingobjekt nach der gewöhnlichen Mietzeit i.d.R. gegen geringere Gebühren zu nutzen

Alle Formen des Leasings besitzen eine praktische Relevanz und können wie folgt zusammenfassend beurteilt werden:

• Leasing ermöglicht vor allem kleineren und mittleren Unternehmen die **Finanzierung von Anlagegütern**, die durch Eigenkapital- oder Fremdkapitaleinsatz in diesem Umfang nicht möglich wären, weil Sicherheiten fehlen.
• Möglich gemacht wird die **Ausdehnung des Kreditspielraumes**, weil Leasinggesell-schaften Leasinggüter oftmals zu 100% als Sicherheit akzeptieren.
• Leasing geht einher mit einer **positiven Beeinflussung der Liquidität**, da sich Ausgaben im Vergleich zu einem Barkauf über einen längeren Zeitraum verteilen.
• Bei hohem technischem Fortschritt bewirkt Leasing eine **Risikominimierung** im Ver-gleich zum Investitionserwerb, jedoch um den Preis einer hohen Leasingrate.
Leasing bedeutet aber normalerweise **höhere Kosten im Vergleich zur langfristigen Kre-ditfinanzierungen**, da der Leasinggeber neben den Finanzierungszinsen noch seine Verwal-tungskosten sowie seine kalkulatorischen Wagnisse und Gewinne abzudecken hat.[323]

---

[323] Siehe Fallstudie 8.

5.1.3.1.2   Praktische Umsetzung

In unserem einleitenden Beispiel wurde in Anlagevermögen investiert und damit Kapital gebunden, wie nachfolgende Bilanz nochmals verdeutlicht:

Bilanz (in Tsd. €)			
Aktiva			**Passiva**
Technische Anlagen	300,0	Eigenkapital (01.01)	487,5
Andere Anlagen	270,0	Bilanzgewinn	29,9
Anlagevermögen	**570,0**	**Eigenkapital (31.12)**	**517,4**
Roh- Hilfs- und Betriebsstoffe	200,0		
Unfertige und fertige Erzeugnisse	100,0	Bankendarlehen	900,0
Vorräte	**300,0**	Verbindlichkeiten LuL	150,0
Forderungen LuL	600,0		
Kasse	97,4		
Umlaufvermögen	**997,4**	**Fremdkapital**	**1.050,0**
Bilanzsumme	**1.567,4**	**Bilanzsumme**	**1.567,4**

Insgesamt besteht die Bilanz auf der Mittelverwendungsseite (Aktiva) zu über einem Drittel aus langfristig gebundenem Anlagevermögen (570 T€), für das sowohl Eigenkapital, als auch Fremdkapital gebunden wird. Gleichzeitig wurden im Beispiel im aktuellen Jahr 120 T€ der technischen und anderen Anlagen abgeschrieben (siehe Gewinn- und Verlustrechnung), das Anlagevermögen verringerte also den Bilanzgewinn durch den Werteverzehr um 120 T€.

Welche Auswirkungen hätte nun die geschäftspolitische Entscheidung, abgeschriebenes Anlagevermögen nicht mehr zu reinvestieren, sondern durch (Operate)Leasing zu ersetzen?

Etwa nach 5 Jahren wäre das Anlagevermögen vollständig aus der Bilanz verschwunden (5 x die Abschreibung á 120 T€). Gleichzeitig würden in der Gewinn- und Verlustrechnung die Abschreibungsbeträge durch Leasingraten ersetzt, wahrscheinlich sogar überkompensiert, da die Leasinggesellschaften natürlich neben den Abschreibungen noch ihre Risiken und Gewinne in den Leasingraten mit eingerechnet haben. Unter sonst gleichen Bedingungen würde das Leasing das investierte Kapital (Eigen- und/oder Fremdkapital) in Höhe des nicht mehr benötigten Anlagevermögens reduzieren, die Bilanz würde sich also insgesamt um 570 T€ verkürzen.

Wir wollen nun einmal zwei Möglichkeiten betrachten: Bei der ersten Variante unterstellen wir eine sukzessive Reduktion des (langfristigen) Bankendarlehen, so dass sich nach 5 Jahren die Bankverbindlichkeiten um 570 T€ auf dann 330 T€ reduziert hätten. Bei der zweiten Variante gehen wir davon aus, dass sich die Bilanzverkürzung zu gleichen Teilen auf das investierte Eigen- und Fremdkapital auswirkt. Das um 570 T€ weniger gebundene Kapital reduziert somit das Eigenkapital und das Bankendarlehen um jeweils 285 T€.

Variante 1: Rückführung des Bankendarlehens

Bei der unterstellten Rückführung des Bankendarlehens um 570 T€ hätte die Bilanz nach etwa 5 Jahren (c.p.) folgende Gestalt:

Bilanz (in Tsd. €)			
Aktiva			**Passiva**
Roh- Hilfs- und Betriebsstoffe	200,0	Eigenkapital (01.01)	487,5
Unfertige und fertige Erzeugnisse	100,0	Bilanzgewinn[324]	41,2
Vorräte	**300,0**	**Eigenkapital (31.12)**	**528,7**
Forderungen LuL	600,0	Bankendarlehen	330,0
Kasse	108,7	Verbindlichkeiten LuL	150,0
Umlaufvermögen	**1.008,7**	**Fremdkapital**	**480,0**
Bilanzsumme	**1.008,7**	**Bilanzsumme**	**1.008.7**

In der Gewinn- und Verlustrechnung wird die Abschreibung durch Leasingaufwand substituiert. Wir gehen einmal von realistischen Leasingraten aus, die sich bei einer 5-jährigen Laufzeit und einem hier vorliegenden (Anlagen)Objektwert von 570T€ bei etwa 2% pro Monat bewegen. Dies ergibt eine Leasingrate von 136,8 T€/Jahr (2% x 12 Monate x 570 T€).

Gewinn- und Verlustrechnung		
	in Tsd. €	**in %**
Umsatzerlös	**2.400,0**	**100,0**
Materialaufwand	600,0	23,0
Personalaufwand	1.500,0	62,5
Leasing	136,8	5,8
Sonstige betriebliche Aufwendungen	80,0	3,3
Betriebliche Aufwendungen	**2.316,8**	**96,6**
Operatives Ergebnis	**83,2**	**3,4**
Steuern vom Einkommen und Ertrag	22,2	0,9
NOPAT	**61,0**	**2,5**
Zinsaufwand	19,8	0,8
Bilanzgewinn	**41,2**	**1,7**

---

[324] Der Bilanzgewinn ergibt sich aus der nachstehenden Gewinn- und Verlustrechnung.

Die im Vergleich zur Abschreibung nun höhere Leasingrate erhöht die betrieblichen Aufwendungen und reduziert damit das operative Ergebnis, die Steuern vom Einkommen und Ertrag und den NOPAT. Der Zinsaufwand (6% vom Bankendarlehen) reduziert sich ebenfalls im Zuge der unterstellten Zurückführung des Bankendarlehens auf 19,8 T€.

Variante 2: Rückführung von Eigenkapital und Bankendarlehen

Bei der unterstellten Rückführung von Eigen- und Fremdkapital um paritätisch jeweils 285 T€ hätte die Bilanz nach etwa 5 Jahren (c.p.) folgende Gestalt:

Bilanz (in Tsd. €)			
Aktiva			**Passiva**
Roh- Hilfs- und Betriebsstoffe	200,0	Eigenkapital (01.01)	202,5
Unfertige und fertige Erzeugnisse	100,0	Bilanzgewinn[325]	30,1
Vorräte	**300,0**	**Eigenkapital (31.12)**	**232,6**
Forderungen LuL	600,0	Bankendarlehen	615,0
Kasse	97,6	Verbindlichkeiten LuL	150,0
Umlaufvermögen	**997,6**	**Fremdkapital**	**765,0**
Bilanzsumme	**997,6**	**Bilanzsumme**	**997,6**

Wie bei Variante 1 wird in der Gewinn- und Verlustrechnung die Abschreibung durch einen entsprechend höheren Leasingaufwand ersetzt.

Gewinn- und Verlustrechnung		
	in Tsd. €	**in %**
Umsatzerlös	**2.400,0**	**100,0**
Materialaufwand	600,0	23,0
Personalaufwand	1.500,0	62,5
Leasing	136,8	5,8
Sonstige betriebliche Aufwendungen	80,0	3,3
Betriebliche Aufwendungen	**2.316,8**	**96,6**
Operatives Ergebnis	**83,2**	**3,5**
Steuern vom Einkommen und Ertrag	16,2	0,7
NOPAT	**67,0**	**2,8**
Zinsaufwand	36,9	1,5
Bilanzgewinn	**30,1**	**1,3**

---

[325] Der Bilanzgewinn ergibt sich aus der nachstehenden Gewinn- und Verlustrechnung.

Im Vergleich zur Variante 1 stellen sich durch die höheren Zinsaufwendungen (6% von 615 T€) niedrigere Steuern vom Einkommen und Ertrag und damit ein um 6 T€ höherer NOPAT ein. Der Bilanzgewinn ist allerdings infolge der höheren Zinsaufwendungen um 11,1 T€ niedriger.

5.1.3.1.3   Auswirkung auf den EVA

Wurden oben die praktischen Auswirkungen von unterschiedlichen Finanzierungsalternativen durch Leasing beschrieben, so geht es nun um die Fragestellung, wie sich die beschriebenen Varianten auf den EVA auswirken.

Variante 1: Rückführung des Bankendarlehens

Kennzahl	Wert	Erläuterung
NOPAT	61,0 T€	Umsatzerlös ./. betrieblicher Aufwand ./. Steuern (35% vom Ergebnis nach Zinsen)
Investiertes Kapital (IK)	817,5 T€	Eigenkapital (01.01) + verzinsliches Fremdkapital
Kapitalkostensatz (WACC)	10,52 %	Eigenkapitalanteil (59,63%) x Eigenkapitalkostensatz (15%) + verzinslicher Fremdkapitalanteil (40,37%) x Fremdkapitalkostensatz (3,9%)
EVA = NOPAT – IK x WACC = 61,0 – 817,5 x 0,1052 = -25,00 T€		

Im Vergleich zur Ausgangssituation hat sich zunächst einmal der NOPAT infolge des im Vergleich zur Abschreibung höheren Leasingaufwandes von 83,9 auf 61,0 T€ reduziert. Gleichzeitig ist das investierte (verzinsliche) Kapital in Höhe des Anlagevermögens von 1.387,5 T€ auf 817,5 T€ zurückgegangen. Drittens, und das ist ein ganz erheblicher Faktor, ist der Kapitalkostensatz infolge des deutlich höheren Eigenkapitalanteils und des im Vergleich zum Fremdkapital deutlich höheren Eigenkapitalkostensatzes von 7,8% auf 10,52% angestiegen.

In der Summe konnte folglich die Reduktion des investierten Kapitals die Reduktion des NOPAT sowie den Anstieg des Kapitalkostensatzes nicht überkompensieren, so dass der negative EVA der Ausgangssituation sogar noch leicht angestiegen ist!

Variante 2: Rückführung von Eigenkapital und Bankendarlehen

Kennzahl	Wert	Erläuterung
NOPAT	67,0 T€	Umsatzerlös ./. betrieblicher Aufwand ./. Steuern (35% vom Ergebnis nach Zinsen)
Investiertes Kapital (IK)	817,5 T€	Eigenkapital (01.01) + verzinsliches Fremdkapital
Kapitalkostensatz (WACC)	6,65 %	Eigenkapitalanteil (24,77%) x Eigenkapitalkostensatz (15%) + verzinslicher Fremdkapitalanteil (75,23%) x Fremdkapitalkostensatz (3,9%)
EVA = NOPAT – IK x WACC = 67,0 – 817,5 x 0,0665 = 12,64 T€		

Im Vergleich zur Ausgangssituation hat sich auch hier der NOPAT reduziert, und zwar von 83,9 auf 67,0 T€. Das investierte (verzinsliche) Kapital ist ebenso wie bei Variante 1 von 1.387,5 T€ auf 817,5 T€ zurückgegangen. Der entscheidende Unterschied im Vergleich zu Variante 1 besteht jedoch darin, dass sich nun der Anteil des hoch zu verzinsenden Eigenkapitals auf 24,77% reduziert hat, so dass der gewogene Kapitalkostensatz nun lediglich noch 6,65% beträgt.

In der Summe konnte folglich die Reduktion des investierten Kapitals in Verbindung mit einem gesunkenen gewogenen Kapitalkostensatz die Reduktion des NOPAT überkompensieren, so dass sich der negative EVA der Ausgangssituation nun in einen Werterhöhenden verwandelt hat (12,64 T€)!

5.1.3.2   Forderungsmanagement

5.1.3.2.1   Was ist bzw. wie funktioniert Forderungsmanagement

Das Forderungsmanagement als Teil des Rechnungswesens beinhaltet ganz allgemein den Umgang mit noch offenen Ansprüchen der Unternehmung gegenüber seinen Schuldnern. Im engeren Sinne, und so wollen wir diese noch offenen Ansprüche verstehen, handelt es sich um Forderungen aus Lieferungen und Leistungen, also um ausstehende Gelder aus offenen Kundenrechnungen, bei denen die Lieferung von Waren oder die Erbringung von Dienstleistungen auf Ziel erfolgte.

Das oberste Ziel des Forderungsmanagements besteht darin, die Liquidität der Unternehmung zu gewährleisten. Dazu aber müssen die Forderungsausfälle so gering wie möglich gehalten werden. Dies kann grundsätzlich auf zwei Wegen erfolgen:

- **Intern** durch eine gut ausgestaltete Debitorenbuchhaltung mit angeschlossenem Mahnwesen.
- **Extern**, indem Forderungen aus Lieferungen und Leistungen verkauft werden. Die bekanntesten Möglichkeiten sind hierbei sicherlich das Factoring sowie die für Großunternehmen in Frage kommenden Asset-Backed-Securities.

Wie wichtig ein gut funktionierendes Forderungsmanagement ist, kann man sich an den möglichen Konsequenzen von uneinbringlichen Forderungen verdeutlichen. Können nämlich Forderungen bei den Schuldnern trotz Mahnungen und einer ggf. angedrohten Zwangsvollstreckung nicht eingetrieben werden, weil bspw. Schuldner insolvent geworden sind, müssen diese Forderungsbestände ausgebucht werden. Dies geschieht erfolgswirksam, d.h. in Höhe des Forderungsausfalls wird ein entstandener Gewinn reduziert bzw. ein bestehender Verlust erhöht. Ferner resultieren aus den ausgebuchten Forderungen natürlich Liquiditätsverluste, die das Gläubigerunternehmen selbst in Zahlungsschwierigkeiten und im schlimmsten Fall in den Konkurs treiben können.

Aufgrund der Wichtigkeit eines gut funktionierenden Forderungsmanagements sollen deshalb nun die internen und (wesentlichen) externen Möglichkeiten gezeigt werden.

Internes Forderungsmanagement

Im Rahmen des internen Forderungsmanagements geht es, wie bereits erwähnt, um eine gut funktionierende Debitorenbuchhaltung mit angeschlossenem Mahnwesen. Ein erstes Indiz dafür, ob das interne Forderungsmanagement den Anforderungen gerecht wird, ist die Verprobung des Forderungsbestandes zu den Umsatzerlösen, ausgedrückt durch das so genannte Debitorenziel:

$$\text{Debitorenziel} = \frac{\text{Kundenforderung}}{\text{Monatsumsatz}}$$

Ein Debitorenziel von 1 bspw. bedeutet, dass die (stichtagsbezogenen) Forderungen aus Lieferungen und Leistungen genau einem Monatsumsatz entsprechen. Damit hat die Unternehmung ihren Kunden ein durchschnittliches Zahlungsziel von 30 Tagen gewährt. Dementsprechend bedeutet ein Debitorenziel von 3, dass drei Monatsumsätze in den Kundenforderungen bilanziert sind, was einem durchschnittlich an die Kunden gewährten Zahlungsziel von 90 Tagen entspricht.

Generell können zum Debitorenziel folgende Aussagen gemacht werden:

- Das Debitorenziel gibt Aufschluss über die Zahlungsmoral der Kunden bzw. erlaubt Rückschlüsse auf das Mahnwesen des Unternehmens.
- Je höher die Relation, desto schlechter wird es tendenziell um die Liquiditätssituation der Kunden bestellt sein.
- Bei hohen Debitorenzielen muss untersucht werden, ob das Mahnwesen der Unternehmung funktionstüchtig ist und ob die Liefer- und Zahlungskonditionen nicht einer Überarbeitung bedürfen und zwar dahingehend, dass Zahlungsfristen reduziert werden.

Hilfreich ist im Rahmen des internen Forderungsmanagements sicherlich die Strukturierung der Schuldner (Debitoren) in Kundengruppen mit anschließender Forderungsanalyse. Dabei können Kundengruppen (KG) nach unterschiedlichen Schemen gebildet werden. Beispielhaft könnte die Struktur folgendermaßen aufgebaut werden:

- Z.B. Regional; Inland Süd (KG1), Inland Nord (KG2), Inland West (KG3), Inland Ost (KG4), EU-15-Staaten (KG5), Übrige EU (KG6), Nord-Amerika (KG7), Süd- und Mittelamerika (KG8), Asien (KG9), Übriges Ausland (KG10)
- Z.B. Branchenspezifisch; Holzverarbeitende Industrie (KG1), Chemie (KG2) etc.
- Z.B. nach Umsatzvolumen; Kunden über 10 Mio. € Umsatz/Jahr (KG1), Kunden über 1 Mio. € Umsatz/Jahr (KG2) etc.

Im Anschluss werden die Debitoren nach der Altersstruktur der Forderungen eingeteilt, so dass die Verantwortlichen des Forderungsmanagements einen guten Überblick über die Risiken der potenziellen Forderungsausfälle erhalten:[326]

Altersstruktur der Forderungen											
KG	Gesamt		Nicht fällig		Fällig seit 1 bis 30 Tagen		Fällig seit 31 bis 60 Tagen		Fällig seit über 60 Tagen		Σ > 30 Tage	
	T €	%	T €	%	T €	%	T €	%	T €	%	T €	%
1												
2												
3												
4												
5												
6												
7												
8												
9												
10												
Σ												

Kritisch zu hinterfragen sind in obiger Tabelle die letzten Spalten, d.h. Forderungen, die seit mehr als 60 Tagen fällig sind und daraus abgeleitet die kumulierten fälligen Forderungen über die 30 Tagegrenze hinaus.

Externes Forderungsmanagement

Erweisen sich die Risiken für eine Unternehmung durch die Forderungsstruktur als existenzbedrohend, sollte über den (zukünftigen) Verkauf von Forderungen oder Bündel von Forderungen nachgedacht werden. Die beiden markanten Verkaufsmöglichkeiten sind hierbei das Factoring, das unabhängig von der Unternehmensgröße als Maßnahme in Betracht gezogen werden kann, sowie die Asset-Backed-Securities, die für Großunternehmen eine Finanzierungsalternative darstellen.

---

[326] Ein Zahlenbeispiel findet sich unter der Rubrik „praktische Umsetzung".

1. Möglichkeit: Factoring

Als Factoring bezeichnet man den Ankauf von Forderungen aus Lieferungen und Leistungen eines Unternehmens durch ein Factoringinstitut. Dieses stellt dem Unternehmen bereits vor der Fälligkeit der Forderung finanzielle Liquidität zur Verfügung, natürlich vermindert um die anfallenden Gebühren. Bislang spielt Factoring als alternative Finanzierungsquelle für den deutschen Mittelstand noch eine untergeordnete Rolle, was möglicherweise an dem hohen Mindestumsatz liegt, den Factoringinstitute als Ankaufsvolumen erwarten. Liegt dies in den übrigen europäischen Ländern zwischen 25.000 € und 500.000 €, so beträgt es in Deutschland mehr als 2,5 Mio. €. Gründe hierfür liegen möglicherweise darin, dass man von den Unternehmen einen stabilen Forderungsfluss von der gleichen Kundenbasis erwartet oder aber eine breite und diversifizierte Kundenstruktur. Beides ist aber vom Mittelstand nicht unbedingt zu erfüllen. Dennoch gehen Untersuchungen davon aus, dass Factoring auch in Deutschland als Finanzierungsform bedeutsamer wird. Dies wird aus der durchschnittlichen Wachstumsrate zwischen 1998 und 2001 geschlossen, die beim Factoring-Volumen bei über 9% lag.[327]

Das Factoring lässt sich nach verschiedenen Kriterien klassifizieren, wie nachfolgende Tabelle verdeutlicht:

Kriterien	Factoringformen
Ausfallrisiko	**Echtes Factoring:** Hierbei übernimmt das Factoringinstitut das Delcredererisiko (Ausfallrisiko), d.h. der Factor kauft die Forderung ohne Rückgriffsrecht auf den Forderungsverkäufer. Für die Übernahme des Delcredererisikos werden Gebühren zwischen 0,2% und 1,2% des Umsatzes in Rechnung gestellt.
	Unechtes Factoring: Das Ausfallrisiko bleibt beim Forderungsverkäufer. Es liegt somit lediglich eine Kreditierung der Forderung durch das Factoringinstitut vor.
Finanzierungsfunktion	**Standardfactoring:** Der Factor kauft die beim Unternehmen entstehenden Forderungen im Moment des Ausgangs der Rechnungsbeträge an und bevorschusst damit das Unternehmen ab dem Zeitpunkt des Ankaufs.
	Maturityfactoring: Hierbei erfolgt der Anlauf zu einem errechneten, durchschnittlichen Fälligkeitstag, der sich durch die Bündelweise anzukaufenden Rechnungsbeträge ergibt.
	Dem Unternehmen werden 80% bis 90% der Rechnungsbeträge sofort auf seinem **Kontokorrentkonto** gutgeschrieben. Das restliche Forderungsvolumen wird auf einem **Sperrkonto** für mögliche Rechnungskürzungen, z.B. aufgrund von Mängelrügen und Warenrückgaben, zurückgehalten

---

[327] Vgl. Guserl,R. (Hrsg.), 2004, S. 522.

Wie kann Factoring als Finanzierungsalternative beurteilt werden?

- Die **Kosten** für die Finanzierungsfunktion sind denen des Kontokorrentkredits vergleichbar, d.h. es handelt sich um einen sehr teuren Kredit. Ihnen sind mögliche Kosteneinsparungen entgegenzustellen, z.B. Kosten für die Eintreibung von Forderungen oder der erfolgte Liquiditätszufluss.
- Die **Sicherheit** wird erhöht, sofern das Ausfallrisiko auf den Factor übertragen wird, wenn also echtes Factoring betrieben wird.
- Die **Liquidität** wird gefördert, sofern durch die Finanzierungsfunktion eine Bevorschussung des Unternehmens geschieht. Zufließende Liquidität ersetzt Bankkredite, indem Kontokorrentlinien geschont oder auf mittel- und langfristige Kredite verzichtet werden kann.
- Die **Unabhängigkeit** der Unternehmung wird zweifach gestärkt. Zum einen werden wie oben beschrieben Kreditlinien geschont, zum anderen kann durch das Factoring die Bilanzoptik „geschönt" und damit die Kreditwürdigkeit des Unternehmens erhöht werden.[328]

2. Möglichkeit: Asset-Backed-Securities

Asset-Backed-Securities („durch Aktiva gedeckte Wertpapiere") bedeutet wie Factoring auch den Verkauf von Forderungen. Im Gegensatz zum Factoring werden die Forderungen jedoch nicht direkt an einen Forderungskäufer, sondern an eine Zweckgesellschaft verkauft. Diese emittiert Wertpapiere (Asset-Backed-Securities = ABS) an eine Vielzahl von Investoren, denen als Haftungsmasse das Forderungsbündel zur Verfügung steht.[329]

Eine ABS-Transaktion kann durch folgendes Schaubild erläutert werden:

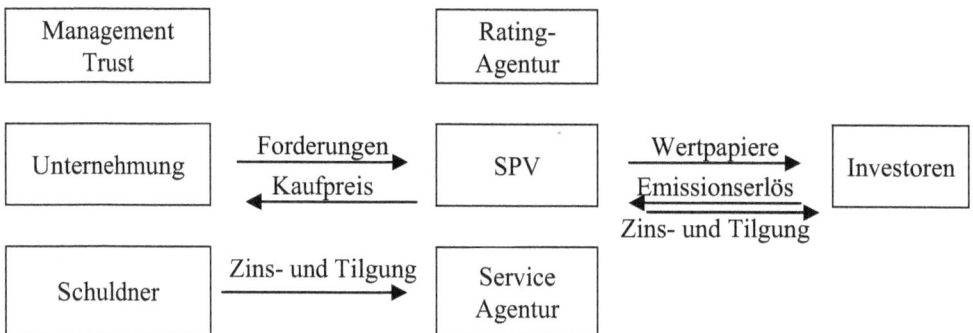

Abbildung 46: Ablauf der Asset-Backes-Securities

Die ursprüngliche Geschäftsbeziehung besteht zwischen der Unternehmung und dem/den Schuldner(n), aus denen die Forderungseinbuchung resultiert. Die Debitorenbuchhaltung übernimmt üblicherweise die Service-Agentur, ebenso die Kreditüberwachung, den Forderungseinzug sowie die Abführung der eingegangenen Zahlungsbeträge an die Unternehmung. Die „Special-Purposes-Vehicle" (SPV) tritt als Käufer der Forderungen auf. Die SPV

---

[328] Siehe Fallstudie 9 und 10.

[329] Vgl. Bigus J. 2000, S. 465.

ist eine konkurssicher ausgestaltete Gesellschaft, bei der der alleinige Gesellschafter eine gemeinnützige Stiftung (Trust) ist. Der Geschäftsgegenstand der SPV besteht ausschließlich im Ankauf der Forderungen und deren Refinanzierung durch Ausgabe der Wertpapiere (Asset-Backed-Securities). Sind die Forderungen an die SPV übergegangen, erhält der Unternehmer im Gegenzug den Kaufpreis (Forderungssumme abzgl. Kosten).

Nun begibt die SPV die ABS an die Investoren (Käufer der ABS) und verteilt den Emissionserlös auf einzelne Wertpapiertranchen. Diese werden von externen Ratingagenturen analysiert und mit einem Rating versehen.

Zahlt der Schuldner nun seine Verbindlichkeiten, geht der Zahlungsstrom über die Service-Agentur und die SPV nach Ablauf der Laufzeit der ABS an die Investoren. Wird der Schuldner zahlungsunfähig oder –unwillig, trägt normalerweise die Unternehmung selbst das Ausfallrisiko. Sie haftet folglich für aufkommende Schäden. Wahlweise trägt das Ausfallrisiko ein externer Sicherungsgeber.

Vergleicht man die beiden Unternehmensfinanzierungsformen der ABS mit dem (echten) Factoring, so kann man sowohl Unterschiede als auch Gemeinsamkeiten erkennen:

Kriterien	ABS	Factoring
Finanzierungsfunktion	vor Fälligkeit der Forderungen fließen dem Unternehmen 80-90% des Forderungsbetrages zu	vor Fälligkeit der Forderungen fließen dem Unternehmen 80-90% des Forderungsbetrages zu
Delkrederefunktion	Das Ausfallrisiko bleibt beim Unternehmen bzw. einem externen Sicherungsgeber	Das Ausfallrisiko geht vom Unternehmen an den Factor über
Dienstleistungsfunktion	Forderungsverwaltung, Debitorenbuchhaltung, Mahn- und Inkassowesen bleiben beim Unternehmen bzw. der Service-Agentur	Forderungsverwaltung, Debitorenbuchhaltung, Mahn- und Inkassowesen werden vom Factor übernommen
Höhe des Forderungsbündels	Aufgrund der hohen ABS-Emissionskosten üblicherweise nicht unter 50 Mio. €	Nicht exakt spezifiziert, jedoch erheblich niedriger als bei ABS
Art der Forderungsabtretung	Keine fortlaufende Übertragung	Typischerweise fortlaufende Übertragung der kurzfristigen Forderungen
Forderungsarten	Forderungen aus Lieferungen und Leistungen, Leasingvereinbarungen, Konsumentenkrediten, Lizenz- und Franchisegeschäften und Kreditkartenforderungen	Üblicherweise nur Forderungen aus Lieferungen und Leistungen

Aufgrund obiger tabellarischer Darstellung wird nochmals deutlich, dass ABS wirklich nur für Großunternehmen in Frage kommt. Deshalb wird nachfolgend bei der praktischen Umsetzung dieser Aspekt des externen Forderungsmanagements nicht mehr berücksichtigt.

5.1.3.2.2   Praktische Umsetzung

Das interne Forderungsmanagement betrachtet als ersten Indikator, der erste Aufschlüsse über die Funktionsfähigkeit der Debitorenbuchhaltung geben soll, das Debitorenziel:

$$\text{Debitorenziel} = \frac{\text{Kundenforderung}}{\text{Monatsumsatz}}$$

In unserem Ausgangsbeispiel ergibt sich durch den stichtagsbezogenen Kundenforderungsbestand in Höhe von 600.000 € und einem jährlichen Umsatzerlös von 2,4 Mio. € ein Debitorenziel von:

$$\text{Debitorenziel} = \frac{600.000}{(2.400.000 / 12)} = 3 \text{ Monate}$$

Wir gewähren somit, rein rechnerisch und stichtagsbezogen betrachtet, unseren Kunden ein durchschnittliches Zahlungsziel von 3 Monaten (90 Tage), was auf den ersten Blick als viel zu hoch erscheint. Nähere Aufschlüsse erhalten wir aber erst, wenn wir die offenen Forderungen einer genaueren Analyse unterziehen.

Kundengruppe	Betrag in €	in %
KG1 = Deutschland	135.000	22,5
KG2 = Benelux	84.500	14,1
KG3 = Frankreich	65.400	10,9
KG4 = Großbritannien	52.100	8,7
KG5 = übriges Westeuropa	73.200	12,2
KG6 = Skandinavien	24.100	4,0
KG7 = Russland	107.300	17,9
KG8 = übriges Osteuropa	58.400	9,7
Summe	**600.000**	**100,0**

Die Forderungsstruktur lässt zunächst einmal erkennen, dass (nach wie vor) etwas mehr als 2/3 des Umsatzes mit Deutschland und Westeuropa gemacht wird, während Skandinavien mit 4% zu vernachlässigen ist. Die vor wenigen Jahren begonnenen Geschäftsbeziehungen mit Osteuropa inklusive Russland bescheren dem Unternehmen mittlerweile einen Umsatzanteil von über 27%. Von dort gehen auch die größten Risiken aus, wie eine Detailbetrachtung zeigt:

| Altersstruktur der Forderungen | | | | | | | | | |
| KG | Nicht fällig | | Fällig seit 1 bis 30 Tagen | | Fällig seit 31 bis 60 Tagen | | Fällig seit über 60 Tagen | | $\sum > 30$ Tage | |
	T€	%	T€	%	T€	%	T€	%	T€	%
1	95,1	15,9	39,9	6,7	0,0	0,0	0,0	0,0	0,0	0,0
2	84,1	14,1	0,0	0,0	0,0	0,0	0,0	0,0	0,0	0,0
3	61,0	10,2	4,4	0,7	0,0	0,0	0,0	0,0	0,0	0,0
4	52,1	8,7	0,0	0,0	0,0	0,0	0,0	0,0	0,0	0,0
5	73,2	12,2	0,0	0,0	0,0	0,0	0,0	0,0	0,0	0,0
6	24,1	4,0	0,0	0,0	0,0	0,0	0,0	0,0	0,0	0,0
7	20,1	3,4	0,0	0,0	87,2	14,5	0,0	0,0	87,2	14,5
8	0,0	0,0	58,4	9,7	0,0	0,0	0,0	0,0	0,0	0,0
$\sum$	410,1	68,4	102,7	17,1	87,2	14,5	0,0	0,0	87,2	14,5

Von den noch ausstehenden Forderungen in Höhe von 600 T€ sind somit 410,1 T€ (68,4%) noch nicht fällig. Nicht fällig bedeutet in diesem Zusammenhang, dass das vereinbarte Kundenziel (Zahlungsziel) noch nicht abgelaufen ist. Beim genaueren Blick in die Vertragsvereinbarungen fällt den Verantwortlichen auf, dass die meisten Kaufverträge mit deutschen und westeuropäischen Kunden eine Zahlungszielvereinbarung von 60 Tagen (rein netto Kasse) haben, während mit Osteuropa (inklusive Russland) sogar 90 Tage vereinbart wurden. D.h., dass aufgrund der obigen Altersstruktur der Forderungen bspw. 6,7% der deutschen Außenstände bereits im ersten Monat überfällig sind oder das bspw. 14,5% der Forderungen an russische Kunden bereits vor über einem Monat hätten bezahlt werden müssen. Somit wurden diese Rechnungen, betrachtet man das mit osteuropäischen Kunden vereinbarte Zahlungsziel von 90 Tagen, bereits vor über 4 Monaten fakturiert!

Den Verantwortlichen wird klar, dass hier bezüglich Zahlungsmodalitäten unbedingt Nachholbedarf i.S.v. kürzeren Zahlungszielvereinbarungen besteht. Kritisch sind die bereits fälligen Außenstände insbesondere deshalb, weil es sich bei den 87,2 T € (Russland) resp. 39,9 T€ (Deutschland) um 3 Großkunden handelt, die zwar in der Vergangenheit immer, wenn auch verspätet, ihre Rechnungen zahlten, die aber wirtschaftlich gesehen als insolvenzgefährdet betrachtet werden müssen.

5.1.3.2.3   Auswirkung auf den EVA

In diesem letzten Schritt unterstellen wir, dass es der Geschäftsleitung gelingt, durch geschickte Verhandlungen die durchschnittlichen Zahlungsziele innerhalb Deutschlands und Westeuropas von 2 auf einen Monat und bei osteuropäischen Kunden von durchschnittlich 3 auf 2 Monate zu reduzierend. Dadurch gelingt es zunächst einmal, den Forderungsbestand zu halbieren (von 600 T€ auf 300 T€). Die freigewordene Liquidität wird genutzt, um die Verbindlichkeiten gegenüber Kreditinstituten abzubauen (von 900 T€ auf 300 T€), was dann eine Verringerung der Zinsaufwendungen zur Folge hat (von 54 T€ auf 36 T€). Jahresabschluss und EVA verändern sich dann c.p. wie folgt:

Bilanz (in Tsd. €)			
Aktiva			**Passiva**
Technische Anlagen	300,0	Eigenkapital (01.01)	487,5
Andere Anlagen	270,0	Bilanzgewinn	41,6
Anlagevermögen	**570,0**	**Eigenkapital (31.12)**	**529,1**
Roh- Hilfs- und Betriebsstoffe	200,0		
Unfertige und fertige Erzeugnisse	100,0	Bankendarlehen	600,0
Vorräte	**300,0**	Verbindlichkeiten LuL	150,0
Forderungen LuL	300,0		
Kasse	109,1		
Umlaufvermögen	**709,1**	**Fremdkapital**	**750,0**
Bilanzsumme	**1.279,1**	**Bilanzsumme**	**1.279,1**

Gewinn- und Verlustrechnung		
	in Tsd. €	**in %**
Umsatzerlös	**2.400,0**	**100,0**
Materialaufwand	600,0	25,0
Personalaufwand	1.500,0	62,5
Abschreibungen	120,0	5,0
Sonstige betriebliche Aufwendungen	80,0	3,3
Betriebliche Aufwendungen	**2.300,0**	**95,8**
Operatives Ergebnis	**100,0**	**4,2**
Steuern vom Einkommen und Ertrag	22,4	0,9
NOPAT	**77,6**	**3,2**
Zinsaufwand	36,0	1,5
Bilanzgewinn	**41,6**	**1,7**

Kennzahl	Wert	Erläuterung
NOPAT	77,6 T€	Umsatzerlös ./. betrieblicher Aufwand ./. Steuern (35% vom Ergebnis nach Zinsen)
Investiertes Kapital (IK)	1.087,5 T€	Eigenkapital (01.01) + verzinsliches Fremdkapital
Kapitalkostensatz (WACC)	8,880 %	Eigenkapitalanteil (44,83%) x Eigenkapitalkostensatz (15%) + verzinslicher Fremdkapitalanteil (55,17%) x Fremdkapitalkostensatz (3,9%)
EVA = NOPAT – IK x WACC = 77,6 – 1.087,5 x 0,0888 = -18,97 T€		

Der EVA hat sich folglich durch die Forderungsreduktion von ursprünglich -24,3 T€ auf -18,97 T€ verbessert. Der Kapitalkostensatz ist gegenüber der Ausgangssituation um 1%-Punkt angestiegen, weil das Eigenkapital im Vergleich zum Fremdkapital einer höheren Verzinsung unterliegt und sich dessen Anteil durch die Reduktion des verzinslichen Fremdkapitals erhöht hat. Bei diesem Beispiel wurde nicht berücksichtigt, dass durch die Forderungsreduktion das Risiko der Eigenkapitalgeber vermindert wird. Hätte man auch diesen Effekt berücksichtigt, würde eine weitere Verbesserung des EVA eintreten.

Eine Forderungsreduktion hätte man bspw. auch durch Factoring, also durch den Verkauf von Forderungen erzielen können. Dieses Instrument scheidet allerdings bei einigen Branchen (z.B. Baubranche) aufgrund der schlechten Zahlungsmoral der Kunden bzw. der daraus resultierenden hohen Gebühren aus.

5.1.3.3 Lageroptimierung

5.1.3.3.1 Was ist bzw. wie funktioniert Lageroptimierung

Lagerbestände repräsentieren den physischen Bestand des Umlaufvermögens und müssen grundsätzlich vorfinanziert werden. Je nach Branche und/oder Unternehmenssparte sind somit die Roh-, Hilfs- und Betriebsstoffe sowie Halbfertig- und Fertigfabrikate bei Industriebetrieben und die Warenlager der Handelsunternehmen vorzufinanzieren. Im Zuge der Lageroptimierung geht es deshalb um die Minimierung aller Kosten, die mit der Beschaffung und Bereitstellung von Materialen (des Umlaufvermögens) verbunden sind. Zu diesen Kosten gehören:

- die unmittelbaren Beschaffungskosten (bspw. die Materialeinkaufspreise)
- die mittelbaren Beschaffungskosten (bspw. die Transportkosten) und die
- Lagerkosten, auch Kosten der Vorfinanzierung genannt (bspw. die Zinskosten für die Lagerhaltung).

Die Lagerkosten, hervorgerufen durch das im Lager (durchschnittlich) gebundene Kapital, lassen sich senken, wenn möglichst oft sehr kleine Mengen bestellt werden, wenn also möglichst immer produktions- bzw. nachfragegerecht angeliefert wird (just in time). In diesen Fällen ist der durchschnittliche Lagerbestand gering und damit die Kosten der Vorfinanzierung ebenfalls überschaubar.[330]

Die Kosten der unmittelbaren und mittelbaren Beschaffung, also die Kosten der physischen Anlieferung, wiederum sinken, wenn möglichst selten bestellt wird. Das wiederum bedeutet das Ordern von großen Mengen, was aber die Lagerkosten ansteigen lässt.

Diesen Zielkonflikt gilt es im Zuge der Lageroptimierung zu lösen. Gesucht wird also ein ökonomisch orientierter Kompromiss zwischen möglichst niedrigen Beschaffungskosten verbunden mit einer gesicherten Verfügbarkeit der Verbrauchsgüter im Bedarfszeitpunkt bei gleichzeitig möglichst geringer Kapitalbindung, d.h. niedrigen Lagerhaltungskosten.

Die Lageroptimierung ist das Ergebnis eines sehr komplexen Vorganges, der grundsätzlich aus mehreren Schritten besteht, die nachfolgend strukturiert und diskutiert werden sollen:

1. Schritt: Die Materialbedarfsermittlung

2. Schritt: Die Materialklassifizierung

3. Schritt: Die Lagerplanung

zu Schritt 1: Die Materialbedarfsermittlung

Im Zuge der Materialbedarfsermittlung wird errechnet, welche Materialen in welchen Mengen für die Produktion benötigt werden (industrielle Fertigung) bzw. welche Waren zum Wiederverkauf beschafft werden müssen (Handel).[331]

Dabei werden die programmgebundene und die verbrauchsgebundene Materialbedarfsermittlung unterschieden.

Die **programmgebundene** Materialbedarfsermittlung ist dann möglich, wenn die Produktion nach vorherbestimmbaren gesetzesmäßigen Relationen abläuft. Werden beispielsweise Glühbirnen produziert, kann man anhand von Stücklisten die genauen Bestandteile wie Glaskolben, Sockel, Glühdrähte etc. ermitteln und demzufolge anhand der Auftragseingänge die Materialbestellungen vornehmen.

Bestehen keine exakten Beziehungen zwischen Input- und Outputgrößen, erfolgt die Materialbedarfsermittlung **verbrauchsgebunden**. Werden bspw. die obigen Glühlampen mit Gas gefüllt, ist die Menge pro Ausbringungseinheit nicht exakt vorhersehbar. Die Materialbedarfsermittlung ergibt sich dann aufgrund von Erfahrungswerten und beruht damit sehr stark auf vergangenheitsbezogenen Größen.

---

[330] Vgl. Coenenberg A./Salfeld R., 2007, S. 172.

[331] Im weiteren Verlauf der Diskussion wird nicht mehr zwischen Produktions- und Handelsunternehmen unterschieden, da es für die betriebswirtschaftliche Lageroptimierung irrelevant ist.

Verallgemeinernd kann gesagt werden, dass der so genannten **Sekundärbedarf** (Rohstoffe im Rahmen der industriellen Fertigung oder Waren im Rahmen des Handels) eher programmgebunden und der **Tertiärbedarf** (Hilfs- und Betriebsstoffe) eher verbrauchsgebunden ermittelt wird.[332]

Aus dem bisher gesagten wird deutlich, dass die programmgebundene Materialbedarfsermittlung einen hohen Planungsaufwand und damit hohe Planungskosten beinhaltet. Demgegenüber sind bei der verbrauchsorientierten Bedarfsermittlung die Planungskosten gering, jedoch aufgrund der Unwägbarkeiten beim Materialverbrauch die zu haltenden Sicherheitsreserven im Lager tendenziell hoch. Hohe Sicherheitsreserven bedeuten aber höhere Materialvorratsbestände, vermehrten Lagerplatzbedarf und damit höhere Lagerkosten. Vor allem aber bedeuten sie höhere Finanzierungskosten, weil das im Lager gebundene Kapital „totes Kapital" ist, das kalkulatorisch gesehen verzinst werden muss.

Zu Schritt 2: Die Materialklassifizierung

Mit der **ABC-Analyse** steht ein Instrumentarium zur Verfügung, mit dessen Hilfe dem oben dargestellten Dilemma begegnet werden kann. Dabei werden die Materialen in A-Güter, B-Güter und C-Güter eingeteilt.

A-Güter repräsentieren Materialien mit hohem Wert- aber niedrigem Mengenanteil, C-Güter verkörpern Materialien mit hohem Mengen- aber niedrigen Wertanteil und die B-Güter siedeln sich dazwischen an.

Ob eine Materialart zu den A-, B- oder C-Güter gehört, ist unternehmensspezifisch festzulegen. Die nachfolgende Struktur kann dabei als Richtwerttabelle betrachtet werden:

Materialart	Wertanteil in %	Mengenanteil in %
A-Güter	ca. 75%	ca. 5%
B-Güter	ca. 20%	ca. 20%
C-Güter	ca. 5%	ca. 75%

Es wird also eine Tabelle angelegt, in der alle Materialen dem Einkaufswert nach in eine absteigende Reihenfolge gebracht werden. An erster Stelle steht folglich die Materialart mit dem größten Gesamtwert (pro Periode/Jahr), an der zweiten Stelle die Materialart mit dem zweitgrößten Gesamtwert etc. I.d.R. zeigt sich dann, dass kumuliert betrachtet 70-80% des Materialwertes lediglich 5-10% des gesamten Mengenanteils ausmachen. Diese Güter sind die A-Güter. Die letzten 5-10% des kumulierten Gesamtwertes aber machen 70-80% des mengenmäßigen Bestandes aus und repräsentieren die C-Güter. Das folgende Beispiel soll das Zustandekommen verdeutlichen:

---

[332] Vgl. auch Guserl R., 2004, S. 238ff.

	Wert			Menge		Güter
Material	in T €	in %	kumuliert in %	in %	kumuliert in %	
M1	2.000	40,0	40,0	2,0	2,0	
M2	1.000	20,0	60,0	2,0	4,0	A
M3	750	15,0	75,0	1,0	5,0	
M4	400	8,0	83,0	3,0	8,0	
M5	300	6,0	89,0	4,0	12,0	
M6	180	3,6	92,6	6,0	18,0	B
M7	120	2,4	95,0	7,0	25,0	
M8	100	2,0	97,0	20,0	45,0	
M9	80	1,6	98,6	25,0	70,0	C
M10	70	1,4	100,0	30,0	100,0	
	5.000	100		100		

Die ersten 3 Materialen (M1 bis M3) machen somit 75% des kumulierten Gesamtumsatzes, aber lediglich 5% des Mengenvolumens aus und symbolisieren die A-Güter.

Die nächsten 4 Materialen (M4 bis M7) verkörpern sowohl 20% des Einkaufspreises als auch der Einkaufsmengen und gehören zur Klasse der B-Güter.

Die letzten 3 Materialien (M8 bis M10) ergeben kumuliert nur 5% des Gesamteinkaufwertes, aber 75% der Menge und stellen die C-Güter dar.

Diese Einteilung in A, B und C-Kategorien hat gravierende Auswirkungen auf die Material-disposition:

- Die **A-Güter** werden generell **programmgesteuert**, d.h. **bedarfsorientiert** beschafft. D.h., in diesem Bereich ist bei der Lieferantenauswahl und der Materialdisposition größ-ter Wert auf Liefer- und Termintreue zu legen. Die Materialien müssen durch den/die Lieferanten „just in time" beschafft werden können.
- **C-Güter** sind generell **verbrauchsgesteuert** zu ordern. Hier erfolgt die Bestellung auf-grund von verbrauchsgebundenen Bedarfsplänen, in die verschiedene Parameter wie Jah-resbedarf, Preis/Mengeneinheit, Lagerkosten etc. eingehen.[333]
- Die Behandlung der **B-Güter** ist abhängig von der Bedeutung und kann **bedarfs-**, aber auch **verbrauchsgesteuert** sein.

Da die **A-Güter** sehr hochwertige Materialien darstellen, ist eine Reihe von Aktivitäten erforderlich, um den Anforderungen der Lageroptimierung gerecht zu werden:

---

[333] Siehe hierzu den nächsten Punkt der Lagerplanung.

- Genaue Preisanalysen verbunden mit mehreren Angebotseinholungen und härteren Preisverhandlungen.
- Sorgfältige Lieferantenauswahl nach den Kriterien der Liefertreue, Flexibilität und Zuverlässigkeit.
- Exakte **Bestandführung**/-kontrolle verbunden mit einer gründlichen **Bestellvorbereitung** und genauen **Materialdispositionen.**
- Kleine Abrufmengen nach dem **just in time**-Prinzip.

Wegen der großen Stückzahlen und des geringen Wertes bei den **C-Güter** liegt hier der Schwerpunkt im Zuge der Lageroptimierung bei der Kostensenkung für die Bestellung und Lagerhaltung. Die Lageroptimierung führt hier zu folgenden Maßnahmen:

- **Vereinfachte Bestellabwicklung** in Verbindung mit „großen" Bestellmengen, monatlichen Abrechnungen und vereinfachter Lagerbuchführung (Abbuchung des Monatsbedarfs).
- Festlegung eines tendenziell **hohen Sicherheitsbestandes.**[334]

Zu <u>Schritt 3</u>: Die Lagerplanung

Wurde im 2. Schritt festgelegt, dass die A- (und stellenweise) die B-Güter bedarfsgenau bestellt werden, hier also geringe Lagerkapazitäten vorgehalten werden müssen, geht es nun im Zuge der primären Lagerplanung um die **Einlagerung der C-Güter** und damit um die Fragestellung, wie diese kostenoptimal erfolgen kann.

Bereits erwähnt wurde, dass mit steigender Bestellmenge die Zahl der Beschaffungsvorgänge/Jahr sinkt, so dass die bestellfixen Kosten ebenfalls abnehmen. Gleichzeitig können Mengenrabatte positiv auf die Kosten wirken. Allerdings bewirken steigende Bestellmengen auch eine Erhöhung des durchschnittlichen Lagerbestandes, so dass die Lagerkosten ansteigen.

Diesem Zielkonflikt wird in Theorie und Praxis dadurch Rechnung getragen, in dem die so genannte „optimale" Bestellmenge berechnet wird. Dabei handelt es sich um die immer wiederkehrende Bestellmenge, die die durchschnittlichen Gesamtkosten minimieren soll.

Zu Berechnung der optimalen Bestellmenge wird folgende Notation eingeführt:[335]

---

[334] Siehe Fallstudie 11.

[335] Vgl. bspw. Kralicek P., 2001, S. 451ff.

Abkürzung	Bedeutung
B =	Jahresbedarf
p =	Preis/Mengeneinheit
K_f =	Bestellfixe Kosten
i =	Zinskostensatz/Jahr in % des Materialwertes
l =	Lagerkostensatz/Jahr in % des Materialwertes
q =	(i + l)
K =	Gesamtkosten/Jahr der Beschaffung
x =	Bestellmenge
x_{opt} =	Optimale Bestellmenge

Die Gesamtkosten setzen sich additiv wie folgt zusammen:

$$K = B * p + \frac{K_f}{x} * B + \frac{x * p}{2} * q$$

Dabei symbolisiert das erste Produkt die unmittelbaren Beschaffungskosten, das zweite Produkt die mittelbaren Beschaffungskosten/Jahr und der letzte Ausdruck die jährlichen durchschnittliche Lagerkosten.

Aus der Gleichung lässt sich das Kostenminimum durch Ableitung der Kosten nach der Bestellmenge ermitteln. Durch Nullsetzen und Auflösung nach der Bestellmenge ergibt sich dann die **optimale Bestellmenge m_{opt}**:

$$\frac{\delta K}{\delta x} = -\frac{B * K_f}{x^2} + \frac{p * q}{2} = 0 \quad \text{(erste Ableitung der Kostenfunktion)}$$

Es folgt:

$$x_{opt} = \sqrt{\frac{2 * B * K_f}{p * q}}$$

Graphisch gesehen ergibt sich dieser Zusammenhang aus dem Zusammenspiel der mit zunehmenden Losgrößen sinkenden Bestellkosten und steigenden Lagerkosten:

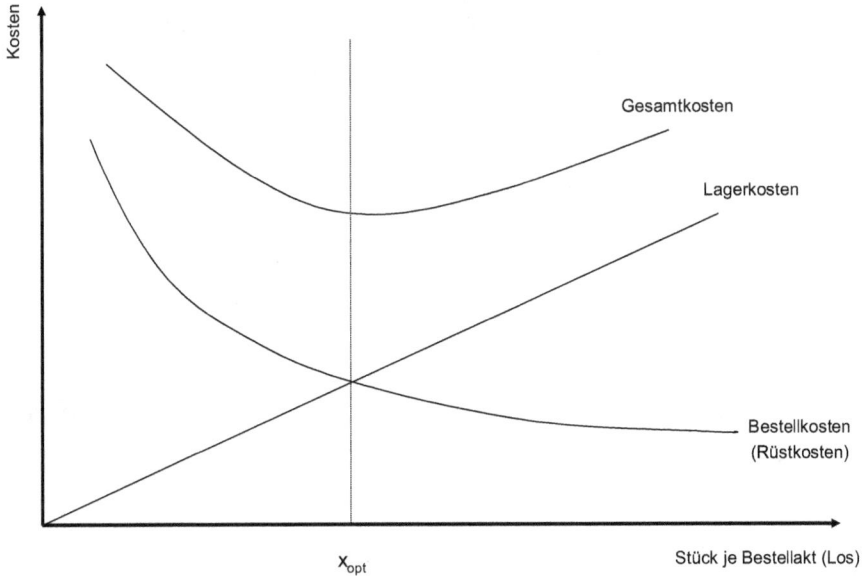

Abbildung 47: Die optimale Bestellmenge

Beispiel: Der Jahresbedarf der C-Güter eines Betriebes sei 25.000 Stück, der Material-preis/Einheit liegt bei 100,- €. Die bestellfixen Kosten betrugen in der Vergangenheit 800,- €. Die Zinskosten liegen bei 6% und die Lagerkosten bei 4%.

Die optimale Bestellmenge ergibt sich dann wie folgt:

$$x_{opt} = \sqrt{\frac{2 * 25.000 * 800}{100 * 0,1}} = 2.000 \text{ Stück}$$

Das diese Stückzahl tatsächlich zu den minimalen Gesamtkosten führt, soll folgende Über-sicht verdeutlichen, die aus obiger Kostenfunktion

$$K = B * p + \frac{K_f}{x} * B + \frac{x * p}{2} * q$$

abgeleitet wurde:

Bestellmenge (x)	Beschaffungskosten (B*p)	Mittelbare Be-schaffungskosten (K_f*B/x)	Lagerkosten (x*p*q/2)	Gesamtkosten (K)
1.000	2.500.000,00	20.000,00	5.000,00	2.525.000,00
1.500	2.500.000,00	13.333,33	7.500,00	2.520.833,33
1.995	2.500.000,00	10.025,06	9.975,00	2.520.000,06
2.000	2.500.000,00	10.000,00	10.000,00	**2.520.000,00**
2.005	2.500.000,00	9.975,06	10.025,00	2.520.000,06
2.500	2.500.000,00	8.000,00	12.500,00	2.520.500,00
3.000	2.500.000,00	6.666,67	15.000,00	2.521.666,67

Das Beispiel zeigt, dass bei einer Bestellmenge von 2.000 Stück die niedrigsten Gesamtkosten in Höhe von 2.520.000,- € entstanden sind. Es handelt sich also tatsächlich um die gesamtkostenminimierende Bestellmenge.

Bei der Bestimmung der optimalen Bestellmenge handelt es sich um das **Grundmodell** der Lageroptimierung. Es hat eine Reihe von vereinfachenden Annahmen und kann nun beliebig um realistischere Annahmen ergänzt bzw. ersetzt werden. Das Grundmodell geht u.a. von folgenden Annahmen aus:

- Der Jahresbedarf ist bekannt.
- Die Beschaffungsgeschwindigkeit ist unendlich groß, d.h. unmittelbar nach der Bestellung ist die Ware am Lager.
- Der Lagerabgang erfolgt kontinuierlich, es wird also von Beschäftigungsschwankungen, bspw. hervorgerufen durch saisonale Nachfrageschwankungen abgesehen.
- Der Preis der Produkte ist gleich, also auch unabhängig von der Höhe der Bestellmenge (Mengenrabatte).
- Die bestellfixen Kosten sind unabhängig von der Höhe der Bestellmenge.
- Es gibt keine Mindestabnahmemenge seitens des Lieferanten.
- Von Lagerraumrestriktionen wird abstrahiert.

Insbesondere bei der Annahme der gleich bleibenden Preise und der unendlichen Beschaffungsgeschwindigkeit gibt es eine Reihe von Modellmodifikationen, auf die hier aber nicht weiter eingegangen werden soll.[336]

Anzumerken bleibt allerdings, dass im Rahmen der Lageroptimierung in der Praxis von einem **Sicherheitslagerbestand** (auch häufig als Mindestbestand oder „eiserne" Reserve

---

[336] Vgl. bspw. Kralicek P., 2001, S. 241ff.

bezeichnet) ausgegangen werden muss, der auf jeden Fall vorzuhalten ist, um die jederzeitige Produktionsbereitschaft zu gewährleisten.

Für die Höhe des Sicherheitslagerbestandes zeichnen mindestens die folgenden beiden Parameter verantwortlich, nämlich:

- die Länge der Wiederbeschaffungszeit und
- die Schwankungen in der Kundennachfrage.

Durch die Definition eines Sicherheitsbestandes haben wir auch gleichzeitig den Bestellzeitpunkt festgelegt. Ist nämlich dieser Sicherheitsbestand erreicht, wird automatisch die nächste Bestellung ausgelöst.[337]

5.1.3.3.2   Praktische Umsetzung

Die Bilanz der Ausgangssituation zeigt zum Bilanzstichtag 300 T€ im Vorratsbestand, während die Gewinn- und Verlustrechnung einen Jahresmaterialeinsatz von 600 T€ auswies.

Die Geschäftsleitung erstellt nun eine ABC-Analyse zu den verbrauchten Materialien des abgelaufenen Jahres, um einen Überblick über die erforderlichen Maßnahmen zur möglichen Reduzierung des eingesetzten Kapitals zu erhalten. Es ergibt sich folgende Struktur:

Material	Wert in T €	Wert in %	Wert kumuliert in %	Menge in %	Menge kumuliert in %	Güter
M1	228	38,0	38,0	3,0	3,0	
M2	108	18,0	56,0	2,0	5,0	A
M3	72	12,0	68,0	1,0	6,0	A
M4	60	10,0	78,0	2,0	8,0	
M5	30	5,0	83,0	4,0	12,0	
M6	30	5,0	88,0	4,0	16,0	B
M7	24	4,0	92,0	6,0	22,0	
M8	24	4,0	96,0	7,0	29,0	
M9 bis M25	24	4,0	100,0	71,0	100,0	C
	600	100		100		

---

[337] Siehe Fallstudie 12.

Die Analyse ergab, dass die kostenintensivsten 4 Materialen 78% des gesamten Material-aufwandes ausmachten (A-Güter), während eine Vielzahl von Materialien (M9 bis M25) lediglich für 4% des wertmäßigen Bestandes, aber für 71% des mengenmäßigen Bestandes verantwortlich zeichneten (C-Güter). Bei insgesamt 4 Materialen (M5 bis M8) hielten sich wert- und mengenmäßiger Bestand (18% in Relation zu 21%) in etwa die Waage (B-Güter).

Bezogen auf den bilanzierten Vorratsbestand in Höhe von 300 T€ ergab sich eine ganz ähnliche Relation.

Material	Wert			Menge		Güter
	in T €	in %	kumuliert in %	in %	kumuliert in %	·
M1 bis M4	219	73,0	73,0	4,0	4,0	A
M5 bis M8	63	21,0	94,0	19,0	23,0	B
M9 bis M25	18	6,0	100,0	77,0	100,0	C
	300	100		100		

Für die Geschäftsleitung wurde klar, dass hier eindeutig Handlungsbedarf besteht. So muss auf der einen Seite durch gezielte Verhandlungen mit den Lieferanten der A-Güterbestand aufgrund des hohen Wertbeitrages (der hohen Kapitalbindung) drastisch reduziert werden. Zum anderen muss der Lagerbestand an C-Güter mengenmäßig durch das Verfahren der optimalen Losgrößenbestimmung zurückgefahren und damit Lagerkosten eingespart werden.

Auch die Lagerkennzahlen lassen diesen Rückschluss zu. So beträgt der stichtagsbezogene Vorratsbestand (300 T€) die Hälfte des gesamten Materialverbrauchs des Jahres (600 T€). Diese Relation ist nicht tragbar. „Gute" Werte liefern hier einen Vorratsbestand von 1 bis max. 2 Monatsumsätze, was im hier vorliegenden Falle einen Vorratsbestand von 50 T€ bis maximal 100 T€ bedeuten würde.

Wir gehen nun davon aus, dass es den Verantwortlichen gelingt, die Vorratsbestände einmal wertmäßig durch Installation des just-in-time Prinzips bei den A-Gütern, also auch mengenmäßig durch Einführung der lageroptimierenden Bestellmengen bei den C-Gütern zu reduzieren.

Der Vorratsbestand sollte dann ohne größere Schwierigkeiten von 300 T€ auf 100 T€ gesenkt werden können. Demzufolge sind Reduktionen der finanziellen Mittel (Eigen- und oder Fremdkapital) möglich. Wir gehen einmal von einer Reduktion des Eigenkapitals um

200 T€ aus. Insgesamt hat sich die Bilanzsumme auf 1.367,4 T€ und die Eigenkapitalquote auf etwas mehr als 20% verkürzt, was als noch akzeptabel angesehen werden kann.

5.1.3.3.3   Auswirkung auf den EVA

Die oben beschriebenen Maßnahmen verändern das Aussehen der Bilanz wie folgt:

Bilanz (in Tsd. €)			
Aktiva			**Passiva**
Technische Anlagen	300,0	Eigenkapital (01.01)	287,5
Andere Anlagen	270,0	Bilanzgewinn	29,9
Anlagevermögen	**570,0**	**Eigenkapital (31.12)**	**317,4**
Roh- Hilfs- und Betriebsstoffe	100,0		
Unfertige und fertige Erzeugnisse		Bankendarlehen	900,0
Vorräte	**100,0**	Verbindlichkeiten LuL	150,0
Forderungen LuL	600,0		
Kasse	97,4		
Umlaufvermögen	**797,4**	**Fremdkapital**	**1.050,0**
Bilanzsumme	**1.367,4**	**Bilanzsumme**	**1.367,4**

Bei der Gewinn- und Verlustrechnung wird von Veränderungen einmal abgesehen, obgleich die Lagerreduktion auch die Lagerkosten und damit die Position der sonstigen betrieblichen Aufwendungen verändern dürfte. Aber alleine die Lageroptimierung, verbunden mit nun niedrigerem Eigenkapital und –kosten verändert positiv den EVA:

Kennzahl	Wert	Erläuterung
NOPAT	83,9 T€	Umsatzerlös ./. betrieblicher Aufwand ./. Steuern (35% vom Ergebnis nach Zinsen)
Investiertes Kapital (IK)	1.187,5 T€	Eigenkapital (01.01) + verzinsliches Fremdkapital
Kapitalkostensatz (WACC)	6,59 %	Eigenkapitalanteil (24,21%) x Eigenkapitalkostensatz (15%) + verzinslicher Fremdkapitalanteil (75,79%) x Fremdkapitalkostensatz (3,9%)
EVA = NOPAT – IK x WACC = 83,9 – 1.187,5 x 0,0659 = 5,64 T€		

Der EVA hat sich folglich durch die Vorratsreduktion von ursprünglich -24,3 T € auf 5,64 T€ verbessert. Diese Verbesserung ist allerdings ganz wesentlich das Ergebnis der gleichzeitigen Eigenkapitalentnahme, was neben dem investierten Kapital gleichzeitig den Eigenkapitalanteil und damit die gesamten Kapitalkosten gegenüber der Ausgangssituation deutlich reduziert hat. Wäre die Kapitalverkürzung bspw. ausschließlich beim Fremdkapital erfolgt, wäre die Verbesserung des EVA deutlich niedriger ausgefallen.

5.1.4   Reduzierung der Kapitalkosten

5.1.4.1   Optimierung der Kapitalstruktur

5.1.4.1.1   Was ist bzw. wie funktioniert die Kapitalstrukturoptimierung

Spätestens seit dem Beitrag von Miller und Modigliani im Jahre 1958 wird in wirtschaftswissenschaftlichen Beiträgen, aber auch in der Praxis, immer wieder die Frage aufgeworfen, ob man das „ideale" Verhältnis zwischen dem in der Unternehmung arbeitenden Fremd- zu Eigenkapital angeben kann.[338] Bei dieser Frage nach der Optimierung der Kapitalstruktur werden immer wieder Antworten gesucht bezüglich:

- des kostenminimierenden
- des rentabilitätsmaximierenden
- des liquiditätssichernden bzw.
- des risikominimierenden

Verschuldungsgrades. Deshalb sollen nun diese Ansätze genannt und diskutiert werden.

Oberstes Ziel im Rahmen der Kapitalstrukturoptimierung	Ansatz
Kostenminimierung	Trade-off-Theorie: Gesucht ist das Verhältnis zwischen Fremd- und Eigenkapital, mit dem die gewogenen Kapitalkosten minimiert werden können.
Rentabilitätsmaximierung	Leverage: Gesucht wird der „optimale" Verschuldungsgrad, der die Verzinsung des eingesetzten Eigenkapitals maximiert.
Liquiditätssicherung	Goldene Bilanzregel: Anlagevermögen ist durch langfristiges Kapital zu finanzieren, damit das Umlaufvermögen ausreicht, das kurzfristige Fremdkapital bedienen zu können.
Risikominimierung	Vertikale Bilanzregel: Das Eigenkapital sollte zur Krisensicherung das Fremdkapital übersteigen.

---

[338] In ihrem Beitrag behaupten Miller/Modigliani, dass die Wahl der Kapitalstruktur irrelevant sei. Dabei gehen beide jedoch von sehr vereinfachten Bedingungen aus. Ersetzt man deren sehr stringente Annahmen nämlich durch praxisnähere Modelle, so ist die Wahl des Verschuldungsgrades (also das Verhältnis von Fremd- zu Eigenkapital) sehr wohl eine wichtige unternehmenspolitische Größe. Vgl. Modigliani F./Miller M., 1958, S. 261 – 297.

1. Ansatz: Kostenminimierung

Gemäß der Trade-off-Theorie liegt die optimale Kapitalstruktur dort, wo die Kapitalkosten, verstanden als Verhältnis von gewichteten Eigenkapital- und Fremdkapitalkosten ihr Minimum erreichen.

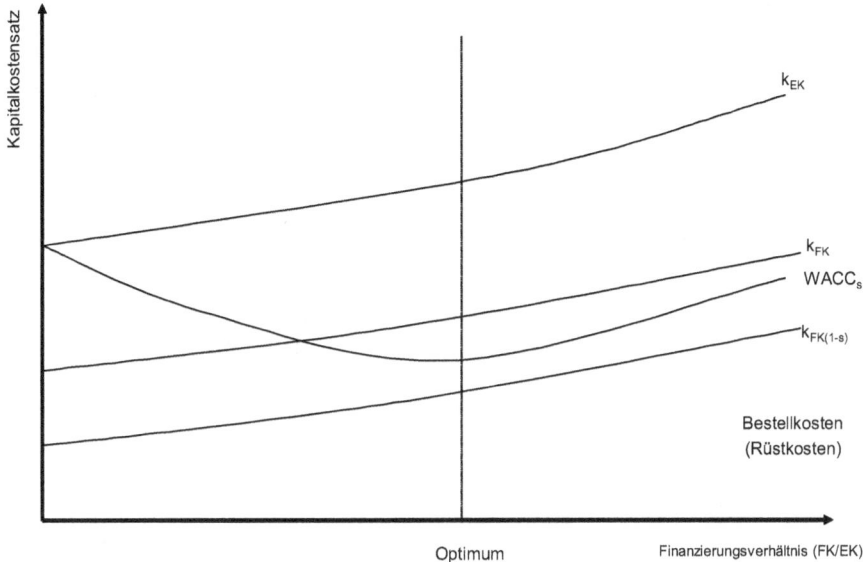

Abbildung 48: Die optimale Kapitalstruktur

Obige Abbildung zeigt die alternativen Kapitalkostenverläufe. Danach steigen mit wachsendem Verschuldungsgrad (FK/EK) sowohl der Eigenkapitalkostensatz (k_{EK}) als auch der Fremdkapitalkostensatz (k_{FK}). Der Anstieg des Eigenkapitalkostensatzes steht insbesondere mit dem steigenden Risiko in Verbindung, dass die Eigenkapitalgeber mit zunehmender Verschuldung eingehen. Der Anstieg des Fremdkapitalkostensatzes ergibt sich aus der bei steigender Verschuldung ebenfalls steigenden Konkurswahrscheinlichkeit. Dabei ist jedoch nicht der Bruttowert des Fremdkapitalkostensatzes zu berücksichtigen, sondern der aufgrund der steuerlichen Abzugsfähigkeit der Fremdkapitalzinsen reduzierte Nettowert $k_{FK}(1-s)$. Kombiniert man nun beide Kapitalkostensätze durch Gewichtung mit den jeweiligen Kapitalanteilen miteinander (=WACC; Weighted Average Cost of Capital), so überwiegt zunächst mit steigendem Verschuldungsgrad der Steuerspareffekt der Verschuldung. In diesem Bereich sinken somit die durchschnittlichen Kapitalkosten. Schließlich erreichen diese ihr Minimum und steigen dann infolge der stärker ins Gewicht fallenden Konkurswahrscheinlichkeiten wieder an. Es ergibt sich somit ein „mittlerer" Verschuldungsgrad, bei dem die Kapitalkosten minimiert werden können. Empirisch liegt dieser „optimale" Verschuldungsgrad zwischen 1,2 und 1,5, d.h. die Unternehmen sind zu etwa 55 bis 60% fremdfinanziert.[339]

2. Ansatz: Rentabilitätsmaximierung

Dieser Ansatz wird auch diskutiert unter dem Namen Leverage-Effekt bzw. Leverage-Hebel. Gesucht wird hiernach derjenige Verschuldungsgrad, der die Eigenkapitalrentabilität maximiert.

Dabei beschreibt der Leverage-Effekt eine Beziehung im Sinne einer Hebelwirkung zwischen Eigenkapital- und Gesamtkapitalrentabilität und gibt an, wie sich die Eigenkapitalrentabilität bei Änderung des Verschuldungsgrades, auch Fremdkapitalquote genannt und/oder des Fremdkapitalzinssatzes verändert.

Die Hebelwirkung des Leverage-Effektes wird bestimmt durch die Höhe von Fremdkapitalzinssatz und Gesamtkapitalrentabilität (auch Investitionsrendite):

- Ist der Fremdkapitalzinssatz niedriger als die Gesamtkapitalrentabilität, so steigt die Eigenkapitalrentabilität bei Zuführung von Fremdkapital (also mit Erhöhung des Verschuldungsgrades) = positiver Leverage-Effekt.
- Ist hingegen der Fremdkapitalzinssatz höher als die Gesamtkapitalrentabilität, so bewirkt eine Erhöhung des Verschuldungsgrades nun eine Verschlechterung der Eigenkapitalrentabilität = negativer Leverage-Effekt.

Um die Funktionsweise des Leverage-Effektes zu verstehen, soll zunächst folgende Notation eingeführt werden:

Kürzel	Bezeichnung
GK	Gesamtkapital
EK	Eigenkapital
FK	Fremdkapital
GKR	Gesamtkapitalrentabilität
EKR	Eigenkapitalrentabilität
G_{br}	Bruttogewinn
G_n	Nettogewinn
i_f	Fremdkapitalzinssatz

Betrachten wir zunächst die Gesamtkapitalrentabilität, die ja definiert ist als:

$$(1)\ GKR = \frac{G_{br}}{GK}$$

---

[339] Vgl. hierzu bspw. Suter A./Volkart P., 2006, S. 627 bis 633.

wobei der Bruttogewinn als Gewinn inkl. der Fremdkapitalzinsen zu verstehen ist. Durch auflösen nach dem Bruttogewinn wird aus (1)

(1a) $G_{br} = GK * GKR$

Da das Gesamtkapital nichts anderes ist als die Summe von Eigen- und Fremdkapital, wird aus (1a)

(2) $G_{br} = (EK + FK) * GKR$ bzw.

(2a) $G_{br} = EK * GKR + FK * GKR$

Den Bruttogewinn verkürzt um die Fremdkapitalzinsen ergibt den Nettogewinn:

(3) $G_n = EK * GKR + FK * GKR - FK * i_f$

Bezieht man den Nettogewinn auf das eingesetzte Eigenkapital, erhält man die Eigenkapitalrentabilität:

(4) $EKR = \dfrac{G_n}{EK} = \dfrac{EK * GKR + FK * (GKR - i_f)}{EK}$

und damit letztlich:

(5) $EKR = GKR + \dfrac{FK}{EK} * (GKR - i_f)$

Aus Gleichung (5) wird deutlich:

- Bei einer positiven Differenz von Gesamtkapitalrentabilität und Fremdkapitalzinssatz ($GKR > i_f$) bewirkt eine Erhöhung des Verschuldungsgrades, also der Relation von Fremd- zu Eigenkapital eine Erhöhung der Eigenkapitalrentabilität = positiver Leverage-Effekt.
- Übersteigt der Fremdkapitalszinssatz hingegen die Gesamtkapitalrentabilität ($GKR < i_f$), bewirkt eine Erhöhung des Verschuldungsgrades eine Verschlechterung der Eigenkapitalrentabilität = negativer Leverage-Effekt.
- Somit bleibt zunächst einmal festzuhalten, dass eine Unternehmung – aus Überlegungen bzgl. der Maximierung der Eigenkapitalrentabilität heraus – in der Konstellation $GKR > i_f$ eine möglichst hohe Verschuldung eingehen und bei der umgekehrten Konstellation $GKR < i_f$ möglichst viel Eigenkapital besitzen sollte.

Das nachstehende Beispiel soll die Problematik verdeutlichen:

GKR FK/EK	GKR = 15% $i_f = 10\%$	GKR = 10% $i_f = 10\%$	GKR = 7% $i_f = 10\%$
1:1	EKR = 20%	EKR = 10%	EKR = 4%
2:1	EKR = 25%	EKR = 10%	EKR = 1%
3:1	EKR = 30%	EKR = 10%	EKR = -2%
4:1	EKR = 35%	EKR = 10%	EKR = -5%
	Positiver Leverage	Neutraler Leverage	Negativer Leverage

Abbildung 49: Der Leverage-Effekt

Im Falle des positiven Leverage-Effektes steigt mit zunehmendem Verschuldungsgrad zuletzt bei einer Fremd- zu Eigenkapitalrelation von 4:1 die Eigenkapitalrentabilität auf 35%.

Sind Gesamtkapitalrentabilität und Fremdkapitalzinssatz identisch (hier jeweils 10%), so hat die Veränderung des Verschuldungsgrades keinerlei Auswirkungen auf die Verzinsung des eingesetzten Eigenkapitals, es ist also weder ein positiver noch negativer Effekt feststellbar.

Übersteigt der Fremdkapitalzinssatz die Gesamtkapitalrentabilität, so bewirkt jetzt eine steigende Verschuldung eine sich ständig verschlechternde Eigenkapitalrentabilität. Die negative Hebelwirkung verursacht am Ende bei einem Verschuldungsgrad von 4:1 eine negative Eigenkapitalrentabilität von -5%.[340]

3. Ansatz: Liquiditätssicherung

Im Sinne des Ziels der Liquiditätssicherung ist diejenige Kapitalstruktur optimal, bei der langfristig investiertes (Anlage)Vermögen durch langfristige Finanzquellen abgesichert sind, so dass im Umkehrschluss das Umlaufvermögen die kurzfristigen Schulden überlagert.

Dieser Sachverhalt soll anhand der beiden nachfolgenden Bilanzstrukturen verdeutlicht werden.

---

[340] Siehe Fallstudie 13.

Bilanzstruktur 1 (der positive Fall):

Aktiva	Passiva
Anlagevermögen	Eigenkapital
	Langfristiges Fremdkapital
Umlaufvermögen	Kurzfristiges Fremdkapital

Abbildung 50: Bilanzstruktur bei Erfüllung der „goldenen" Bilanzregel

In obiger Bilanz übersteigt die Summe aus Eigenkapital und langfristigem Fremdkapital das Anlagevermögen, der Anlagendeckungsgrad B, verstanden als Quotient von Eigenkapital und langfristigem Fremdkapital zu Anlagevermögen, ist also größer als 100%. Dies bewirkt gleichzeitig aufgrund der Gleichheit von Aktiva und Passiva, dass das so genannte Working Capital, verstanden als Differenz zwischen Umlaufvermögen und kurzfristigem Fremdkapital, positiv ist, das Umlaufvermögen also das kurzfristige Fremdkapital übersteigt. Somit kann das kurzfristige Fremdkapital, bspw. kurzfristige Schulden gegenüber Lieferanten und Banken aufgrund der schnellen Liquidierbarkeit des Umlaufvermögens jederzeit bedient, d.h. zurückgezahlt werden.

Bilanzstruktur 2 (der negative Fall):

Aktiva	Passiva
Anlagevermögen	Eigenkapital
	Langfristiges Fremdkapital
Umlaufvermögen	Kurzfristiges Fremdkapital

Abbildung 51: Bilanzstruktur bei Verfehlung der „goldenen" Bilanzregel

In obiger Bilanz reicht die Summe aus Eigenkapital und langfristigem Fremdkapital nicht aus, um das Anlagevermögen zu decken, der Anlagendeckungsgrad B ist also kleiner als 100%. Damit übersteigt gleichzeitig das kurzfristige Fremdkapital das Umlaufvermögen. Das Working Capital ist negativ, das Umlaufvermögen würde also im Ernstfall nicht ausreichen, um die kurzfristigen Schulden bezahlen zu können. Um den Zahlungsverpflichtungen nach-

kommen zu können, müsste die Unternehmung also möglicherweise Anlagevermögen verkaufen, was aufgrund der schwierigen Liquidierbarkeit und der Notwendigkeit, dass das
Anlagevermögen in aller Regel für das operative Geschäft gebraucht wird, als sehr negativ
zu bewerten ist.

4. Ansatz: Risikominimierung

Im Sinne des Ziels der Risikominimierung wird diejenige Kapitalstruktur als optimal angesehen, bei der langfristig der Fortbestand der Unternehmung durch Ausweisung einer „hohen" Eigenkapitaldecke gewährleistet wird. Angesprochen wird hier die so genannte vertika-
le Bilanzregel, für die drei verschiedene Stufen existieren:

Verhältnis Fremdkapital zu Eigenkapital	Stufe
1:1, d.h. 50%:50%	erstrebenswert
2:1, d.h. 66,67% : 33,33%	gesund
3:1, d.h. 75% : 25%	zulässig

D.h. ein erstrebenswerter Zustand ist ein Verschuldungsgrad von 1, so dass Fremd- und Eigenkapital paritätische Anteile haben, akzeptiert wird aber auch ein Verschuldungsgrad von
3, eine Eigenkapitalquote von 25% wird also noch als zulässig betrachtet.

Fasst man nun diese 4 Ansätze in einer Übersicht zusammen, so ergeben sich folgende Konsequenzen hinsichtlich der „optimalen" Kapitalstruktur:

Ziel	Verhältnis Fremdkapital zu Eigenkapital
Kostenminimierung	60 : 40
Rentabilitätsmaximierung	gegen ∞ sofern GKR > i_f gegen 0 sofern GKR < i_f
Liquiditätssicherung	Irrelevant, sofern mit langfristigem Fremd-kapital finanziert wird
Risikominimierung	max. 75 : 25

Daraus kann abgeleitet werden, dass das Ziel der Liquiditätssicherung, sofern auf kurzfristige
Fremdfinanzierung verzichtet wird, irrelevant ist und das Ziel der Kostenminimierung das
der Risikominimierung miterfüllt, weil eine Fremdkapital- zu Eigenkapitalrelation von 60 zu
40 beiden Zielen genügt.

Somit kann sich die nachfolgende Analyse auf die beiden Ziele der Kostenminimierung und
der Rentabilitätsmaximierung konzentrieren. Je nach Ausgangssituation ergeben sich dabei
unterschiedliche Handlungsempfehlungen:

Nr.	Ausgangssituation	Handlungsempfehlung
1	Fremdkapital < 60% und GKR > i_f	Ausweitung des (langfristigen) Fremdkapitals bis auf 60% der Bilanzsumme
2	Fremdkapital < 60% und GKR < i_f	Durch **Zielkonflikt** keine Handlungsempfehlung möglich; Ausweitung des Fremdkapitals auf 60% würde durch den negativen Leverage die Eigenkapitalrentabilität weiter verschlechtern, während die Kapitalkosten reduziert würden u.u.
3	Fremdkapital > 60% und GKR > i_f	Durch **Zielkonflikt** keine Handlungsempfehlung möglich; Reduktion des Fremdkapitals auf 60% würde durch den positiven Leverage die Eigenkapitalrentabilität verschlechtern, während die Kapitalkosten reduziert würden u.u.
4	Fremdkapital > 60% und GKR < i_f	Reduktion des (langfristigen) Fremdkapitals bis auf 60% der Bilanzsumme

Die Tabelle macht deutlich, dass bei den Ausgangssituationen 2 und 3 keine eindeutige Handlungsempfehlung ausgesprochen werden kann. Hier sind die beiden Ziele Kapitalkostenminimierung und Rentabilitätsmaximierung gegeneinander abzuwägen.[341]

5.1.4.1.2   Praktische Umsetzung

Betrachten wir die Bilanz und Gewinn- und Verlustrechnung des Ausgangsbeispiels, so stellen sich folgende, für die Fragestellung der Kapitalstruktur relevante Werte ein:

Fremdkapital = 67% > 60%

$$GKR^{342} = \frac{83.900}{1.387.500} *100 = 6,04\%$$

$i_f = 6\%$

Damit gilt GKR $\sim$ i_f, so dass ein eindeutiger Leverage nicht identifiziert werden kann. Gleichzeitig ist das Fremdkapital in Relation zur Bilanzsumme mit 67% für eine Kapitalkostenminimierung „zu hoch". Gemäß der obigen Handlungsempfehlung ist ein Abbau des Fremdkapitals auf 60% der Bilanzsumme wünschenswert.

---

[341] Siehe Fallstudie 14.

[342] Als Bezugsgröße gilt hier nicht das gesamte Kapital, sondern lediglich das verzinsliche Eigen- und Fremdkapital.

Vorstellen könnte man sich hier sowohl eine Umschuldung, d.h. eine Substitution von Fremdkapital durch Eigenkapital, als auch eine Entschuldung, also ein Abbau von Fremdka- pital bei konstant bleibendem Eigenkapital. Wir gehen hier von einer Entschuldung aus, um auch dem Postulat einer möglichst „kleinen" Bilanz gerecht zu werden.

Vorstellbar ist eine Reduktion im Umlaufvermögen, bspw. des Vorratsbestandes oder der Forderungen aus Lieferungen und Leistungen. Natürlich wäre auch eine (Teil)Begleichung der Verbindlichkeiten aus Lieferungen und Leistungen aus dem Kassenbestand denkbar. Für unsere Belange ist die entstehende Struktur im Umlaufvermögen nicht von besonderer Rele- vanz, unterstellt wird einfach, dass es möglich sein wird, das Fremdkapital durch entspre- chende Transaktionen zu reduzieren.

Da das Eigenkapital nach der Entschuldung 40% betragen soll und ein Volumen von 517,4 T€ beinhaltet, ist das Fremdkapital auf 776,1 T€ (60%) zu reduzieren. Dessen Abbau würde somit ein Volumen von 273,9 T€ bedeuten.

Die Passiva hätte dann, unter der Annahme, dass die Verbindlichkeiten aus Lieferungen und Leistungen vollständig abgebaut würden und Teile der Verbindlichkeiten gegenüber Kredit- instituten getilgt sind, folgende Struktur:

	T €	%
Eigenkapital (31.12)	517,4	40,0
Verbindlichkeiten KI	776,1	60,0
Bilanzsumme	**1.293,5**	**100,0**

5.1.4.1.3   Auswirkung auf den EVA

Die Auswirkungen der Kapitalstrukturmaßnahmen auf den EVA können nun ermittelt wer- den. Es sei an dieser Stelle einmal unterstellt, dass der Rückgang der Verbindlichkeiten ge- genüber Kreditinstituten kurzfristig keinen Einfluss auf den NOPAT hat (mittelfristig wirken natürlich niedrigere Fremdkapitalkosten über das Ergebnis nach Steuern auch auf den NO- PAT). Jedoch wird das Investierte (verzinsliche) Kapital reduziert und es sei eine Reduktion des Risikozuschlages auf das eingesetzte Eigenkapital um 3% auf insgesamt 7% unterstellt. Dann stellt sich der EVA wie folgt dar:

Kennzahl	Wert	Erläuterung
NOPAT	83,9 T€	Umsatzerlös ./. betrieblicher Aufwand ./. Steuern (35% vom Ergebnis nach Zinsen)
Investiertes Kapital (IK)	1.293,5€	Eigenkapital (31.12) + verzinsliches Fremdkapital
Kapitalkostensatz (WACC)	7,14 %	Eigenkapitalanteil (40,00%) x Eigenkapitalkostensatz (12%) + verzinslicher Fremdkapitalanteil (60,00%) x Fremdkapitalkostensatz (3,9%)
EVA = NOPAT – IK x WACC = 83,9 – 1.293,5 x 0,0714 = – 8,456		

Der EVA verbessert sich gegenüber der Ausgangssituation. Die Risikoreduktion wird zwar über den Eigenkapitalanteilanstieg überkompensiert (was sich negativ auswirkt), jedoch verringert sich zeitgleich das investierte Kapital.

5.1.4.2 Aktives Risikomanagement

5.1.4.2.1 Was ist bzw. wie funktioniert aktives Risikomanagement

Beim (aktiven) Risikomanagement bzw. dem daraus abzuleitenden Risikomanagementsystem handelt es sich ganz allgemein gesprochen um unternehmerische Maßnahmen, die dazu dienen, das kurz- bis mittelfristige operative Ziel der Liquiditätssicherung, das mittel- bis langfristige operative Ziel der „ausreichenden" Ertragskraft und das langfristige strategische Ziel der Unternehmenswertsteigerung sicherzustellen.[343]

Somit ist es zunächst einmal erforderlich, sich bewusst zu machen, was überhaupt Risiko und Risikomanagement bedeutet.

Sprechen wir von Risiko, so können wir uns einmal zwei anschauliche Beispiele aus dem täglichen Leben betrachten:

- Im Zuge der Wettervorhersage wird das Risiko, dass es am nächsten Tag regnet, mit 20% angegeben.
- Auf einer Pressekonferenz betont der Wirtschaftsminister das hohe Risiko, dass in einem starken Euro gegenüber dem US-Dollar besteht.

Handelt es sich in beiden Fällen tatsächlich um ein (unternehmerisches) Risiko?

---

[343] Dieses Kapitel orientiert sich inhaltlich weitgehend an: Stiefl, 2005, S. 159ff.

- Im ersten Fall der Wettervorhersage wäre Regen für den Hersteller eines PKW unerheblich, während der Vertreiber von Tickets einer Open-Air-Veranstaltung sicherlich bei schlechtem Wetter weniger Karten verkaufen würde als bei Sonnenschein.
- Umgekehrt verhält es sich bei einem starken Euro. Der PKW-Hersteller fürchtet eine starken Euro insbesondere dann, wenn er einen hohen (US)Exportanteil hat, während es für den Verkauf von Open-Air-Tickets unbedeutend ist, wie die Wechselkursrelation von € zu $ ist.

Aus den Beispielen wird offensichtlich, dass es sich bei Risiko um eine subjektive Wahrnehmung handeln muss. In der Literatur gibt es eine Vielzahl von Risikodefinitionen.

Allgemein steht **unternehmerisches Risiko** für ein Wagnis, das man mit einem bestimmten Vorhaben eingeht. Betriebswirtschaftlich gesehen stellen alle Gefahren und Unsicherheitsfaktoren, die die wirtschaftlichen Handlungen bzw. den wirtschaftlichen Erfolg gefährden, Wagnisse bzw. Risiken dar. Deshalb ist es für einen sinnvollen und effektiven Umgang mit Risiken zunächst einmal unumgänglich, die Risikolage des Unternehmens einzuschätzen und zeitnah abzubilden. Um die risikorelevanten Bereiche im Unternehmen systematisch erfassen zu können, ist die Implementierung eines Risikomanagementsystems unabdingbar.[344]

Unter **Risikomanagement** werden allgemein alle erforderlichen Aufgaben und Maßnahmen zur Risikobekämpfung verstanden. Aus unternehmerischer Sicht soll Risikomanagement die Unternehmensführung unterstützen, wesentliche Risiken, die den Unternehmenserfolg oder den Unternehmensfortbestand gefährden können, rechtzeitig erkennen und zu bewältigen helfen.

Nicht erst seit solch bedeutenden Unternehmenspleiten wie Philipp Holzmann, Enron oder WorldCom wurden Stimmen laut, die ein aktives Risikomanagement, zumindest von großen börsennotierten Unternehmen einforderten. So wurde im April 1998 das **Gesetz zur Kontrolle und Transparenz im Unternehmensbereich** (KonTraG) geschaffen, das seitdem die rechtliche Grundlage für die Implementierung von Risikomanagementsystemen in Unternehmen bildet. Danach hat der Vorstand einer Aktiengesellschaft geeignete Maßnahmen zu treffen, insbesondere ein Überwachungssystem einzurichten, „damit den Fortbestand der Gesellschaft gefährdende Entwicklungen frühzeitig erkannt werden können" (§ 91 (2) AktG).[345] Zudem erweitert der Gesetzgeber die Berichterstattung im Lagebericht. Danach wird die Unternehmensführung verpflichtet, bei der Darstellung des Geschäftsverlaufs und der Lage der Gesellschaft auch auf die Risiken der künftigen Entwicklung einzugehen (§ 289 (1) HGB), was vom Wirtschaftsprüfer zu testieren ist.

Das KonTraG gilt zunächst einmal für die Rechtsform der Aktiengesellschaft, in Literatur und Praxis gewinnen aber diejenigen Stimmen überhand, die für eine uneingeschränkte Ausdehnung auch auf andere Gesellschaftsformen, insbesondere auf die GmbH, plädieren. Be-

---

[344] Es kann davon ausgegangen werden, dass in zunehmendem Maße die Anforderungen an ein Risikomanagementsystem in Unternehmen erhöht werden. Vgl. Lück W./Henke M. 2004, S. 1-14.

[345] Vgl. Bitz H. 2000, S. 232.

gründet wird dies damit, dass die Implementierung eines Risikomanagementsystems zu den Sorgfaltspflichten eines jeden Geschäftsführers gehört.[346]

Die Abbildung erfährt ein Risikomanagementsystem durch den Risikomanagementprozess, den man in fünf Schritte zerlegen kann:

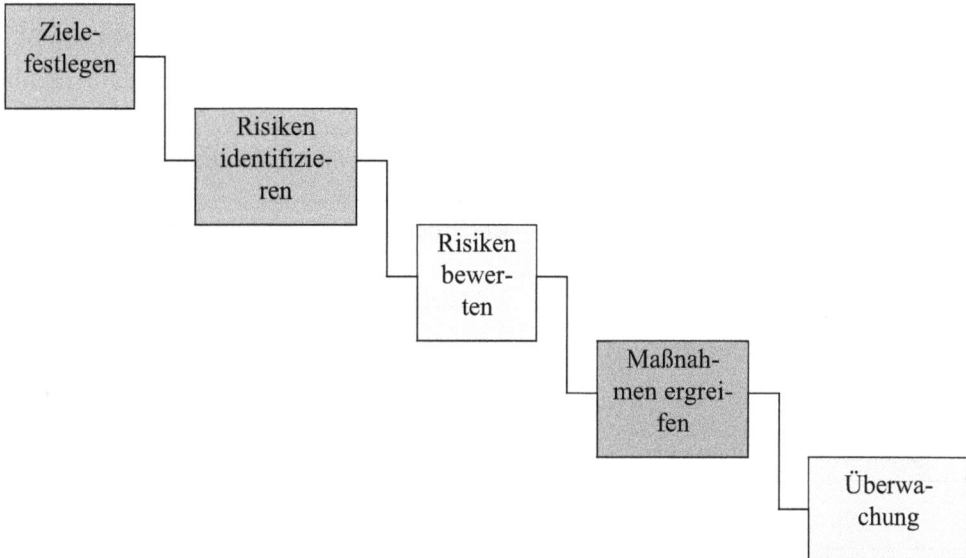

Ziele-festlegen → Risiken identifizie-ren → Risiken bewer-ten → Maßnah-men ergrei-fen → Überwa-chung

Abbildung 52: Phasen des Risikomanagementprozesses

Zunächst einmal müssen die unternehmerischen **Ziele** festgelegt werden. Diese können bspw. nach Unternehmensbereiche und/oder in die operativen und strategischen Zielbereiche unterteilt werden.

Im Rahmen der **Risikoidentifikation** werden dann entsprechend der Zielsetzung alle relevanten Risiken erfasst, d.h. identifiziert und zwar zunächst unabhängig von dem Ausmaß des möglichen Schadens und der Eintrittswahrscheinlichkeit.

Dies erfolgt erst im dritten Schritt, bei dem die identifizierten Risiken **bewertet** werden, um dann im vierten Schritt geeignete (Gegen)Maßnahmen zu ergreifen.

Das Monitoring, also die **Überwachung** des Prozesses schließt sich als fünfter und letzter Schritt an.

---

[346] Vgl. Hommelhoff P./Mattheus D. 2000, S. 217ff.

Nachfolgend sollen die Zusammenhänge etwas konkretisiert werden:

1. Schritt: Zieldefinition

Aufbauend auf den Unternehmensleitlinien und den obersten strategischen Maximen einer Unternehmung werden zunächst die unternehmerischen Ziele festgelegt, wobei sich eine prozessuale oder eine funktionale Gliederung anbietet und man zusätzlich noch in die langfristigen strategischen und tendenziell eher kurz- bis mittelfristigen operativen Ziele untergliedern kann. Beispielhaft soll dies für die Kernprozesse Beschaffung, Produktion und Absatz dargestellt werden:

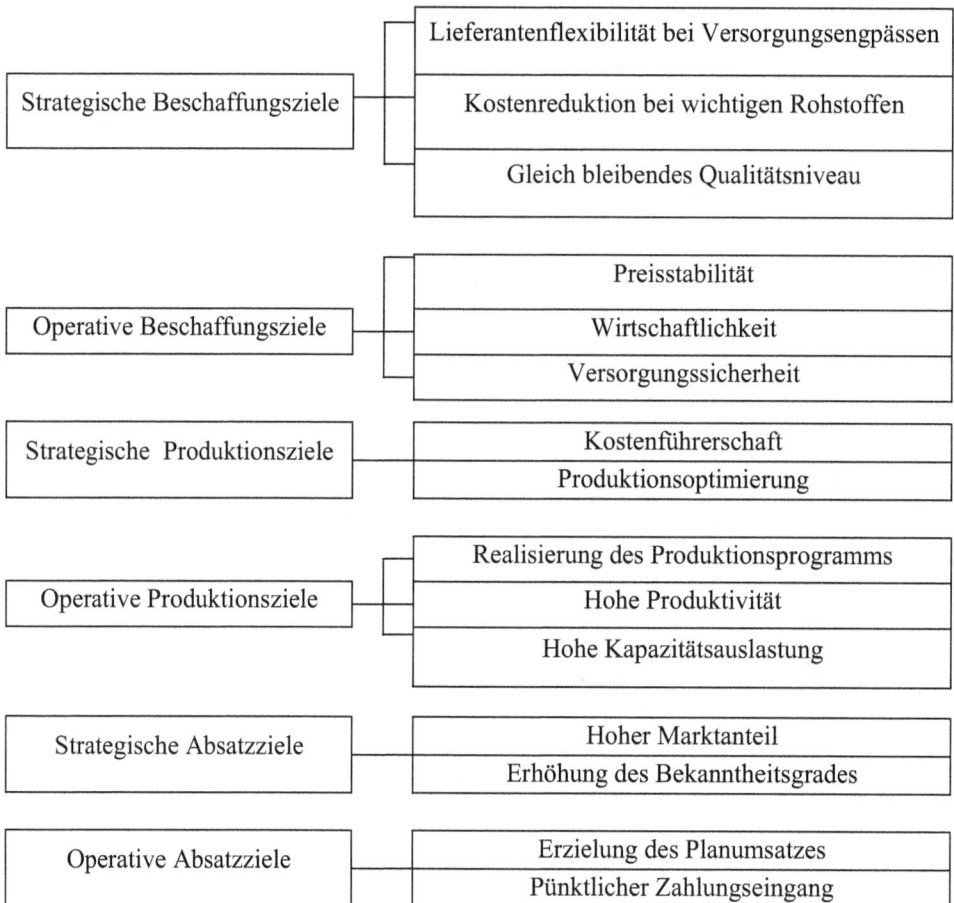

Strategische Beschaffungsziele	Lieferantenflexibilität bei Versorgungsengpässen
	Kostenreduktion bei wichtigen Rohstoffen
	Gleich bleibendes Qualitätsniveau

Operative Beschaffungsziele	Preisstabilität
	Wirtschaftlichkeit
	Versorgungssicherheit

| Strategische Produktionsziele | Kostenführerschaft |
| | Produktionsoptimierung |

Operative Produktionsziele	Realisierung des Produktionsprogramms
	Hohe Produktivität
	Hohe Kapazitätsauslastung

| Strategische Absatzziele | Hoher Marktanteil |
| | Erhöhung des Bekanntheitsgrades |

| Operative Absatzziele | Erzielung des Planumsatzes |
| | Pünktlicher Zahlungseingang |

Abbildung 53: Unternehmerische Ziele

Ähnlich wie bei der anschließenden Risikoidentifikation stellt sich bei der Zieldefinition generell die Frage, mit welchen Instrumentarien diese abgeleitet werden können. Hierzu gibt es eine Fülle von Instrumenten, aus denen hier nur die gängigsten und vielleicht auch prakti-kabelsten kurz vorgestellt werden sollen.

<u>Brainstorming</u>: Der Grundgedanke des Brainstormings ist, einen interdisziplinären, d.h. unternehmerischen und unternehmensinternen Teilnehmerkreis zur Entwicklung von Ideen anzuregen. Der Vorteil dieser Methode sind der geringe Zeitaufwand, die geringen Kosten und die schnelle Ideensammlung. Der Nachteil liegt in der begrenzten Anzahl von Teilneh-mern. Es existiert kein vorgeschriebener Ablauf, es sollten jedoch einige Punkte beachtet werden:

- Teilnehmerzahl fünf bis acht Personen,
- möglichst hierarchisch gleichgestellter Teilnehmerkreis,
- Dauer maximal 45 Minuten,
- Ideen werden schriftlich festgehalten,
- alle Ideen werden grundsätzlich festgehalten,
- Ideen sollen anschließend weiterentwickelt werden können und
- Ideen werden abschließend von der Gruppe bewertet und ggf. Handlungsmaßnahmen abgeleitet.

<u>Brainwriting (Methode 635)</u>: Diese Methode ist eine Abwandlung des Brainstormings. Sechs Teilnehmer einer Gruppe notieren jeweils drei Ideen auf einem Blatt. Die Teilnehmer erhal-ten dann das Formblatt ihres Nachbarn, um sich von dessen Ideen anregen zu lassen und deren Gedanken weiterzuentwickeln. Dieser Prozess der Weiterentwicklung findet fünf Run-den lang statt. Am Ende werden alle Mitglieder über sämtliche Ideen urteilen und als Gruppe Handlungsempfehlungen aussprechen.

<u>Delphimethode</u>: Hierbei handelt es sich um eine schriftliche Befragung von mehreren Exper-ten zur Einschätzung über künftige qualitative und quantitative Entwicklungen. Dieses Ver-fahren stellt einen anonymen und iterativen Prozess dar, d.h., die Teilnehmer kennen die Zusammensetzung der Gesamtgruppe nicht. In der ersten Befragungsrunde legen die Exper-ten die erforderlichen Prämissen für die Prognose der zukünftigen Entwicklung fest. In der zweiten Runde werden diese durch den Projektleiter präsentiert. Anschließend werden die Experten zur Einschätzung der Eintrittswahrscheinlichkeiten aufgefordert. In den folgenden Runden haben diese die aus der vorigen Runde ermittelten Gruppenurteile erneut zu bewer-ten und kritisch zu begründen. Durch diese wiederholte Befragung lassen sich objektivere Aussagewerte bestimmen. Nachteilig sind die starre Befragungstechnik und der hohe Zeit- und Kostenaufwand.

2. Schritt: Risikoidentifikation und -erfassung

Für einen sinnvollen und effektiven Umgang mit Risiken ist es zunächst einmal erforderlich, die Risikolage einer Unternehmung einschätzen zu können. Jede Unternehmung, unabhängig von der Größe, der Branche und der Struktur ist einer Vielzahl von Risiken ausgesetzt, die es zu identifizieren und zu erfassen gilt.

Aufbauend auf den unternehmerischen Zielen sollte zunächst eine möglichst grobe, allgemeingültige Risikosystematik erarbeitet werden. Nachstehende Abbildung etwa teilt das Unternehmerrisiko zunächst in vier Risikobereiche, denen dann die verschiedenen Risikoarten zugeordnet werden:

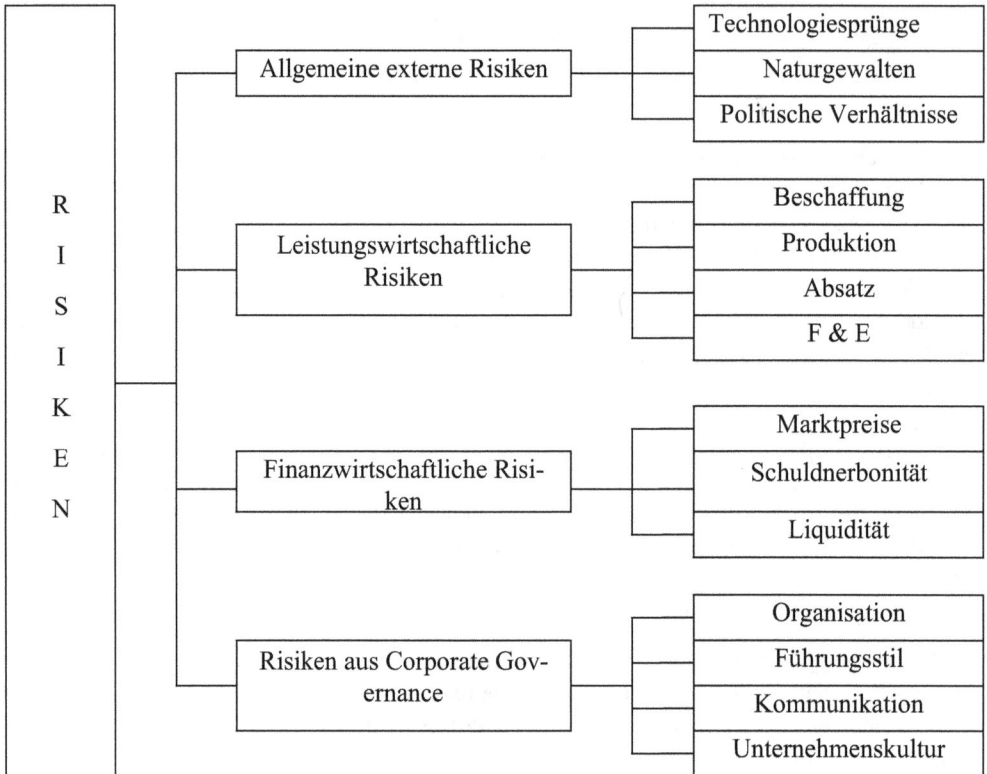

```
                                                            ┌── Technologiesprünge
                        ┌── Allgemeine externe Risiken ──┤── Naturgewalten
                        │                                   └── Politische Verhältnisse
                        │
                        │                                   ┌── Beschaffung
  R                     │   Leistungswirtschaftliche     │── Produktion
  I                     │── Risiken                      ┤── Absatz
  S                     │                                   └── F & E
  I                     │
  K                     │                                   ┌── Marktpreise
  E                     │── Finanzwirtschaftliche Risi-  ┤── Schuldnerbonität
  N                     │   ken                             └── Liquidität
                        │
                        │                                   ┌── Organisation
                        └── Risiken aus Corporate Gov-   │── Führungsstil
                            ernance                       ┤── Kommunikation
                                                            └── Unternehmenskultur
```

Abbildung 54: Unternehmerische Risiken

Das hier beispielhaft vorgestellte Risikoschema kann dann jederzeit in einem unternehmensindividuellen Raster weiterentwickelt werden. Wichtig ist, dass es in sich konsistent und vollständig ist, damit alle relevanten Risiken erfasst werden können.

Im Rahmen der **allgemeinen externen Risiken** befinden sich möglicherweise eine Reihe von Unwägbarkeiten, die die unternehmerische Existenz gefährden:

- Technologiesprünge: Ist das Unternehmen verstärkt einem zunehmenden technischen Wandel ausgesetzt, was die eigenen Produktionsverfahren und/oder Produkte sehr schnell überaltern lässt?
- Naturgewalten: Verarbeitet das Unternehmen bedeutende Rohstoffe, die aufgrund von Naturkatastrophen häufig Preisschwankungen ausgesetzt sind?
- Politische Verhältnisse: Beinhaltet das operative Geschäft der Unternehmung einen hohen Exportanteil mit Staaten, die sehr labile politische Strukturen haben?

Die **Leistungswirtschaftlichen Risiken** beinhalten alle Gefahren der unternehmerischen Bereiche innerhalb der Wertschöpfungskette:

- Beschaffung: Kommt es vermehrt durch Verzögerungen im Beschaffungsprozess zu Terminverschiebungen bei der Auslieferung?
- Produktion: Ist die Produktion in hohem Maße anfällig gegenüber Qualitätsschwankungen?
- Absatz: Lässt die Kundenstruktur auf eine hohe Abhängigkeiten von einigen wenigen Großkunden schließen?
- Forschung & Entwicklung: Ist die Unternehmung durch Produktinnovation den immer neuen Anforderungen des Marktes gewachsen?

Finanzwirtschaftliche Risiken sollen u.a. Probleme im Rahmen der Rentabilität und Liquidität aufdecken:

- Marktpreise: Lassen Marktpreisentwicklungen darauf zurück schließen, dass zukünftig mit stark zurückgehenden Deckungsbeiträgen gerechnet werden muss?
- Schuldnerbonität: Werden vereinbarte Zahlungsziele von den Kunden eingehalten?
- Liquidität: Sind Finanzierungsspielräume vorhanden oder ist die Finanzierungsfähigkeit weitestgehend ausgeschöpft, so dass in naher Zukunft mit Liquiditätsproblemen gerechnet werden muss?

Risiken aus dem **Corporate Governance** können ebenfalls die Existenz einer Unternehmung gefährden:

- Organisation: Lässt die Aufbau- und/oder Ablauforganisation Rückschlüsse darauf zu, dass strategische Entscheidungen nicht schnell genug delegiert und operativ umgesetzt werden?
- Führungsstil: Kommt es aufgrund des Führungsstils zu ungewöhnlich hohen Mitarbeiterfluktuationen?
- Kommunikation: Findet ein regelmäßiger Erfahrungsaustausch zwischen Abteilungen statt, so dass Probleme bereichsübergreifend bekannt sind?
- Unternehmenskultur: Identifizieren sich die Mitarbeiter genügend mit der Unternehmung und besitzen eine ausreichende Teamfähigkeit?

3. Schritt: Analyse, Bewertung und Messung von Risiken

In diesem Schritt werden die erfassten Risiken bewertet und in Kategorien eingeordnet. Eine grobe quantitative Bewertung besteht darin, Häufigkeit und Schadensausmaß der betrachteten Gefahren abzuschätzen. Das Ergebnis lässt sich in einer so genannten Risikomatrix, bei der Schadenshöhe und Eintrittswahrscheinlichkeit dargestellt sind, sehr gut visualisieren. Zunächst jedoch müssen hierfür zur Häufigkeit und dem potenziellen Schadensausmaß geeignete Kategorien definiert werden, die folgendermaßen aussehen können:

Klassifizierung der Eintrittswahrscheinlichkeit		
Eintrittswahrscheinlichkeit (x)	**Erwartung**	**Erfahrung**
5 = sehr hoch (x > 60%)	Mehr als einmal im Jahr	In den letzten 5 Jahren jeweils mindestens einmal eingetreten
4 = hoch (35 < x ≤ 60%)	Einmal im Jahr	In den letzten 3 Jahren jeweils einmal eingetreten
3 = mittel (15 < x ≤ 35%)	Einmal in 2 Jahren	In den letzten 4 Jahren zweimal eingetreten
2 = gering (1% < x ≤ 15%)	Alle 8 Jahre	In den zurückliegenden 8 Jahren einmal eingetreten
1 = unwahrscheinlich (x ≤1%)	Kann nicht ausgeschlossen werden	Noch nicht vorgekommen

Klassifizierung der Schadenshöhe	
Schadensausmaß (y)	**bedeutet**
5 = Katastrophe (y > 10 Mio. €)	Unternehmensexistenz ist gefährdet
4 = Großrisiko (1 Mio. € < y ≤ 10 Mio. €)	Eintritt würde zu einem hohen Jahresverlust und Liquiditätsproblemen führen
3 = mittleres Risiko (250 Tsd. € < y ≤ 1 Mio. €)	Eintritt würde den Jahresgewinn gefährden und die Liquiditätsreserven angreifen
2 = Kleinrisiko (10 Tsd. € < y ≤ 250 Tsd. €)	Eintritt kann zu einer unterdurchschnittlichen Jahresrendite führen
1 = Bagatellerisiko (y ≤ 10 Tsd. €)	Eintritt hat keinen Einfluss auf das Jahresergebnis und die Rendite

Nach dieser Klassifizierung werden die einzelnen Risiken von einem kompetenten Team in einer Risikomatrix (Risk map) zusammengeführt:

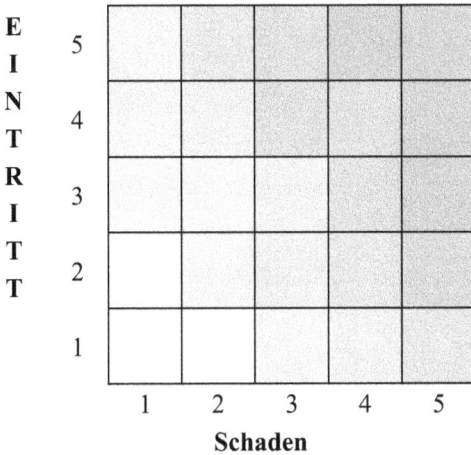

E
I
N
T
R
I
T
T
T

5
4
3
2
1

1 2 3 4 5

Schaden

Abbildung 55: Riskmap I

Die farbliche Kennzeichnung charakterisiert die Bedeutung der Risiken, d.h. zunächst muss sich die Unternehmensführung mit den Risiken im rechten oberen (dunklen) Bereich befassen, also mit den Risiken mit hohen Eintrittswahrscheinlichkeiten und hohen Schadensausmaßen. Mit abnehmenden Eintrittswahrscheinlichkeiten und Schadenshöhen verliert folglich das Risiko an Bedeutung und kann nachrangig bearbeitet werden.

Schritt 4: Risikosteuerung[347]

Nachdem der Prozess der Risikobewertung abgeschlossen ist, kann der Steuerungsprozess im Risikomanagementkreislauf beginnen. Die unterschiedlichen Strategien zur Steuerung der Risiken bilden dabei den eigentlichen Kern des Risikomanagementprozesses. Die Aufgabe der Risikosteuerung ist es, den identifizierten Risiken im Hinblick auf die Zielsetzung und die strategische Ausrichtung der Unternehmung zu begegnen.

---

[347] Vgl. Steiner M./Wittrock C. 1993, S. 669.

Dabei kann man, ausgehend vom Gesamtrisiko, folgende Maßnahmen zur Risikobewälti-gung durchführen:

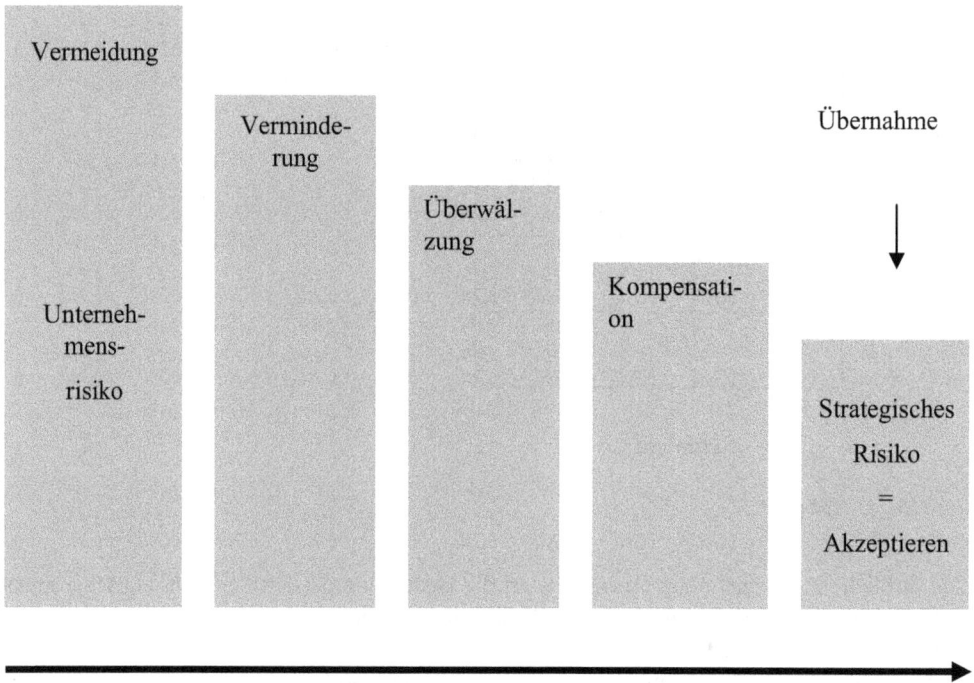

Abbildung 56: Phasen der Risikobewältigung

Risikovermeidung bedeutet, dass das Unternehmen auf risikoreiche Aktionen verzichtet. Das Risiko wurde also als nicht annehmbar bewertet und Maßnahmen zur Beherrschung des Risikos könnten nur mit einem unangemessen hohen Aufwand durchgeführt werden.

Bei der Risikoverminderung werden Maßnahmen durchgeführt, die die Schadenshöhe oder die Eintrittswahrscheinlichkeit auf ein annehmbares Maß reduzieren, so dass sie anschlie-ßend tolerierbar sind.

Risikoüberwälzung ist gleichbedeutend mit der Übertragung der Risiken an Dritte. Klassi-scherweise handelt es sich hier um Risiken, die eine sehr niedrige Eintrittswahrscheinlich-keit, aber eine sehr hohe Schadenshöhe bei Eintritt haben. Eine Möglichkeit der Überwäl-zung sind Versicherungen oder die Überwälzung von Risiken auf Lieferanten und/oder Kun-den.

Bei der Risikokompensation wird das Risiko zwar grundsätzlich akzeptiert und angenom-men, es werden aber gleichzeitig Gegenmaßnahmen eingeleitet, die das Risiko ausgleichen.

Übrig bleibt am Ende das strategische Risiko, das das allgemeine Unternehmerische Risiko darstellt und vom Unternehmer getragen wird.

Schritt 5: Risikoüberwachung und Kontrolle

Die Risikoüberwachung und die Kontrolle sind die letzten Schritte im Risikomanagementprozess. Durch das Monitoring muss die Risikobeherrschung angemessen überwacht werden. Dies kann durch Kennzahlen, wie Debitorenziele oder durchschnittliche Forderungsausfälle oder durch Audits und Revisionen erfolgen.

Exkurs: Die statistische Risikobehandlung

Im Rahmen der Risikoanalyse besteht ein besonderes Problem darin, einzelne Risiken, insbesondere die, die für den unternehmerischen Fortbestand bedeutsam sind, zu quantifizieren und in ihrem Zusammenspiel zu bewerten, d.h. zu aggregieren.[348] Diese Aggregation stellt das Hauptprobleme innerhalb des Risikomanagementprozesses dar, denn die Risiken in ihrer Summe, die einzelnen Eintrittswahrscheinlichkeiten und Schadenshöhen und damit zusammengefasst der Gesamtrisikoumfang stellt die eigentliche Herausforderung an die Unternehmensleitung.

Deshalb wurden Verfahren entwickelt, mittels denen man Risiken zusammenfassen, die Auswirkungen der Risiken simulieren und letztlich zu einwertigen Größen verdichten kann.

Eines der bekannten Maße stellt der **Value at Risk** (VaR) dar, der beispielsweise folgende Aussagen erlaubt:

- Mit einer Eintrittswahrscheinlichkeit von 1% wird die Unternehmung im kommenden Jahr einen Liquiditätsengpass von mehr als 100 Mio. € erleiden.
- Mit einer Eintrittswahrscheinlichkeit von 5% wird die Unternehmung im kommenden Jahr einen Verlust von mehr als 10 Mio. € erwirtschaften.

Diese Aussagen ermöglichen es dann der Unternehmensleitung, geeignete Gegenmaßnahmen einzuleiten oder aber schlicht, mit dem so genannten „Restrisiko" zu leben.

Der VaR kann auf unterschiedlichste Arten abgeleitet werden. Findet man eine komplexe Struktur vor, wie dies in der Praxis im Tagesgeschäft einer Unternehmung normalerweise der Fall ist, so kann man den VaR simulieren, wobei sich die **Monte-Carlo-Simulation** anbietet, da sie relativ leicht mit herkömmlichen Tabellenkalkulationsprogrammen durchführbar ist. Die Monte-Carlo-Simulation erlaubt es dabei in besonderem Maße, die verschiedenen Risiken anhand von Wahrscheinlichkeitsverteilungen zu verdichten. Liegen bereits konkrete Parameter für eine Problemstellung vor, hat man bspw. bereits Erwartungswerte und Standardabweichungen von Gewinnen in einer Abrechnungsperiode, so kann man hier so ge-

---

[348] Vgl. Gleißner W./Meier G. 1999; S. 926ff.

nannte Vertrauensbereiche (Konfidenzniveaus) angeben, die die anstehende Entscheidung erleichtern können. Bei letzterem unterstellt man also, dass die untersuchten Parameter einer (Standard)Normalverteilung folgen.[349]

Somit liegt es nahe, auf diese konkreten Entscheidungshilfen in Risikosituationen, nämlich den VaR in Verbindung mit vorgegebenen Parametern sowie im Anschluss auf die Monte-Carlo-Simulation näher einzugehen.

Der Value at Risk

Der Value at Risk („wahrscheinlicher Höchstschaden") ist definiert als Schadenshöhe, die in einem bestimmten Zeitraum mit einer festgelegten Wahrscheinlichkeit (Konfidenzniveau von z.B. 99%) nicht überschritten wird. Ein Konfidenzintervall allgemein kennzeichnet denjenigen Bereich eines Merkmals, in dem sich 95% oder 99% aller möglichen Werte befinden, die den empirisch ermittelten Stichprobenkennwert erzeugt haben könnten.

Die Aussage des VaR lässt sich am besten anhand eines einfachen Beispiels verdeutlichen. Bei einem Risikohorizont von einem Jahr und einem vorgegebenen Konfidenzintervall von 99% gibt die VaR-Ziffer den maximalen Wertverlust des Portfolios an. Das bedeutet im Umkehrschluss, dass nur mit einer einprozentigen Wahrscheinlichkeit dieser maximale Wertverlust überschritten wird. Diesen Zusammenhang zeigt nachfolgende Abbildung.

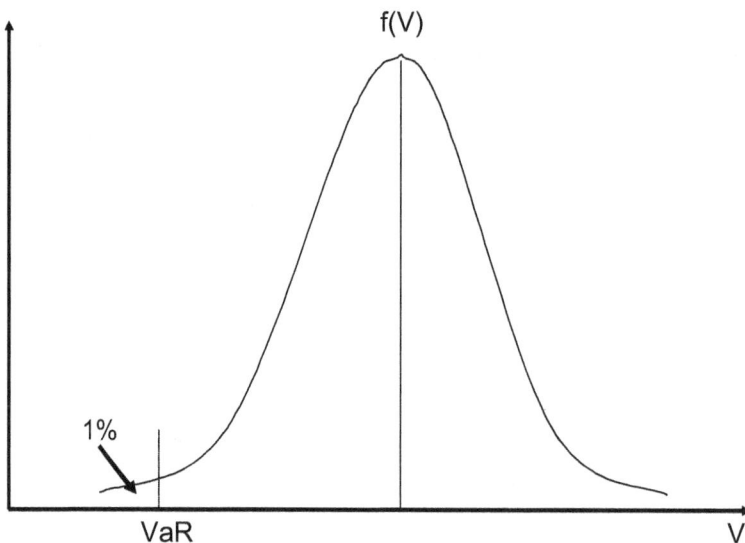

Abbildung 57: Der Value at Risk

---

[349] Vgl. hierzu die einschlägige statistische Literatur, z.B. Bortz J. 1999; Bamberg G./Baur F. 2002 oder Bleymül-ler J./Gehlert G./Gülicher H. 2000.

Die V-Achse liefert die (standardisierten) Werte des zu untersuchenden Parameters, die glockenförmige Funktion gibt die zugehörigen Wahrscheinlichkeiten an. Mit der Vorgabe des Konfidenzintervalls hat man gleichzeitig den VaR (hier auf dem 99%-Niveau) bestimmt.

Statistisch gesehen beschreibt man eine normalverteilte Zufallsvariable X mit Erwartungswert μ und Standardabweichung σ. Daraus abgeleitet folgt die standardisierte Zufallsvariable z mit dem Erwartungswert $\mu = 0$ (siehe Abbildung) und der Standardabweichung $\sigma = 1$. Dann gilt:

$$z = \frac{x - \mu}{\sigma}$$

Über die Tabelle der Standardnormalverteilung kann für jedes Sicherheitsniveau der entsprechende so genannte z-Wert ermittelt werden, der in Verbindung mit der Standardabweichung das konkrete Konfidenzintervall vorgibt.[350]

Beispiel: Anhand eines vorgegebenen Konfidenzintervalls auf dem 95%-Niveau soll der VaR bestimmt werden. Es liegen die drei Gewinnsituationen G_i mit jeweils gleicher Eintrittswahrscheinlichkeit P vor:

G_1	G_2	G_3	P
-10	10	20	0,1
20	20	25	0,2
30	30	30	0,4
40	40	35	0,2
70	50	40	0,1

Für alle drei Gewinnsituationen erhält man den Erwartungswert $\mu_i = 30$, denn es gilt:

$\mu_1 = -10*0,1 + 20*0,2 + 30*0,4 + 40*0,2 + 70*0,1 = 30$

$\mu_2 = 10*0,1 + 20*0,2 + 30*0,4 + 40*0,2 + 50*0,1 = 30$

$\mu_3 = 20*0,1 + 25*0,2 + 30*0,4 + 35*0,2 + 40*0,1 = 30$

Varianzen σ^2_i und damit Standardabweichungen σ_i unterscheiden sich jedoch voneinander. Es gilt:

$\sigma^2_1 = (-10-30)^2*0,1 + (20-30)^2*0,2 + (30-30)^2*0,4 + (40-30)^2*0,2 + (70-30)^2*0,1 = 360$

---

[350] Die Tabellierung der Standardnormalverteilung befindet sich in der einschlägigen Literatur.

$$\sigma^2_2 = (10\text{-}30)^2 * 0,1 + (20\text{-}30)^2 * 0,2 + (30\text{-}30)^2 * 0,4 + (40\text{-}30)^2 * 0,2 + (50\text{-}30)^2 * 0,1 = 120$$

$$\sigma^2_3 = (20\text{-}30)^2 * 0,1 + (25\text{-}30)^2 * 0,2 + (30\text{-}30)^2 * 0,4 + (35\text{-}30)^2 * 0,2 + (40\text{-}30)^2 * 0,1 = 30$$

Daraus ergeben sich die Standardabweichungen:

$$\sigma_1 = 18,97$$

$$\sigma_2 = 10,95$$

$$\sigma_3 = 5,48$$

Aus dem vorgegebenen Konfidenzniveau in Höhe von 95% folgt der z-Wert von $-1,645$. Durch Umformung von

$$z = \frac{x - \mu}{\sigma}$$

zu

$$z * \sigma + \mu = x$$

ergeben sich für die einzelnen Gewinnsituationen dann abschließend die kritischen VaR-Werte:

$$x_1 = -1,645 * 18,97 + 30 = -1,21$$

$$x_2 = -1,645 * 10,95 + 30 = 11,99$$

$$x_3 = -1,645 * 5,48 + 30 = 20,99$$

D.h., mit einer Wahrscheinlichkeit von 95% werden bei den Alternativen 1 bis 3 höchstens $x_1 = 1,21$ Verluste, bzw. bei x_2/x_3 mindestens 11,99/20,99 Gewinne realisiert.

Ebenso könnte man mit dem Verfahren der Standardnormalverteilung bspw. die Frage beantworten, mit welcher Wahrscheinlichkeit bei den Alternativen kein Gewinn erwirtschaftet wird, wo also die Situation

$x \le 0$ eintritt.

$x = 0$ eingesetzt in die standardisierte Normalverteilungsformel ergibt dann die z_i-Werte:

$$z_1 = -1,58 \Rightarrow \qquad p_1 = 5,71\%$$

$$z_2 = -2,74 \Rightarrow \qquad p_2 = 0,31\%$$

$$z_1 = -5,47 \Rightarrow \qquad p_1 = 0\%$$

Aus den Ergebnissen folgt unmittelbar, dass das Risiko entscheiden von der Höhe der Standardabweichung σ abhängig ist, d.h., je größer σ, desto höher das Risiko.[351]

Die Monte-Carlo Simulation

Bei einer Monte-Carlo-Simulation werden durch Zufallszahlen stochastische Stichproben erzeugt, wodurch die unbekannten Parameter, mit denen die Risiken beschrieben werden, durch Zufallsgrößen bestimmt sind.

Beispiel der Monte-Carlo-Simulation anhand einer Risikoanalyse auf Basis des Return on Investment (ROI):

Die Unternehmensführung möchte anhand einer ROI-Studie beurteilen, wie hoch die Wahrscheinlichkeiten dafür ist, dass eine Investition einen negativen ROI liefert, was den Fortbestand der Unternehmung in Frage stellen würde.

Dazu wird zunächst einmal das Modell formuliert:

$$ROI = \frac{(p-k)*x - K_F}{I}$$

mit: ROI = Rentabilität in % pro Jahr (Return on Investment)

         I = Investitionssumme in €

         p = Verkaufserlös in €/Mengeneinheit

         k = variable Kosten in €/Mengeneinheit

         x = produzierte und abgesetzte Menge pro Jahr

         K_F = beschäftigungsunabhängige (fixe) Kosten pro Jahr

Die Investitionssumme I ist mit 900.000,- € veranschlagt.

Dann werden mittels Expertenbefragung die voneinander stochastisch unabhängigen unbekannten Parameter, nämlich die Werte für die Absatzmenge, den Absatzpreis, die variablen Kosten und die Fixkosten geschätzt. Den unbekannten Parametern werden durch die Experten folgende Wahrscheinlichkeitsverteilungen und über die Vergabe der Wahrscheinlichkeiten die Zufallszahlen zugeordnet.

---

[351] Siehe Fallstudien 15 und 16.

	Absatzmenge (x) in Tsd. Mengeneinheiten/Jahr[352]						
	70	80	90	100	110	120	130
Wahrsch. in %	5,0	12,5	22,5	25,0	22,5	10,0	2,5
Zufallszahlen	001-050	051-175	176-400	401-650	651-875	876-975	976-000

	Absatzpreis (p) in €/Mengeneinheit					
	14,70	14,85	15,00	15,15	15,30	15,45
Wahrsch. in %	7,5	22,5	30,0	22,5	12,5	5,0
Zufallszahlen	001-075	076-300	301-600	601-825	826-950	951-000

	Variable Kosten (k) in €/Mengeneinheit				
	10,50	10,60	10,70	10,80	10,90
Wahrsch. in %	10,0	22,5	40,0	17,5	10,0
Zufallszahlen	001-100	101-325	326-725	726-900	901-000

	fixe Kosten (K_F) in Tsd. €/Jahr				
	260	270	280	290	300
Wahrsch. in %	10,0	27,5	30,0	17,5	15,0
Zufallszahlen	001-100	101-375	376-675	676-850	851-000

Im Anschluss werden mit vier stochastisch unabhängigen Ziehungen dreistellige Zufallszahlen gezogen, wobei jede Zufallszahl mit der Wahrscheinlichkeit 0,1% auftritt.

Die erste Zufallszahl wird der Absatzmenge, die zweite dem Absatzpreis, die dritte den variablen Kosten und die vierte den Fixkosten zugeordnet. Mit Hilfe der vorgenommenen Normierung (001-000) kann jeder Zufallszahl dann der dazugehörige Schätzwert zugeordnet werden. Dabei stellt die Normierung sicher, dass die Schätzwerte aufgrund der Expertenangaben mit der „richtigen" Wahrscheinlichkeit auftreten.

Es werden bspw. die vier dreistelligen Zufallszahlen gezogen:

Zufallszahl 1: 805   →   x = 110.000 ME/Jahr
Zufallszahl 2: 431   →   p = 15,- €/ME
Zufallszahl 3: 230   →   k = 10,60 €/ME
Zufallszahl 4: 902   → K_F = 300.000 €/Jahr

Daraus ergibt sich ein ROI von 20,44%/Jahr.

---

[352] Die Wahrscheinlichkeit für eine Absatzmenge von 70 Tsd. wurde also von den Experten mit 5% beziffert, demzufolge erhält die Absatzmenge von 1.000 zu vergebenden Zufallszahlen genau 5% und damit die Zufallszahlen 001 bis 050 usw.

Dieser Prozess wird nun solange wiederholt, bis eine aussagefähige Verteilung des ROI zustande gekommen ist (mit einem leistungsfähigen Softwareprogramm sind mehrere Tausend Iterationen innerhalb einer Minute möglich).

Nachdem der Simulationslauf abgeschlossen ist, erhält man die zugehörige Wahrscheinlichkeitsverteilung:

ROI in %/Jahr	Absolute Häufigkeit	Wahrscheinlichkeit	Kumulierte Wahrscheinlichkeit
43 > ROI ≥ 30	22	2,20	2,20
30 > ROI ≥ 21	224	22,40	24,60
21 > ROI ≥ 9	551	55,10	79,70
9 > ROI ≥ 0	135	13,50	93,20
0 > ROI	68	6,80	100,00
	1.000	100,00	

Aus dieser Wahrscheinlichkeitsverteilung ergibt sich jetzt für die Firmenleitung die Schlussfolgerung, dass mit einer Eintrittswahrscheinlichkeit von 6,8% der ROI negativ sein wird. Demzufolge müssen sich jetzt die Verantwortlichen überlegen, ob dieses Risiko akzeptabel ist, oder ob geeignete Anpassungsmechanismen eingeleitet werden müssen, um das Risiko zu reduzieren.

Ebenso kann man anhand obiger Tabelle durch eine weitere Feinspezifikation VaR´s ermitteln, bspw. indem man nach der maximalen negativen ROI bei einer Eintrittswahrscheinlichkeit von 5% fragt. Dieser würde hier vielleicht bei -8% liegen.

5.1.4.2.2.   Praktische Umsetzung

Nachfolgend soll **beispielhaft** die Risikomatrix unserer Beispielunternehmung dargestellt werden. Im Rahmen der Leistungswirtschaftlichen Risiken in dem Bereich Vertrieb wurden im Rahmen eines Brainstormings folgende Risiken identifiziert und bewertet.

1.   neue Wettbewerber
2.   Kundenanforderungen nicht bekannt
3.   schleppender Umgang mit Reklamationen
4.   schlechte Zahlungsmoral der Kunden
5.   zu großzügige Kundenzahlungsziele
6.   sinkende Deckungsbeiträge durch steigende Produktionskosten, die nicht an Kunden weitergegeben werden können
7.   Produktionsengpässe, die zu Vertriebsproblemen führen
8.   stark schwankende Produktqualität
9.   stark schwankende Wechselkurse

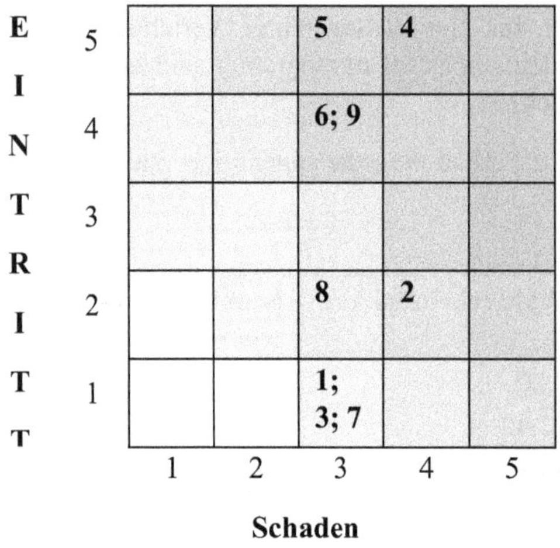

Abbildung 58: Riskmap II

Oberste Priorität genießt das **Risiko 4**, denn in der Vergangenheit wurden mit steigender Tendenz (Groß)Kunden ausfindig gemacht, die ihren Zahlungsverpflichtungen nicht oder nur sehr schleppend nachgekommen sind. Die Folge waren Liquiditätsengpässe des Unternehmens, da man selbst die Kreditlinie bereits in Anspruch genommen hatte und den Engpass durch einen kurzfristigen Bankkredit auffangen musste.

In Verbindung mit dem vierten Risiko steht das **Risiko 5**, denn die hohen Zahlungsziele führen ebenfalls zu einer Liquiditätsverknappung.

Auf das **Risiko 6** wird aufgrund der hohen Eintrittswahrscheinlichkeit und dem bedeutenden Schadensausmaß ebenfalls kurzfristig zu reagieren sein. So hat man in den letzten Jahren sukzessive eine Erhöhung des Kostendrucks mit sinkenden Deckungsbeiträgen beobachtet und erwartet dies auch zukünftig mit steigender Tendenz. Ebenso bedeuten stark schwankende Wechselkurse (**Risiko 9**), dass bei einer starken inländischen Währung das Exportgeschäft leidet und bei einer schwachen inländischen Währung die Rohstoffpreise der Importe steigen.

Die **Risiken 2** und **8** werden mittelfristig zu bearbeiten sein. Hier sind die Schadenseintrittswahrscheinlichkeiten relativ gering, wobei sich jedoch beim Risiko 2, dass Kundenanforderungen nicht erkannt werden, ein hoher Schaden einstellen würde.

Die übrigen Risiken 1, 3 und 7 werden kurz- und mittelfristig nicht bearbeitet. Alle haben sehr geringe bis geringe Eintrittswahrscheinlichkeiten und mittlere Schadenshöhen.

Betrachten wir das obige **Beispiel**, so ergeben sich folgende Möglichkeiten, mit den Risiken umzugehen:

Nr.	Risiko	Risikostrategie
1	Neue Wettbewerber	Akzeptieren
2	Kundenanforderung nicht bekannt	Vermeidung
3	schleppender Umgang mit Reklamationen	Akzeptieren
4	schlechte Zahlungsmoral der Kunden	Vermeidung, Verminderung oder Übertragung
5	zu großzügige Kundenzahlungsziele	Verminderung
6	sinkende Deckungsbeiträge durch steigende Produktionskosten, die nicht an Kunden weitergegeben werden können	Verminderung
7	Produktionsengpässe, die zu Vertriebsproblemen führen	Akzeptieren
8	stark schwankende Produktqualität	Verminderung
9	stark schwankende Wechselkurse	Kompensation oder Verminderung

Abbildung 59: Risikostrategien

Risiko 4 barg das größte Risiko aufgrund der hohen Abhängigkeit von (Groß)Kunden. Eine Vermeidungsstrategie würde bedeuten, dass man auf bonitätsschwache Kunden verzichtet, ggf. auch um den Preis von sinkenden Umsatzerlösen. Eine Risikoverminderungsstrategie würde bedeuten, dass man bspw. Geschäfte mit problematischen Kunden nur gegen Vorkasse durchführt, eine Risikoübertragungsstrategie könnte in der Abtretung von Forderungen an ein Factoringinstitut unter Einbeziehung des Ausfallrisikos bestehen.

Einher mit Risiko 4 geht das **Risiko 5**, das in zu großzügigen Zahlungsmodalitäten der Kunden besteht. Man vermindert dieses Risiko, indem bei bestehenden und vor allem bei neuen Vertragsabschlüssen die Zahlungsmodalitäten zugunsten der Unternehmung abgeändert werden. Dadurch werden säumige Kunden schneller identifiziert und der eigene Liquiditätsspielraum tendenziell erhöht.

Steigende Produktionskosten bewirkten in der Vergangenheit sinkende Deckungsbeiträge (**Risiko 6**). Vermindern lässt sich diese (Fehl)Entwicklung, indem neue günstigere Rohstofflieferanten ausfindig gemacht oder neue wirtschaftlichere Produktionsverfahren eingeführt werden.

Mit stark schwankenden Wechselkursen hat die Unternehmung ein viertes bedeutsames Risiko (**Risiko 9**). Eine Risikoverminderungsstrategie könnte sein, die Exportquote stärker auf Länder auszurichten, mit denen man feste Wechselkursbeziehungen hat, oder die möglicherweise die gleiche Währung haben (EU). Gleichzeitig bestünde die Möglichkeit der Risikokompensation, indem man durch Devisentermingeschäfte der erwarteten Entwicklung entgegentritt.

Das **Risiko 8** beinhaltet das letzte Risiko, dem man noch begegnen muss. Durch verbesserte Qualitätskontrollen lassen sich hier konstante Produktqualitäten aufrechterhalten bzw. verbessern.

Risiko 2, dass Kundenanforderungen nicht erkannt werden, soll durch permanente Marktbeobachtungen und durch Ausstellungen/Messen vermindert werden.

Alle übrigen Risiken werden bedingt durch ihre Bedeutungslosigkeit akzeptiert.

Hat die Risikobehandlung stattgefunden, könnte die sich ergebende Risikomatrix folgendes Aussehen haben:

		1	2	3	4	5
E **I**	**5**					
N	**4**					
T **R**	**3**		4; 5			
I **T**	**2**		6; 9			
T	**1**		8	1; 3 7; 2		

Schaden

Abbildung 60: Riskmap III

Bei allen zu behandelnden Risiken ist nun eine Reduktion in der potenziellen Schadenshöhe als auch in der Eintrittswahrscheinlichkeit festzustellen.

5.1.4.2.3   Auswirkung auf den EVA

Im letzten Abschnitt kamen wir zu dem Ergebnis, dass sich infolge der installierten Risikostrategien die gesamtwirtschaftlichen Risiken nun allesamt in einem annehmbaren Rahmen bewegen. Infolge dessen sind die Eigenkapitalgeber bereit, ein im Vergleich zur Ausgangssituation niedrigeren Risikoaufschlag auf den Basiszins des eingesetzten Eigenkapitals zu akzeptieren. Sie rechnen nun mit einem Risikoaufschlag von 5% (vorher 10%), so dass sich insgesamt eine geforderte Verzinsung des eingesetzten Eigenkapital von 10% (Basiszins 5% plus 5% Risikoaufschlag) ergibt. Zwar hat dies keine unmittelbaren Auswirkungen auf den Jahresabschluss, jedoch auf den Kapitalkostensatz und damit auf den EVA:

Kennzahl	Wert	Erläuterung
NOPAT	83,9 T€	Umsatzerlös ./. betrieblicher Aufwand ./. Steuern (35% vom Ergebnis nach Zinsen)
Investiertes Kapital (IK)	1.387,5 T€	Eigenkapital (01.01) + verzinsliches Fremdkapital
Kapitalkostensatz (WACC)	6,04 %	Eigenkapitalanteil (35,14%) x Eigenkapitalkostensatz (10%) + verzinslicher Fremdkapitalanteil (64,86%) x Fremdkapitalkostensatz (3,9%)
EVA = NOPAT – IK x WACC = 83,9 – 1.387,5 x 0,0604 ~ 0		

Die Risikoreduktion gegenüber der Ausgangssituation bewirkt folglich, dass der EVA aus dem negativen Bereich herausgekommen ist.

5.1.5   Zusammenfassung

Wir wollen nun an dieser Stelle die Berücksichtigung der Verbesserungspotenziale anhand der Ausgangsbilanz (5.1.1) noch einmal zusammenfassen und die Bedeutung der einzelnen Instrumentarien herausarbeiten.

Wert des EVA in T€	Instrument	Verbesserung gegen-über Ausgangsbasis in T€
-24,325	Ausgangsbasis	0
6,875	Deckungsbeitragsrechnung	31,200
-25,000	Leasing 1 (Rückführung des Darlehens)	-0,675
12,64	Leasing 2 (Rückführung von Eigenkapital und Darlehen)	36,965
-18,97	Forderungsmanagement	5,355
5,64	Lageroptimierung	29,965
-8,456	Kapitalstrukturoptimierung	15,869
0	Risikomanagement	24,325

Bezogen auf die Ausgangssituation und natürlich unter Berücksichtigung der dort getroffenen Annahmen zeigt sich bezüglich der Effizienz der Instrumentarien folgende Rangordnung:

Rang	Instrument	Verbesserung gegenüber Ausgangsbasis in T€
1	Leasing 2 (Rückführung von Eigenkapital und Darlehen)	36,965
2	Deckungsbeitragsrechnung	31,200
3	Lageroptimierung	29,965
4	Risikomanagement	24,325
5	Kapitalstrukturoptimierung	15,869
6	Forderungsmanagement	5,355
7	Leasing 1 (Rückführung des Darlehens)	-0,675

Auf den ersten Blick mag es überraschen, dass das Instrumentarium des Leasing bezüglich der Effizienz sowohl auf Platz 1 (Rückführung von Eigenkapital und Darlehen – paritätisch), als auch auf dem letzten Platz 7 (Rückführung des Darlehens) rangiert. Der Grund hierfür liegt in der geforderten höheren Verzinsung des Eigenkapitals gegenüber dem Fremdkapital. D.h., dass das Management, sofern es den EVA als Steuerungsinstrumentarium einsetzt, bei der mit der Verringerung des investierten Kapitals einhergehenden Bilanzverkürzung tendenziell Eigenkapital abbauen sollte. Ein Aspekt, der bislang an dieser Stelle noch gar nicht zur Sprache gekommen ist, sind bilanzielle Anpassungsmaßnahmen, die häufig vor der Implementierung eines wertorientierten Managementsystems gefordert werden. So ist es nach den so genannten Funding Conversions völlig irrelevant, ob Güter gekauft und damit aktiviert, oder geleast und damit direkt erfolgswirksam gezeigt werden. Somit würde durch Leasing auch kein positiver Wertbeitrag entstehen (vgl. auch Gliederungspunkt 3.4.2). Dennoch halten wir den Leasingaspekt im Rahmen dieser Darstellung für sehr bedeutsam, da im Rahmen der wertorientierten Unternehmenssteuerung auch der Liquiditätsaspekt eine sehr bedeutsame Rolle spielt.

Sehr effizient ist auch das Instrumentarium der Deckungsbeitragsrechnung (Rang 2). Dessen Installation kann bereits kurzfristig über die Steigerung des NOPAT den EVA verbessern. Ob dies über die Reduktion der Fixkosten oder der variablen Stückkosten geschieht, hängt letztlich von der Kostenstruktur der Unternehmung ab. Auch Erhöhungen der Absatzpreise und/oder der abgesetzten Menge können hier natürlich ergebnisverbessernd wirken.

Fast auf gleicher Augenhöhe zur Deckungsbeitragsrechnung ist in unserem Beispiel die Lageroptimierung (Rang 3) angesiedelt. Folglich sollte eine Unternehmung bei erfolgreicher Implementierung eines Wertorientierten Managements immer auch den Vorratsbestand im Auge behalten. Eine Reduktion des Umlaufvermögens hat somit letztlich ähnlich positive Wirkungen wie der Abbau des (langfristig investierten) Anlagevermögens.

Ansatzpunkte zur Wertsteigerung bieten auch aktives <u>Risikomanagement</u> (Rang 4) und die Optimierung der <u>Kapitalstruktur</u> (Rang 5). Bei letztem Instrument sind bezüglich Effizienz aber bereits deutliche Abschläge erkennbar.

Aktives Forderungsmanagement (Rang 6) hat sich als wenig effektiv im Rahmen des EVA erwiesen, obgleich es natürlich für die Liquidität eine immens wichtige Bedeutung hat.

Ineffizient sogar ist Leasing (Rang 7), wenn es im Zuge der Bilanzverkürzung zu einem Abbau des (langfristigen) Fremdkapitals kommt. Hier wirkt das in der Relation dann ansteigende Eigenkapital kontraproduktiv auf den EVA.

Zusammenfassend kann somit festgehalten werden, dass letztlich alle drei Wertgeneratoren, Steigerung des NOPAT, Verringerung des investierten Kapitals und Reduzierung der Kapitalkosten wichtige Instrumentarien zu Verfügung stellen.

5.2 Die zweite Phase der praktischen Umsetzung

Nachdem in der ersten Phase der Implementierung unmittelbar von den Stärken des Konzeptes profitiert wurde, geht es in der zweiten Phase der Implementierung darum, das Konzept auf ein solides Fundament zu stellen und dabei durch eine angepasste Umsetzung die Schwächen des Konzeptes abzumildern.

Zu den Stärken bzw. Vorteilen des Konzeptes gehören unter anderem die Verständlichkeit des Rechenansatzes und das geschaffene Bewusstsein für die Bedeutung der Kapitalbindung. In Kombination können beiden Vorteile – wie beschrieben – zu Anfangserfolgen auf der Basis von Rentabilitätssteigerungen führen.

Trotz dieser scheinbar günstigen Ausgangsposition für eine erfolgreiche Implementierung zeigen im *Harvard Business Manager* veröffentlichte Ergebnisse einer Studie der Unternehmensberatung A.T. Kearney, dass die Implementierung einer EVA-basierten Unternehmensführung im Durchschnitt der analysierten Unternehmen mittelfristig zu einer vergleichsweise schlechten Aktienperformance geführt hat.[353] Somit war die Implementierung, zumindest gemessen an der Börsenentwicklung der Unternehmen, nicht erfolgreich.[354]

Vor allem im Lichte dieser Ergebnisse ist es deshalb wichtig, nicht nur die Vorteile des EVA-Konzeptes zu nutzen, sondern auch seine Nachteile durch eine angepasste Umsetzung zu umgehen. Die wesentlichen Schwächen in diesem Zusammenhang sind:

1. Der EVA ist eine Periodenerfolgsgröße. Wie in Abschnitt 4.1.4.2 ausgeführt, ist ein positiver EVA nicht gleichbedeutend mit einer entsprechenden Unternehmenswertsteigerung, da sich der EVA der aktuellen Periode teilweise auch durch die Belastung zukünftiger Perioden steigern lässt.

---

[353] Vgl. Kröger F. 2005, S.14-16.

[354] Vgl. Ferguson/Rentzler/Yu 2005, S.111. Für weitere Angaben siehe Anhang.

2. Die Fokussierung des EVA auf die Ziele Steigerung des NOPAT und Reduzierung des Investierten Kapitals kann zu einer dauerhaften Prioritätenverschiebung weg vom Ziel des Unternehmenswachstums, hin zum Ziel einer Verringerung des investierten Kapitals führen.[355] Die Fokussierung auf das Ziel Verringerung des investierten Kapitals hat zwar, wie weiter oben beschrieben, zu Beginn der Implementierung wertorientierter Unternehmensführung positive Effekte: Das neue Bewusstsein hilft, gebundenes Kapital zu identifizieren, das keinen Wert schafft. Denkbar sind hier zu hohe Maschinendurchlaufzeiten, zu lange durchschnittliche Forderungslaufzeiten oder ähnliche Prozessineffizienzen, durch deren Beseitigung Unternehmenswert geschaffen werden kann. Mit zunehmender Dauer der Implementierung des EVA-Konzeptes wird die Identifizierung von gebundenem Kapital, das keinen Wert schafft, jedoch ungleich schwieriger. Gleichzeitig wächst die Wahrscheinlichkeit, dass mit einer Reduzierung des Investierten Kapitals ebenfalls Wachstumsoptionen zerstört, Kundenbeziehungen belastet oder die Mitarbeiterzufriedenheit verringert wird.[356]

Fritz KRÖGER beschreibt dieses Dilemma in seinem im August 2005 im Harvard Business Manager erschienenen Beitrag „Wertvernichtung durch EVA" mit den Worten:

„Wir haben mit dutzenden unserer Kunden über dieses Phänomen [schlechte Aktienperformance von DAX-Unternehmen mit EVA basierter Steuerung] diskutiert. Die Art, wie die Kennzahl EVA berechnet wird, verleitet Manager – bewusst oder unbewusst – dazu, die Wachstumschancen ihres Unternehmens zu beeinträchtigen. ... Um den EVA zu erhöhen, können die Führungskräfte entweder versuchen, die Gewinne zu steigern, oder sie investieren weniger Kapital – was in der Mehrzahl der Fälle der einfachere Weg war."[357]

Zusammengefasst ist somit die Gefahr der einseitigen Periodenorientierung in Verbindung mit einer zu hohen Gewichtung des Ziels *Reduzierung Investiertes Kapital* eine ernst zu nehmende Schwäche des EVA-Konzepts, die bei der Umsetzung des Ansatzes berücksichtigt werden sollte.

Zur Begegnung dieser Schwäche erscheint es deshalb sehr wichtig, in der zweiten Phase der Implementierung die Basis der Bewertung der Unternehmensperformance zu ändern. Es gilt, die allgemeine Zukunftsausrichtung und die Nutzung von Wachstumsoptionen sicherzustellen. Dies ist die zentrale Herausforderung der zweiten Implementierungsphase. Neben der Änderung der Bewertungsgrundlage der Unternehmensperformance ist die Prüfung einer Hinzunahme zusätzlicher Anpassungen bei der EVA-Berechnung die zweite Aufgabe.

Die primären Ziele und Aktionen sind in nachfolgender Abbildung zusammengefasst.

---

[355] Vgl. das nachfolgende Zitat von Fritz Kröger.

[356] Zu möglichen negativen Auswirkungen vgl. El Mir A./Seboui S. 2006, S.244.

[357] Kröger F. 2005, S.14f.

PHASE II

AKTION   ZIEL

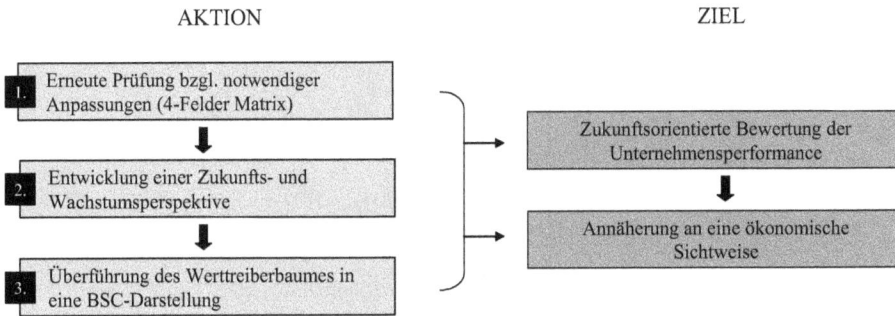

1. Erneute Prüfung bzgl. notwendiger Anpassungen (4-Felder Matrix)

2. Entwicklung einer Zukunfts- und Wachstumsperspektive

3. Überführung des Werttreiberbaumes in eine BSC-Darstellung

Zukunftsorientierte Bewertung der Unternehmensperformance

Annäherung an eine ökonomische Sichtweise

Abbildung 61: Die zweite Phase einer EVA-basierten Umsetzung wertorientierter Unternehmensführung

5.2.1   Änderung der Bewertungsgrundlage der Unternehmensperformance

Im Rahmen der ersten Implementierungsphase einer EVA-basierten Unternehmenssteuerung wurde die Unternehmensperformance ausschließlich auf der Basis des EVA bestimmt.

Der EVA bleibt auch nach Änderung der Bewertungsgrundlage zentraler Einflussfaktor der Unternehmensperformance. Allerdings erfordern die beschriebenen Schwächen des EVA, dass eine Beurteilung der Wachstumsoptionen und der allgemeinen Zukunftsausrichtung zusätzlich in die Bewertungsgrundlage aufgenommen wird.

Die veränderte Bewertungsgrundlage der Unternehmensperformance erfordert deshalb eine Berücksichtigung nicht nur der Werttreiber, die zusammengefasst das Ergebnis der aktuellen Periode (EVA) abbilden, sondern zusätzlich die Integration von Werttreibern, die eine Aussage über den zukünftigen Erfolg, mithin den Gesamtwert des Unternehmens treffen..[358] Gleichzeitig sollten keine Werttreiber berücksichtigt werden, die den Erfolg dieser Periode erhöhen, aber dabei eine Verringerung der zukünftigen Wertbeiträge in Kauf nehmen.

Das Ziel dieses Abschnittes der vorliegenden Arbeit ist die Schaffung einer neuen Bewertungsgrundlage der Unternehmensperformance. Weil die neue Bewertungsgrundlage im Unternehmen kommuniziert werden muss, ist ebenfalls eine neue Abbildung der Unternehmensperformance erforderlich. Bisher wurde die Unternehmensperformance ausschließlich auf der Basis des EVA berechnet und mit Hilfe eines Werttreiberbaumes (Siehe Abbildung 43) dargestellt. Für die neue Abbildung eignet sich in besonderem Maße das Konzept der Balanced Scorecard (BSC). Eine Vielzahl von Beiträgen weist auf die Bedeutung des Konzeptes der BSC für die Umsetzung wertorientierter Unternehmensführung hin. ADERS/HEBERTINGER berichten im Rahmen ihrer empirischen Studie davon, dass 47% der

---

[358] Vgl. Copeland/Koller/Murrin 2002, S.106 sowie S.133. Vgl. außerdem Rappaport A. 1999, S.15 und S.141.

DAX100 Unternehmen die wertorientierte Spitzenkennzahl in eine Balanced Scorecard einbinden oder dies vorbereiten.[359] Abbildung 62 visualisiert die Ergebnisse der Studie von ADERS/HEBERTINGER.

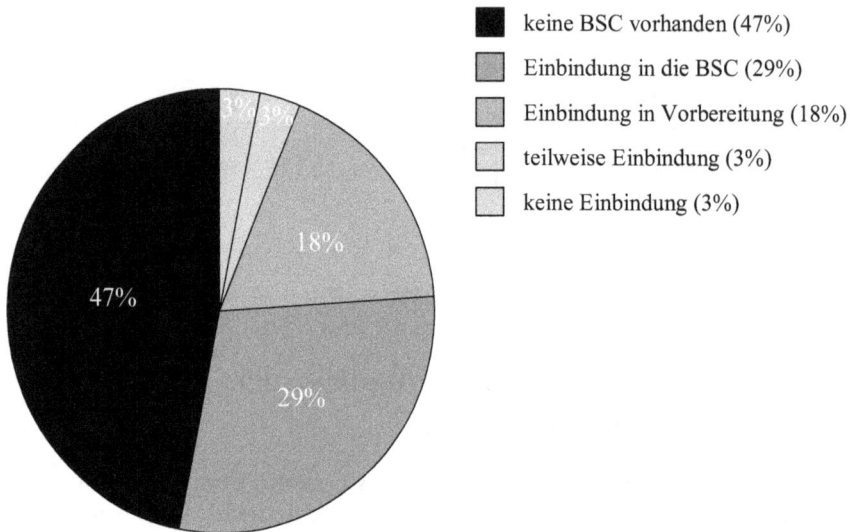

Abbildung 62: Verwendung der Balanced Scorecard im Kontext wertorientierter Unternehmensführung bei den DAX100 Unternehmen[360]

Aufgrund der hohen Bedeutung der Balanced Scorecard soll das zugrunde liegende Konzept im folgenden Abschnitt kurz erläutert werden.

5.2.2   Kurze Erläuterung des Konzeptes der Balanced Scorecard

Das Konzept der Balanced Scorecard wurde zu Beginn der 90er Jahre von den beiden Harvard-Professoren KAPLAN und NORTEN entwickelt.[361] Der Begriff *Balanced Scorecard* kann übersetzt werden mit *ausgewogener Berichtsbogen*. Ausgangspunkt des Konzepts ist stets die Unternehmensvision. Im Falle einer wertorientierten Unternehmensführung kann davon

---

[359] Vgl. Aders C./Hebertinger M. 2003, S.31. Kaplan und Norton selber bezeichnen beide Konzepte als „highly compatible". (Kaplan R.S./Norton D.P. 2001, S.156.) Für weitere Angaben siehe Anhang.

[360] Quelle: Eigene Darstellung in enger Anlehnung an Aders C./Hebertinger M. 2003, S.31.

[361] Siehe das 1996 erschienene Standardwerk „The Balanced Scorecard: Translating Strategy into Action" (Kaplan R.S./Norton D.P. 1996).

ausgegangen werden, dass die Unternehmensvision eine dauerhafte Wertsteigerung impliziert.

Dem Konzept der BSC folgend, wird die Vision zur Operationalisierung auf ca. 20 verschiedene strategische Ziele heruntergebrochen, wobei die unterschiedlichen Ziele vier Perspektiven zugeordnet werden. Standardmäßig sind dies die Finanz-, Kunden-, Prozess- und Potenzialperspektive. Darüber hinaus werden die strategischen Ziele unter Zuordnung zu der jeweiligen Perspektive visualisiert. Das Ergebnis dieser Visualisierung ist eine so genannte Strategy Map, die neben den verschiedenen Zielen und Perspektiven auch die Ursache-Wirkungsbeziehungen zwischen den unterschiedlichen strategischen Zielen abbildet. In ihrer Darstellung ähnelt die Strategy Map einem Werttreiberbaum. Allerdings sind die Verknüpfungen zwischen den verschiedenen Zielen, die oftmals die gewünschte Entwicklung eines Werttreibers beschreiben („Erhöhung der Kundenzufriedenheit"), ausschließlich sachlogischer Art.

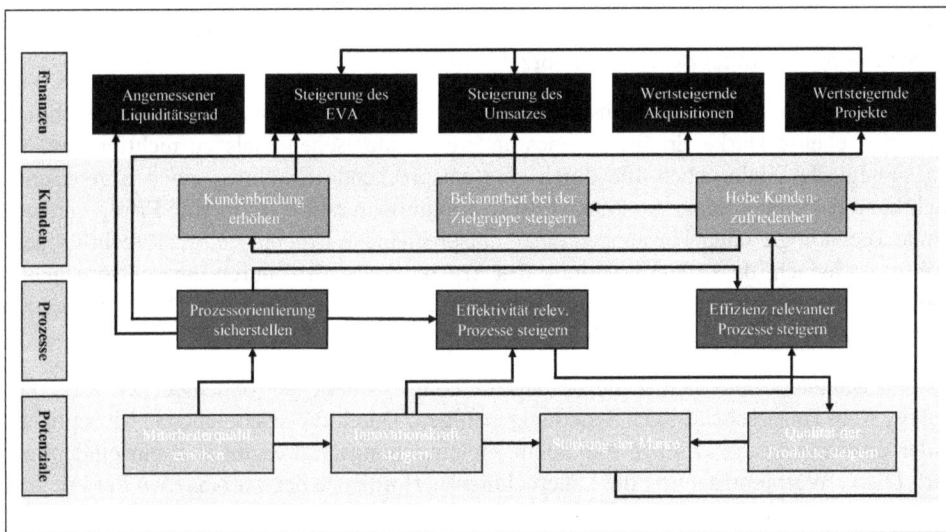

Abbildung 63: Beispiel einer Strategy Map

5.2.3 Veränderungen des Konzeptes der Balanced Scorecard zur Abbildung einer wertorientierten Unternehmensperformance

Zum Zweck der neuen Abbildung der Unternehmensperformance wurde das Konzept der BSC als Rahmen vorgeschlagen und kurz erläutert. Auf der Grundlage der bisherigen Darstellung des BSC Konzeptes ist jedoch eine geänderte Abbildung der Unternehmensperformance auch mit Hilfe einer Balanced Scorecard nur schwer möglich, weil die in der Strategy Map aufgeführten strategischen Ziele ausschließlich sachlogisch und qualitativ miteinander verknüpft sind. Somit ergibt sich aus der Betrachtung der Strategy Map kein eindeutiger Performance-Wert, sondern lediglich eine Übersicht über die verschiedenen Zielerreichungs-grade der strategischen Ziele. Diese Gleichstellung der strategischen Ziele ist ein Grundge-danke des BSC-Konzeptes, wodurch sich auch der Zusatz „Balanced" erklärt.

Ein Performance-Maß sollte jedoch eine eindeutige, quantifizierbare Aussage treffen. Um die Unternehmensperformance in quantitativer Form auszudrücken, ist es deshalb notwendig, sich von dem Grundgedanken eines „ausgewogenen" Berichtsbogens zu trennen.[362]

Dies nicht zuletzt deshalb, weil auch durch die Gleichstellung aller strategischen Ziele indi-rekt eine Gewichtung vorgenommen wird: jedes strategische Ziel erhält das gleiche Gewicht. Keine Gewichtung bedeutet gleichzeitig keine Unterschiede in der Priorität. Eine Nichtge-wichtung der strategischen Ziele entspricht deshalb einer Gleichgewichtung.

Eine Verklärung der Gleichgewichtung aller strategischen Ziele als Maxime setzt sich jedoch über die Kompetenz des Managements hinweg, eine eigene, auf Erfahrungswerten basieren-de Gewichtung der strategischen Ziele vorzunehmen.

Überdies bietet eine solche Gleichstellung die Grundlage, einen starken Ergebniseinbruch durch eine ebenso starke Erhöhung eines anderen strategischen Ziels zu rechtfertigen. Es mag strategische Ziele geben, die durch eine entsprechende Erhöhung einen Ergebnisein-bruch kompensieren können. So können bspw. Zukunftsinvestitionen in eine Erfolg verspre-chende Technologie unter Umständen einen entsprechenden Ergebniseinbruch rechtfertigen. Wichtig ist jedoch, dass die Verfehlung des Ergebnisziels nicht durch eine entsprechende Erhöhung eines beliebigen strategischen Ziels gerechtfertigt werden kann. Dies kann jedoch nur durch eine Gewichtung der strategischen Ziele gewährleistet werden.

Aus den genannten Gründen sollte deshalb eine Gewichtung der verschiedenen Ziele der Strategy Map entsprechend ihrer Bedeutung erfolgen. Durch die anschließende Multiplikati-on der Gewichtung dieser Ziele mit ihrem Zielerreichungsgrad ergibt sich ein eindeutiger Wert. Dieser Wert repräsentiert die Unternehmensperformance der vergangenen Periode und kann deshalb gleichzeitig der Vergütung des Top-Managements zugrunde gelegt werden.

Der entscheidende Unterschied zwischen dem Werttreiberbaum, der im Rahmen der ersten Phase der Implementierung erläutert wurde, und der an dem Konzept der Balanced Scorecard orientierten Strategy Map ist die Tatsache, dass im Werttreiberbaum Einflussgrößen des Periodenerfolges abgebildet sind, während in der Strategy Map die Einflussgrößen des ge-samten Unternehmenswertes abgebildet sind.

---

[362] Vgl. Hebertinger M. 2002, S.185. Für weitere Angaben siehe Anhang.

Perspektiven   Strategische Ziele

Performance 99%

0,6 Finanzen 100%
- 0,1 Umsatz steigern 93%
- 0,7 EVA steigern 102%
- 0,1 Wertsteigernde Akquisitionen 97%
- 0,05 Angemessener Liquiditätsgrad 99%
- 0,05 Wertsteigernde Projekte durchführen 93%

0,1 Kunden 91%
- 0,5 Kundenbindung erhöhen 91%
- 0,3 Hohe Kundenzufriedenheit 92%
- 0,2 Bekanntheit bei der Zielgruppe steigern 90%

0,1 Prozesse 103%
- 0,3 Prozessorientierung sicherstellen 105%
- 0,7 Effektivität & Effizienz steigern 102%

0,2 Potenziale 102%
- 0,3 Mitarbeiterqualifikation erhöhen 97%
- 0,3 Innovationskraft steigern 102%
- 0,2 Stärkung der Marke 96%
- 0,2 Qualität der Produkte steigern 101%

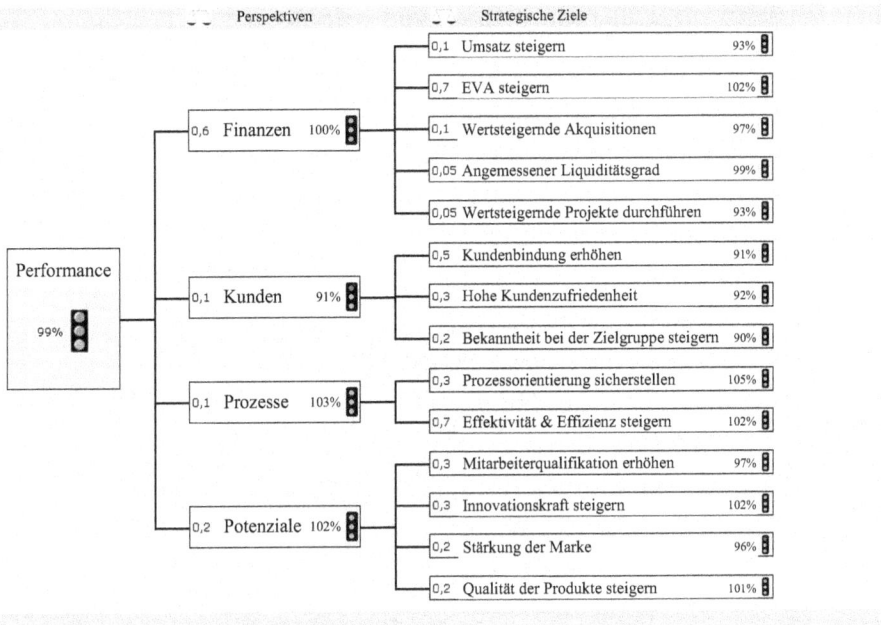

Abbildung 64: Messung der Unternehmensperformance durch Gewichtung der strategischen Ziele

Die Generierung eines hohen Periodenerfolges, gemessen als EVA, bleibt das wichtigste strategische Ziel. Aber erst die gleichzeitige Erreichung der übrigen strategischen Ziele gewährleistet, dass dieser Periodenerfolg nicht auf Kosten zukünftiger Erfolge generiert wurde und demzufolge einen tatsächlichen Unternehmenswertzuwachs darstellt.

Eine zu starke Fokussierung auf den Rentabilitätsaspekt kann in diesem Zusammenhang bspw. durch die Aufnahme des Ziels „Steigerung des Umsatzes" in die Strategy Map vermieden werden, wobei eine angemessene Gewichtung wiederum verhindern sollte, dass dieses Ziel zu stark in den Vordergrund tritt.[363] Abbildung 64 visualisiert wie auf der Grundlage einer Gewichtung der strategischen Ziele und der vier Perspektiven eine Messung der Unternehmensperformance vorgenommen werden kann.

---

[363] In diesem Zusammenhang sei nochmals auf die Gefahr einer *Expansionspleite* bei ausschließlicher Umsatzmaximierung hingewiesen. (Vgl. hierzu Punkt 2.4.6).

5.2.4   Prüfung der Hinzunahme von Anpassungen bei der EVA-Berechnung

Neben der Änderung der Bewertungsgrundlage als Hauptaufgabe der zweiten Implementierungsphase, ist der Sinn einer Hinzunahme weiterer Anpassungen bei der EVA-Berechnung zu prüfen.

Zum Zeitpunkt der zweiten Implementierungsphase sollte das neue Führungskonzept konzernweit verstanden und akzeptiert worden sein. Unter diesen Voraussetzungen ist eine Erhöhung der Komplexität durch Berücksichtigung zusätzlicher Anpassungen bei der Ermittlung der Spitzenkennzahl denkbar. Sinnvoll ist diese Komplexitätserhöhung aber ausschließlich, wenn daraus eine höhere Aussagekraft des EVA resultiert, die gleichzeitig den Aufwand für die Durchführung der Anpassung überkompensiert. Als Entscheidungsgrundlage sollte deshalb erneut das in Abschnitt 5.1 beschriebene Verfahren der Vier-Felder Matrix verwendet werden.

6   Zusammenfassung und Ausblick

Zu Beginn der Arbeit erfolgte zunächst eine Abgrenzung des Begriffs wertorientierte Unternehmensführung. Als Hauptabgrenzungsmerkmal gegenüber dem Shareholder Value Ansatz wurde dabei die jeweilige oberste Zielsetzung definiert. Auf die Historie eingehend wurde aufgezeigt, dass die wertorientierte Unternehmensführung als konsensfähiges zugrunde liegendes Prinzip des Shareholder Value Konzeptes angesehen werden kann, wobei die in den 1980er Jahren vorherrschenden Rahmenbedingungen die Verbreitung dieses Ansatzes unterstützte.

Im weiteren Verlauf wurden die Kernaktivitäten wertorientierter Unternehmensführung definiert, auf die traditionelle Gestaltung dieser Aktivitäten eingegangen und die Kritikpunkte an der traditionellen Vorgehensweise aus wertorientierter Sicht geschildert.

Nachdem anschließend die wichtigsten wertorientierten Rechenansätze vorgestellt und ihre Vor- und Nachteile benannt wurden, erfolgte eine Beurteilung der Ansätze für die Gestaltung der Kernaktivitäten. Dabei zeigte sich, dass nicht alle der an der traditionellen Gestaltung geübten Kritikpunkte beseitigt werden können.

Gleichwohl weisen die wertorientierten Rechenansätze jedoch eine wesentlich höhere Eignung zur Gestaltung dieser Aktivitäten auf. Die wichtigsten Merkmale, an denen eine höhere Aussagekraft der vorgestellten Rechenansätze festgemacht werden kann, sind dabei folgende:

- eine Zukunftsorientierung bei der Bewertung von Unternehmen und Strategien/Projekten
- die generelle Berücksichtigung der Kosten des Eigenkapitals und somit des Risikos der Geschäftstätigkeit
- die Vornahme von Anpassungen zur Überführung der bilanziellen Daten in stärker ökonomisch orientierte Daten.
- die Möglichkeit, durch eine an die erzielte Wertsteigerung geknüpfte Vergütung die Prinzipal-Agenten Problematik zu entschärfen

Die Diskussion der Eignung wertorientierter Rechenansätze für die Kernaktivitäten hat gezeigt, dass jeder Ansatz Stärken und Schwächen besitzt. Durch eine Kombination der Rechenansätze kann jedoch eine erfolgreiche Gestaltung der vier Aktivitäten gewährleistet werden. Beispielhaft wurde die Umsetzung wertorientierter Unternehmensführung auf der Basis des EVA gezeigt. Dabei wurden verschiedene operative Maßnahmen zur Steigerung des EVA beschrieben. Darüber hinaus hat die beispielhafte Umsetzung des EVA Konzeptes gezeigt, dass sich die Balanced Scorecard als Instrument zur Umsetzung anbietet und dazu beitragen kann, Schwächen des EVA-Ansatzes abzumildern.

Aufgrund der höheren Aussagekraft der vorgestellten Rechenansätze ist davon auszugehen, dass sich der Trend zur wertorientierten Unternehmensführung fortsetzt. Nach Ansicht der Verfasser ist für eine wachsende Bedeutung der wertorientierten Unternehmensführung – die aus rein gesamtwirtschaftlichen Gesichtspunkten zu befürworten ist – die Schaffung einer einheitlichen Grundlage für die Ermittlung eines wertorientierten Periodenergebnisses entscheidende Bedingung. Dies setzt voraus, dass zur Überführung des bilanziellen in ein wertorientiertes Periodenergebnis bestimmte Anpassungen verpflichtend vorgeschrieben werden. Es würde dadurch sozusagen ein kleinster gemeinsamer Nenner der wertorientierten Periodenerfolgsmessung definiert. Aus der Empirie lassen sich bereits zum heutigen Zeitpunkt die wichtigsten Anpassungen ableiten.

Aufbauend auf dieser Grundlage, kann es weiterhin jedem Unternehmen überlassen bleiben, zusätzliche Anpassungen durchzuführen. Die Einigung auf einen kleinsten gemeinsamen Nenner könnte jedoch insgesamt zu einer höheren Transparenz und somit zu einer größeren Markteffizienz beitragen.

Eine weitere wichtige Voraussetzung für eine Zunahme der Bedeutung wertorientierter Unternehmensführung betrifft die angewendeten Rechnungslegungsvorschriften. Es wurde aufgezeigt, dass eine Bilanzierung nach IFRS oder US-GAAP die wertorientierte Performancemessung vereinfachen kann. Insofern stellen die zunehmende Harmonisierung der internationalen Rechnungslegung und der Trend zu einer aktionärsorientierten Bilanzierung für die wertorientierten Unternehmensführung wichtige Chancen dar, die es zukünftig zu nutzen gilt.

7 Fallstudien

Fallstudie 1: Unternehmensbewertung

1. Berechnen Sie auf der Basis der nachfolgenden Plandaten den Unternehmenswert der XY AG zum 1. Januar 2008. Leiten Sie den Wert der bisher unbekannten Angaben des Jahres 2015 aus den Annahmen Rappaports ab. Benutzen Sie für Ihre Berechnung Excel oder ein ähnliches Tabellenkalkulationsprogramm.

2. Begründen Sie Ihre Vorgehensweise bei der Festlegung der unbekannten Angaben. Beantworten Sie außerdem folgende Frage: Warum beträgt die Dauer der Prognoseperiode sieben Jahre und nicht fünf oder zehn?

3. Berechnen Sie den angemessenen Aktienkurs. Gehen Sie dabei von folgenden Bedingungen aus:

- Der Marktwert des Fremdkapitals beträgt 150 Mio. €.
- Die Zahl der ausgegebenen Aktien beläuft sich auf eine Stückzahl von 14 Millionen.

Dauer der Wettbewerbsvorteile: bis einschließlich 2014
Marktwert handelsfähiger Wertpapiere: 25 Mio.
Umsatz 2007: 1,2 Millarden
WACC: 12%

	2008	2009	2010	2011	2012	2013	2014	2015 - ∞
Wachstumsrate des Umsatzes	11%	17%	20%	14%	14%	14%	14%	?
Gewinnmarge vor Steuern	7%	10%	11%	9%	9%	9%	9%	9% p.a
Cash-Gewinnsteuersatz	40%	40%	40%	40%	40%	40%	40%	40% p.a.
Zusatzinvestitionsrate AV	20%	22%	19%	21%	21%	21%	21%	?
Zusatzinvestitionsrate UV	16%	14%	17%	16%	16%	16%	16%	?

Fallstudie 2a: IRR-CFRoI

Berechnen Sie den IRR-CFRoI der XY AG für das abgelaufene Geschäftsjahr, das zum 31.12.2007 endete. Entnehmen Sie die notwendigen Rechengrößen aus der Schlussbilanz.

Schlussbilanz 31.12.2007			
Aktiva	**in Tsd €**	**Passiva**	**in Tsd. €**
Grundstücke	18.000	Gezeichnetes Kapital:	30.000
Gebäude	21.600	Jahresüberschuss	12.000
Maschinen	20.000	**Eigenkapital**	**42.000**
Fuhrpark	2.400		
Finanzanlagen	5.000	langfr. Bankdarlehen	30.000
Anlagevermögen	**67.000**	kurzf. Bankdarlehen	4.500
		Verbindl. aLuL	2.000
Vorräte	2.000	**Fremdkapital**	**36.500**
Forderungen aLuL	3.000		
Wertpapiere	5.000		
Flüssige Mittel	1.500		
Umlaufvermögen	**11.500**		
Bilanzsumme	**78.500**	**Bilanzsumme**	**78.500**

Weitere Informationen stehen zur Verfügung:

- Die Mietaufwendungen betragen 500.000 € und sollen kapitalisiert werden.
- Eine FIFO/LIFO Anpassung ist nicht erforderlich.
- Die historischen Anschaffungskosten des Sachanlagevermögens betragen 109 Mio. €
- Die lineare Abschreibung des Sachanlagevermögens betrug 2007 insgesamt 6,4 Mio. €
- Die kumulierten Abschreibungen auf Sachanlagevermögen betragen 47 Mio. €
- Die Finanzanlagen sind nicht abschreibbares Anlagevermögen. Alle anderen Positionen des Anlagevermögens werden linear abgeschrieben.
- Der Gewinn nach Steuern entspricht in diesem Beispiel dem Jahresüberschuss und beträgt 12 Mio. €
- Insgesamt wurden im Jahr 2007 2,385 Mio. € Fremdkapitalzinsen gezahlt

Fallstudie 2b: algebraischer CFRoI

Berechnen Sie den algebraischen CFRoI der XY AG für das abgelaufene Geschäftsjahr, das zum 31.12.2007 endete. Gehen Sie dabei von folgenden Größen aus:

- der Brutto Cashflow beträgt 21.285 €
- die Bruttoinvestitionsbasis (BIB) beträgt 145.671,2 €.
- von der gesamten BIB sind lediglich Aktiva im Wert von 5.000 € nicht abschreibbar.
- die Nutzungsdauer (n) des abschreibbaren Anlagevermögens beträgt 17,03 Jahre
- die gewichteten Kapitalkosten betragen 10 Prozent.

Fallstudie 3: Economic Value Added

Gegeben sei folgende Schlussbilanz der XY AG zum 31.12.2007. Berechnen Sie den EVA für 2007. Berücksichtigen Sie bei der Berechnung folgende Gegebenheiten und führen Sie entsprechende Anpassungen der Größen Investiertes Kapital und NOPAT durch.

Schlussbilanz 31.12.2007			
Aktiva	**in Tsd €**	**Passiva**	**in Tsd. €**
Grundstücke	18.000	Gezeichnetes Kapital	30.000
Gebäude	21.600	Jahresüberschuss	12.000
Maschinen	20.000	**Eigenkapital**	**42.000**
Fuhrpark	2.400		
Finanzanlagen	5.000	langfr. Bankdarlehen	30.000
Anlagevermögen	**67.000**	kurzf. Bankdarlehen	4.500
		Verbindl. aLuL	2.000
Vorräte	2.000	**Fremdkapital**	**36.500**
Forderungen aLuL	3.000		
Wertpapiere	5.000		
Flüssige Mittel	1.500		
Umlaufvermögen	**11.500**		
Bilanzsumme	**78.500**	**Bilanzsumme**	**78.500**

1. Auf der Aktivseite der Bilanz findet sich eine aktivierte Immobilie mit einem Buchwert von 10 Mio. €. Diese Immobilie wird jedoch nicht betrieblich genutzt. Die aus der Immobilie resultierenden Mieterträge betrugen im Jahr 2007 insgesamt 250.000 €. An Aufwendungen für Hausmeistertätigkeiten etc. fielen für diese Immobilie im Jahr 2007 20.000 € an.
2. Die Verbindlichkeiten aLuL betragen 2 Mio. € und sollen aus der Vermögensbasis herausgerechnet werden.
3. Die XY AG verfügt über ein Grundstück, das im Jahr 1950 für 300.000 € gekauft und seitdem in Höhe der Anschaffungskosten bilanziert wurde. Ein unabhängiger Gutachter schätzt den heutigen Verkehrswert auf 5 Mio. €.
4. Für die Grundlagenforschung zur Entwicklung eines neuen Produktes wurden 5 Mio. € investiert und als Aufwand in der GuV erfasst. Es wird davon ausgegangen, dass dieses Produkt für zehn Jahre in das Sortiment aufgenommen wird. Entsprechend sollen die Forschungsausgaben aktiviert und über diesen Zeitraum linear abgeschrieben werden.
5. Die auf der Basis der bilanziellen Daten errechnete Cash-Steuerbelastung beträgt 6,461 Millionen €. Bereinigen Sie diese Steuerbelastung um die Auswirkungen der übrigen Anpassungen. Gehen Sie dabei von einem Cash-Gewinnsteuersatz von 35% aus.

Weitere Informationen:

- Die Größe NOPAT vor Anpassungen errechnet sich, indem zum Jahresüberschuss der Zinsaufwand für Fremdkapital addiert wird. Die Fremdkapitalzinsen beliefen sich 2007 auf 2,385 Mio. €.
- Der WACC beträgt 9,9 %.

Fallstudie 4: Basiswissen Economic Value Added I

Der operative Gewinn vor Steuern und Zinsen (EBIT) beträgt in einer Periode 3.000 €, der Unternehmenssteuersatz 35%.

1. Wie hoch ist der EVA bei einem eingesetzten Kapital von 22.000 € und einem gewogenen Kapitalkostensatz von 10,5%?
2. Um wie viel € müsste das eingesetzte Kapital ceteris paribus (unter sonst gleichen Bedingungen) reduziert werden, um einen EVA von Null zu bekommen?

Fallstudie 5: Basiswissen Economic Value Added II

Eine Unternehmung steht bei seinen beiden Profitcentern A und B jeweils vor einer Investitionsentscheidung und zieht als Entscheidungsgrundlage den EVA heran:

Bei Investitionsobjekt 1 im Profitcenter A würde sich durch die Umsetzung der Investition die Gesamtkapitalrendite von 13% auf 12% verringern. Ebenso würde die Umsatzrendite von 6,5% auf 6% fallen. Die Gesamtkapitalkosten belaufen sich nach Auskunft der Geschäftsleitung auf 9%. Es gelten folgende Daten:

	Bestehendes Geschäft	+	Neues Projekt	=	Gesamtvolumen
Ergebnis nach Steuern	130€		110€		240€
Kapital	1.000€		1.000€		2.000€
Umsatz	2.000€		2.000€		4.000€
Umsatzrendite	6,5%		5,5%		6,0%
Kapitalrendite	13,0%		11,0%		12%

Bei Investitionsobjekt 2 im Profitcenter B würde sich durch die Umsetzung der Investition der Gewinn von 60 auf 140 Mio. € erhöhen und die Gesamtkapitalrendite von 6% auf 7% erhöhen. Ebenso würde die Umsatzrendite von 3% auf 3,5% ansteigen. Die Gesamtkapitalkosten belaufen sich auch hier auf 9%. Es gelten folgende Daten:

	Bestehendes Geschäft	+	Neues Projekt	=	Gesamtvolumen
Ergebnis nach Steuern	60€		80€		140€
Kapital	1.000€		1.000€		2.000€
Umsatz	2.000€		2.000€		4.000€
Umsatzrendite	3,0%		4,0%		3,5%
Kapitalrendite	6,0%		8,0%		7%

Wie wird sich die Geschäftsleitung entscheiden?

Fallstudie 6: Deckungsbeitragsrechnung I

Der Finanzbuchhaltung einer Unternehmung entnehmen wir für den Monat März folgende Aufwendungen und Erträge:

Konto	Bezeichnung	Betrag (€)
5000	Umsatzerlöse	5.200.000
5400	Mieterträge	120.000
5460	Erträge aus dem Abgang von Vermögensgegenständen	26.000
5500	Erträge aus Wertpapierverkäufen	126.000
6000	Aufwendungen für Roh-, Hilfs- und Betriebsstoffe	3.400.000
6160	Instandhaltungsaufwand	32.000
6200	Löhne	940.000
6300	Gehälter	130.000
6400	Soziale Abgaben	240.000
6520	Abschreibungen auf Sachanlagen	275.000
6850	Reisekosten	42.000
7030	Kraftfahrzeugsteuer	65.000
7077	Betriebliche Steuern	135.000

Führen Sie eine <u>Gesamtergebnisrechnung</u>, <u>Abgrenzungsrechnung</u> und <u>Betriebsergebnisrechnung</u> durch, wobei folgendes zu berücksichtigen ist:

* die Mieterträge entstanden aus der Untervermietung von nicht benötigten Gebäuden
* bei den verkauften Wertpapieren handelt es sich um Erträge aus dem Verkauf von im DAX gehandelten Aktien

- von den Abschreibungen auf Sachanlagen entfallen 13% auf die untervermieteten Gebäude
- im Konto Betriebliche Steuern sind 28.000€ Steuernachzahlungen für zurückliegende Perioden

Fallstudie 7: Deckungsbeitragsrechnung II

Ermitteln Sie zu der aus Fallstudie 3 abgeleiteten Kostenrechnung die Gewinnschwelle (in €). Gehen Sie dabei davon aus, dass die Aufwendungen für Roh- Hilfs- und Betriebsstoffe (3.400.000 €), die Löhne (940.000 €) sowie die anteiligen Sozialen Abgaben (210.000 €) variable Kosten sind, während die übrigen Kosten beschäftigungsunabhängig, d.h. fix sind.

Fallstudie 8: Operate-Leasing

Ein zum Jahresende gegründetes Dienstleitungsunternehmen (Informationstechnologie) hat folgende Eröffnungsbilanz (gleichzeitig Schlussbilanz zum 31.12):

Bilanz (in Tsd. €)			
Aktiva			**Passiva**
Bankguthaben	600,0	Eigenkapital	600,0
Bilanzsumme	**600,0**	**Bilanzsumme**	**600,0**

Das Unternehmen benötigt nun im neuen Jahr eine EDV-Anlage, um die Dienstleistungen anbieten zu können. Die Inhaber überlegen, die Anlage entweder über einen langfristigen Bankkredit, über ein Operate-Leasingmodell oder durch die eigene Liquidität zu finanzieren. Die Kosten für die Anlage belaufen sich auf 525 T€. Ferner liegen dem Unternehmen folgende Möglichkeiten vor:

- Die Hausbank bietet einen Kredit mit 7 % Verzinsung p.a., 6 jähriger Laufzeit und jährlich gleich bleibenden Tilgungsraten (Tilgung immer am Jahresende) an
- Die Leasinggesellschaft geht von einer 4 jährigen Grundmietzeit, monatlichen Leasingraten von 2,8 %, einer Gesamtnutzungszeit von 6 Jahren, sowie einer jährlichen Anschlussmiete in Höhe von 20.000 € aus.

Skizzieren Sie unter den Aspekten der Eigenkapitalrentabilität, der Liquidität, der Verschuldung und der Risiken die Vor- und Nachteile der drei Varianten. Damit ein realistischer Jahresabschluss erstellt werden kann, sind zusätzlich 800.000,- € Umsatzerlöse und 600.000,- € Aufwendungen ohne Berücksichtigung des Anlagekaufs sowie deren Finanzierungsmaßnahmen eingeplant.

Fallstudie 9: Factoring I

Ein Unternehmen weist nachfolgende Bilanz kurz vor dem Bilanzstichtag aus:

Bilanz (in Tsd. €)			
Aktiva			**Passiva**
Technische Anlagen	700,0	Eigenkapital (01.01)	650,0
Andere Anlagen	800,0	Bilanzgewinn	50,0
Anlagevermögen	**1.500,0**	**Eigenkapital (31.12)**	**700,0**
Roh- Hilfs- und Betriebsstoffe	100,0		
Unfertige und fertige Erzeugnisse	100,0	Langfr. Bankendarlehen	1.500,0
Vorräte	**200,0**	kurzfr. Bankendarlehen	1.300,0
Forderungen LuL	1.700,0		
Kasse	100,0		
Umlaufvermögen	**2.000,0**	**Fremdkapital**	**2.800,0**
Bilanzsumme	**3.500,0**	**Bilanzsumme**	**3.500,0**

Um expandieren zu können, wären weitere finanzielle Mittel notwendig. Die Bank aber lehnt weitere Darlehen mit dem Hinweis auf die zu geringe Eigenkapitaldecke (Eigenkapitalquote) und dem daraus resultierenden hohen Verschuldungsgrad (Verhältnis von Fremdkapital zu Eigenkapital) ab. Zur Verbesserung der Bilanzoptik soll der Verkauf von Forderungen (Factoring) zu einer Verbesserung der Eigenkapitalquote führen. Wie funktioniert das?

Fallstudie 10: Factoring II[364]

Ein Unternehmen setzt jährlich Waren im Wert von 17 Mio. € ab. Die jährlichen Forderungsausfälle betragen 25.000 €. Die Perspektiven des Unternehmens können als gut bezeichnet werden, jedoch sind die kurzfristigen Kreditspielräume (Kontokorrentkredit bei der Hausbank) ausgeschöpft. Die bereits in der Vergangenheit erreichte Umsatzausweitung führte zu einer erheblichen Kapitalbindung im Warenlager sowie bei den Forderungen aus Lieferungen und Leistungen. Finanziert wurde diese Kapitalbindung durch die Inanspruchnahme von Lieferantenkrediten, mit der Konsequenz, dass Lieferantenskonti verloren gingen (man nahm also den sehr teuren Lieferantenkredit in Anspruch).

Ein Factoringinstitut unterbreitet dem Unternehmen nun folgendes Angebot:

• Forderungsverkauf: 1,7 Mio. € (aus einem Forderungsbestand von 1,85 Mio. €)
• Zinssatz für die Abschlagszahlungen: 10,5% p.a.
• Delkrederegebühr: 3.750 €

---

[364] Entnommen aus: Garhammer C., Grundlagen der Finanzierungspraxis, 1998, S. 183f.

- Factoringgebühr: 0,9% vom Umsatz
- Abschlagszahlungsquote: 90%

Um die Wirtschaftlichkeit des Factorings im vorliegenden Fall zu überprüfen, liegen folgende weitere Informationen vor:

- Der jährliche Wareneinsatz (Materialaufwand) beträgt 11,9 Mio. € bei eine Skontosatz von 4%.
- Durch das Auftreten von Skontozahler bei den Lieferanten lassen sich zusätzlich Einkaufsvorteile von 15.000 € p.a. erzielen.
- Es wird damit gerechnet, dass sich durch die Zusammenarbeit mit dem Factoringinstitut die Forderungsausfälle in Bezug auf die beim Unternehmen verbleibenden Forderungen (diese betragen durch die Aufgabenstellung noch 150.000 €) auf 5.000 € reduzieren.
- Für die Überprüfung und Überwachung der Kundenbonität entstanden dem Unternehmen in der Vergangenheit bisher Kosten in Höhe von 6.000 € jährlich.

Berechnen Sie die Wirtschaftlichkeit des Factorings!

Fallstudie 11: Lageroptimierung I

Ein Unternehmen will im Zuge eines allgemeinen Wirtschaftlichkeitsprozesses sein Lager optimieren und möchte dazu mittels der ABC-Analye eine Materialklassifizierung vornehmen, um sich zunächst einmal einen Überblick über die A-, B- und C-Güter zu verschaffen. Folgende Informationen liegen zugrunde:

Produkt	Einzelpreis (€)	Eingekaufte Menge (St)	Produkt	Einzelpreis (€)	Eingekaufte Menge (St)
P1	3,66	11.476	P14	2,78	26.980
P2	35,77	8.639	P15	1,89	20.531
P3	5,54	11.369	P16	29,07	3.920
P4	2,34	2.410	P17	2,56	2.041
P5	1,37	28.357	P18	117,78	6.351
P6	7,88	6.280	P19	0,23	16.090
P7	55,13	9.976	P20	49,57	10.490
P8	3,23	27.579	P21	1,65	1.820
P9	0,44	7.950	P22	7,18	570
P10	32,25	6.978	P23	1,12	37.267
P11	1,77	21.654	P24	1,25	29.510
P12	43,18	9.495	P25	5,22	10.530
P13	6,54	700			

Teilen Sie die Produkte (am besten mit einem Tabellenkalkulationsprogramm) in A-, B- und C-Güter ein und machen Sie Vorschläge zur Lagerdisposition.

Fallstudie 12: Lageroptimierung II

Das Material P23 aus obiger Fallstudie soll über das Jahr gesehen in „optimalen" Mengen eingekauft werden. Der Einkauf geht davon aus, dass die Stückzahlen (37.267) und die variablen Kosten (1,12€) des letzten Jahren auch aktuell noch Bestand haben. Kalkuliert wird ferner mit bestellfixen Kosten in Höhe von 50,- € sowie einem Lagerzinssatz von 8%.

Bestimmen Sie die optimale Bestellmenge und untersuchen Sie gleichzeitig, ob es sich hierbei tatsächlich auch um die kostenminimierende Bestellmenge handelt.

Fallstudie 13: Optimierung der Kapitalstruktur I – Leverage-Risiko

Ein Unternehmen weist eine Bilanzsumme von 120 Mio. € aus, die sich mit 10% verzinst. An die Fremdkapitalgeber ist durchschnittlich ein Zins von 8% zu zahlen. Zeigen Sie die Eigenkapitalrentabilität für den Fall:

a) dass der Anteil des Eigenkapitals 50% beträgt

b) dass der Anteil des Eigenkapitals 1/6 beträgt

c) beschreiben Sie aufgrund der Ergebnisse von a) und b) die Hebelwirkung

d) Sie wollen anhand des obigen Beispiels ihrem Eigenkapitalgeber zu einer höheren Eigenkapitalrentabilität verhelfen. Diese Verhaltensweise birgt aber auch ein Leverage-Risiko. Zeigen Sie dieses Risiko für den Fall eines möglichen Gewinneinbruchs auf 5%.

Fallstudie 14: Optimierung der Kapitalstruktur II

Eigenkapitalquote, Eigenkapitalrentabilität, Anlagendeckung B und Liquiditätsgrad III sind wie folgt definiert:

$$\text{Eigenkapitalquote} = \frac{\text{Eigenkapital}}{\text{Bilanzsumme}} * 100$$

$$\text{Eigenkapitalrentabilität} = \frac{\text{Jahresergebnis}}{\text{Eigenkapital}} * 100$$

$$\text{Anlagendeckung B} = \frac{(\text{Eigenkapital} + \text{langfristiges Fremdkapital})}{\text{Anlagevermögen}} * 100$$

$$\text{Liquidität 3. Grades} = \frac{\text{Umlaufvermögen}}{\text{kurzfristiges Fremdkapital}} * 100$$

Zu den folgenden drei Unternehmen liegen jeweils die Jahesabschlüsse (1-3) vor. Es sollen folgende 3 Fragen beantwortet werden:

a) Bestimmen Sie jeweils obige Kennzahlen

b) Beurteilen Sie jeweils kritisch (kurz und knapp) die jeweilige Bilanz

c) Geben Sie, falls nötig, Handlungsempfehlungen, wie man die Situation verbessern kann

Bilanz 1			
Aktiva		**Passiva**	
Grundstücke und Gebäude	120.000	Gezeichnetes Kapital	100.000
Technische Anlagen	45.000	Kapitalrücklagen	50.000
Büro- und Geschäftsausstattungen	12.000	Gewinnrücklagen	30.000
Vorräte	23.000	Jahresergebnis	-190.000
Forderungen	51.000	Langfristige Rückstellungen	55.000
Bank	14.000	Kurzfristige Rückstellungen	24.000
		Langfristige Verbindlichkeiten	140.000
		Kurzfristige Verbindlichkeiten	56.000
Bilanzsumme	**265.000**	Bilanzsumme	**265.000**

Bilanz 2			
Aktiva		**Passiva**	
Grundstücke und Gebäude	120.000	Gezeichnetes Kapital	100.000
Technische Anlagen	45.000	Kapitalrücklagen	50.000
Büro- und Geschäftsausstattungen	12.000	Gewinnrücklagen	30.000
Vorräte	23.000	Jahresergebnis	5.000
Forderungen	51.000	Langfristige Rückstellungen	55.000
Bank	209.000	Kurzfristige Rückstellungen	24.000
		Langfristige Verbindlichkeiten	140.000
		Kurzfristige Verbindlichkeiten	56.000
Bilanzsumme	**460.000**	Bilanzsumme	**460.000**

Bilanz 3			
Aktiva		**Passiva**	
Grundstücke und Gebäude	290.000	Gezeichnetes Kapital	50.000
Technische Anlagen	45.000	Kapitalrücklagen	10.000
Büro- und Geschäftsausstattungen	12.000	Gewinnrücklagen	5.000
Vorräte	23.000	Jahresergebnis	15.000
Forderungen	10.000	Langfristige Rückstellungen	55.000
Bank	9.000	Kurzfristige Rückstellungen	24.000
		Langfristige Verbindlichkeiten	140.000
		Kurzfristige Verbindlichkeiten	90.000
Bilanzsumme	**389.000**	Bilanzsumme	**389.000**

Fallstudie 15: Statistische Risikomaße I

Eine Unternehmung möchte Stühle produzieren und hat bzgl. der Absatzmengen folgende Prognose:

Stückzahl	25.000	30.000	35.000	40.000	45.000	50.000
Wahrscheinlichkeit	8%	12%	30%	30%	12%	8%

Der Stückdeckungsbeitrag beträgt 15,-€, die Fixkosten belaufen sich auf 500.000,-€.

Berechnen Sie anhand der sich ergebenden Gewinnsituationen den VaR auf dem 95% – Niveau. Die Unternehmensleitung wird die Stühle nur dann produzieren, wenn der VaR einen Verlust von 100.000,-€ nicht übersteigt. Wie wird die Entscheidung ausfallen?

Fallstudie 16: Statistische Risikomaße II

Eine Venture Capital Gesellschaft hat 5 Mio. € in eine Start Up-Unternehmung investiert und erwartet eine jährliche Rendite von 8%. Wie hoch ist das Risiko, dass die VC-Gesellschaft eine Rendite von weniger als 300.000 € erwirtschaftet unter der Annahme, dass die Standardabweichung 18% beträgt?

8 Lösungen zu den Fallstudien

<u>Fallstudie 1</u>: Unternehmensbewertung

Lösung zur Frage 1:

	2007	2008	2009	2010	2011	2012	2013	2014	2015 - ∞
Umsatz	1200,00	1332,00	1558,44	1870,13	2131,95	2430,42	2770,68	3158,57	3158,57
Wachstumsrate		11%	17%	20%	14%	14%	14%	14%	0%
Gewinnmarge vor St.		7%	10%	11%	9%	9%	9%	9%	9%
Cash-Gewinnsteuersatz		40%	40%	40%	40%	40%	40%	40%	40%
Zusatzinvestitionsrate AV		20%	22%	19%	21%	21%	21%	21%	0%
Zusatzinvestitionsrate UV		16%	14%	17%	16%	16%	16%	16%	0%
Cash-Flow vor Neuinvestitionen		55,94	93,51	123,43	115,13	131,24	149,62	170,56	170,56
WACC		12%	12%	12%	12%	12%	12%	12%	12%
Free Cash Flow		8,42	11,99	11,22	18,25	20,81	23,72	27,04	170,56
Konstanter Cashflow									170,56
Residualwert									1421,36
Diskontierungsfaktor		0,89	0,80	0,71	0,64	0,57	0,51	0,45	0,45
Barwerte		7,52	9,56	7,99	11,60	11,81	12,02	12,23	642,95
kummulierte Barwert		715,67							
Marktwert handelsfähiger Wertpapiere		25,00							
Unternehmenswert		**740,67**							

Lösung zur Frage 2:

Nach der Annahme Rappaports entspricht die Rendite von Neuinvestitionen in der Residualwertperiode exakt den Kapitalkosten. Neuinvestitionen sind demzufolge wertneutral und können deshalb unberücksichtigt bleiben. Die Länge der Prognoseperiode bemisst sich allein an der Dauer der Wettbewerbsvorteile, weil Neuinvestitionen nur bei Vorhandensein von Wettbewerbsvorteilen Überrenditen erzielen. Da die Wettbewerbsvorteile im Beispiel sieben Jahr andauern, ist die Prognoseperiode auf sieben Jahre festgelegt.

Lösung zur Frage 3:

Diskontierungsfaktor	0,89

Berechnung des angemessenen Aktienkurses

Unternehmenswert	740.670.000	I
Marktwert des Fremdkapitals	150.000.000	II
Shareholder Value (Wert des EK)	590.670.000	I-II
Anzahl der Aktien	14.000.000	IV
angemessener Aktienkurs	**42,19**	III/IV

Fallstudie 2a: IRR-CFRoI

Der IRR-CFRoI für das Jahr 2007 beträgt 12,79%. Die notwendigen Rechengrößen sind der Brutto Cashflow in Höhe von 21.285 € sowie eine Bruttoinvestitionsbasis in Höhe von 145.671,2 €.

Berechnung CFRoI				
Brutto Cashflow		**Brutto Investitionsbasis**		
Gewinn	12000	Kapital	78500	
Abschreibung	6400 +	unverzinsl. Verbindl.	2000 -	
Zinsaufwand	2385 +	kumulierte Afa	47000 +	
Mietaufwand	500 +	Inflationsanpassung	21671,2 +	
Brutto Cashflow	21285 =	kapitalisierte Mietaufw.	500 +	
		Goodwill	0	
		Brutto Investitionsbasis	145671,2 =	

Die notwendigen Nebenrechnungen zur Ermittlung dieser beiden Größen lauten:

Nebenrechnungen		
durchschnittliche Nutzungsdauer		
historische Anschaffungskosten	109000	I
lineare Afa	6400	II
durchschnittliche Nutzungsdauer	**17,03125**	I/II
Berechnung Inflationsanpassung		
historische Anschaffungkosten	109000	I
kum. AFA	47000	II
n durchschnittlich	17,03125	III
durchschnittliche Inflationsrate	2,50%	IV
durchschnittliches Alter der Anlagen	7,34375	(II/I)*III
Inflationsfaktor	1,1988	(1+IV)hochV
Inflationsanpassung	**21671,20**	(I*VI)-I

Nach Ermittlung dieser beiden Größen ergibt sich der CFRoI näherungsweise durch rechnerische Interpolation mit Hilfe der so genannten regula falsi wie folgt:

Zins	Summe	KW	Jahr	1	2	3	4	5	6	7	8	9	10	11	12	13	14	15	16	17	17,03	Restwert
0,13	143935,42	-1735,78	BCF	21285,0	21285,0	21285,0	21285,0	21285,0	21285,0	21285,0	21285,0	21285,0	21285,0	21285,0	21285,0	21285,0	21285,0	21285,0	21285,0	665,2	5000,0
			Barwert	18836,3	16669,3	14751,6	13054,5	11552,6	10223,6	9047,4	8006,6	7085,5	6270,3	5548,9	4910,6	4345,6	3845,7	3403,3	3011,7	2665,3	83,0	623,7

Zins	Summe	KW	Jahr	1	2	3	4	5	6	7	8	9	10	11	12	13	14	15	16	17	17,03	Restwert
0,12	152363,52	6692,31	BCF	21285,0	21285,0	21285,0	21285,0	21285,0	21285,0	21285,0	21285,0	21285,0	21285,0	21285,0	21285,0	21285,0	21285,0	21285,0	21285,0	665,2	5000,0
			Barwert	19004,5	16968,3	15150,2	13527,0	12077,7	10783,6	9628,3	8596,7	7675,6	6853,2	6118,9	5463,3	4878,0	4355,3	3888,7	3472,0	3100,0	96,5	725,6

Zins	Summe	KW	Jahr	1	2	3	4	5	6	7	8	9	10	11	12	13	14	15	16	17	17,03	Restwert
0,127940	145607,17	-64,03	BCF	21285,0	21285,0	21285,0	21285,0	21285,0	21285,0	21285,0	21285,0	21285,0	21285,0	21285,0	21285,0	21285,0	21285,0	21285,0	21285,0	665,2	5000,0
			Barwert	18870,7	16730,2	14832,5	13150,1	11658,5	10336,1	9163,7	8124,3	7202,7	6385,7	5661,4	5019,3	4449,9	3945,2	3497,1	3100,9	2749,2	85,6	643,4

Rechnerische Interpolation (mit regula falsi)	
i1:	0,13
KW1:	-1735,78
i2:	0,12
KW2:	6692,31
r:	?
r:	i1-kw1*(i2-i1)/(kw2-kw1)
r:	**0,127940**

Fallstudie 2b: algebraischer CFRoI

Der algebraische CFRoI beträgt 12,64 Prozent. Für das vorliegende Beispiel ermittelt die algebraische Variante demzufolge einen niedrigeren CFRoI als die Interne Zinsfuß Variante.

Zur Berechnung des algebraischen CFRoI ist neben BCF und BIB die Kenntnis der öA notwendig. Die öA ergibt sich durch Einsetzen der Größen n und WACC in die aus Abbildung 27 bekannte Formel und beträgt 2873,46 €. Die Berechnung des algebraischen CFRoI wurde verkürzt dargestellt, da der BCF, die BIB sowie n bereits in der Fallstudie 2a) ermittelt wurden.

Fallstudie 3: Economic Value Added

Herleitung NOPAT		
JÜ	12000,0	
FK-Zinsen	2385,0	+
NOPAT	14385,0	=

Anpassungen	Inv. Kapital	NOPAT
1.	-10000,0	-230,0
2.	-2000,0	
3.	4700,0	
4.	5000,0	5000,0
		-500,0
Summe	**-2300,0**	**4270,0**

korrigiertes Inv. Kapital		
Inv. Kapitel	78500,0	
Anpassungen	-2300,0	+
korrigiertes Inv. Kapital	**76200,0**	=

korrigierter NOPAT		
NOPAT	14385,0	
Anpassungen	4270,0	+
fiktive zus. Steuerlast	1494,5	-
korrigierter NOPAT	**17160,5**	=

Berechnung EVA		
korrigierter NOPAT	17160,5	I
WACC	9,9%	II
korrigiertes Inv. Kapital	76200,0	III
EVA	**9616,7**	I - (II*III)

Fallstudie 4: Basiswissen Economic Value Added I

Der operative Gewinn vor Steuern und Zinsen (EBIT) beträgt in einer Periode 3.000 €, der Unternehmenssteuersatz 35%.

1. Wie hoch ist der EVA bei einem eingesetzten Kapital von 22.000 € und einem gewogenen Kapitalkostensatz von 10,5%?
2. Um wie viel € müsste das eingesetzte Kapital c.p. reduziert werden, um einen EVA von Null zu bekommen?

Zu 1:

$$NOPAT = EBIT - 35\% = 3.000 - 1.050 = 1.950$$

$$EVA = 1.950 - 0,105 * 22.000 = -360 \text{ €}$$

Zu 2:

Das Produkt aus gewogenem Kapitalkostensatz und eingesetztem Kapital muss der Höhe des NOPAT (1.950 €) entsprechen.

Aus $1.950 = 0,105 * IK$ ergibt sich ein IK in Höhe von 18.571,43 €, d.h. das eingesetzte Kapital müsste, ausgehend von 22.000 € um 3.428,57 € reduziert werden

Fallstudie 5: Basiswissen Economic Value Added II

Investitionsobjekt 1

In Mio. €	Bestehendes Geschäft	+	Neues Projekt	=	Gesamtvolumen
Ergebnis nach Steuern	130€		110€		240€
Kapital	1.000€		1.000€		2.000€
Umsatz	2.000€		2.000€		4.000€
Umsatzrendite	6,5%		5,5%		6,0%
Kapitalrendite	13,0%		11,0%		12%
Kapitalkostensatz	9,0%		9,0%		9,0%
Kapitalkosten	90€		90€		180€
EVA	+40€		+20€		+60€

Fazit: Investitionsobjekt 1 wird realisiert, der EVA erhöht sich um 20 Mio. € auf 60 Mio. €.

Investitionsobjekt 2

	Bestehendes Geschäft	+	Neues Projekt	=	Gesamtvolumen
Ergebnis nach Steuern	60€		80€		140€
Kapital	1.000€		1.000€		2.000€
Umsatz	2.000€		2.000€		4.000€
Umsatzrendite	3,0%		4,0%		3,5%
Kapitalrendite	6,0%		8,0%		7%
Kapitalkostensatz	9,0%		9,0%		9,0%
Kapitalkosten	90€		90€		180€
EVA	-30€		-10€		-40€

Fazit: Investitionsobjekt 2 wird nicht realisiert, der ohnehin negative EVA verschlechtert sich durch die Investitionsentscheidung von -30 Mio. € um 10 Mio. € auf -40 Mio. €

Gesamtfazit: Eine alleinige Verbesserung der Kapital-/Umsatzrendite führt nicht immer zur Unternehmenswertsteigerung!

Fallstudie 6: Deckungsbeitragsrechnung I

Ergebnistabelle						
Finanzbuchhaltung			Kosten- und Leistungsrechnung			
Gesamtergebnisrechnung			Abgrenzungsrechnung		Betriebsergebnisrechnung	
Kto.	Aufwand	Erträge	Neutraler Aufwand	Neutraler Ertrag	Kosten	Leistungen
5000		5.200.000				5.200.000
5400		120.000		120.000		
5460		26.000		26.000		
5500		126.000		126.000		
6000	3.400.000				3.400.000	
6160	32.000				32.000	
6200	940.000				940.000	
6300	130.000				130.000	
6400	240.000				240.000	
6520	275.000		35.750		239.250	
6850	42.000				42.000	
7030	65.000				65.000	
7077	135.000		28.000		107.000	
	5.259.000	5.472.000	63.750	272.000	**5.195.250**	5.200.000
	213.000		**208.250**		**4.750**	
	Gesamtergebnis		**Neutrales Ergebnis**		**Betriebsergebnis**	

Erläuterungen:

Die Umsatzerlöse (5.200.000,- €) wurden im Rahmen der operativen Geschäftstätigkeiten erzielt und sind damit als Leistungen in die Kosten- und Leistungsrechnung zu übernehmen.

Mieterträge (120.000,- €), Erträge aus dem Abgang von Vermögensgegenständen (26.000,- €) sowie die Erträge aus Wertpapierverkäufen wurden abgegrenzt, d.h., nicht in die Kosten- und Leistungsrechnung übertragen. Sie alle zählen zu den neutralen Aufwendungen. Bei den Mieterträgen und den Erträgen aus den Wertpapierverkäufen handelt es sich um die „Verfolgung betriebsfremder Ziele", während es sich bei den Erträgen aus dem Abgang von Vermögensgegenständen um „außerordentliche" Erträge handelt.

Eindeutig sind die Aufwendungen für Roh-, Hilfs- und Betriebsstoffe (3.400.000,- €), Instandhaltungsaufwand (32.000,- €), Löhne (940.000,- €), Gehälter (130.000,- €), Soziale Abgaben (240.000,- €), Reisekosten (42.000,- €) und Kraftfahrzeugsteuer (65.000,- €). Es sind Aufwendungen, hervorgerufen durch den betrieblichen Leistungsprozess und somit als Kosten in die Kosten- und Leistungsrechnung einzustellen.

Abschreibungen auf Sachanlagen (275.000,- €) und die betrieblichen Steuern sind teilweise Kosten und teilweise neutrale Aufwendungen. Die Abschreibungen sind zu 13% (35.750 €) betriebsfremd und zu 87% (239.250,- €) betrieblich bedingt (= Kosten). Die betrieblichen Steuern betreffen in Höhe von 28.000,- € Steuernachzahlungen und sind deshalb in dieser Höhe als periodenfremde Aufwendungen abzugrenzen, d.h. die verbleibenden 107.000,- € werden als Kosten übernommen.

Es ergibt sich insgesamt ein bilanzieller Gewinn in Höhe von 213.000,-, das operative Ergebnis hingegen beträgt lediglich 4.750,- €. Das bedeutet, dass die Unternehmung in ihrem Kerngeschäft Probleme hat, denn mit 208.250,- € ist der Bilanzgewinn zu fast 98% aus dem neutralen Ergebnis entstanden.

Fallstudie 7: Deckungsbeitragsrechnung II

Konto	Betrag	Kostencharakter	in % vom Umsatz
Umsatz	5.200.000		100,00
Material	3.400.000	variabel	65,38
Instandhaltung	32.000	fix	
Löhne	940.000	variabel	18,08
Gehälter	130.000	fix	
Soziale Abgaben	210.000	variabel	4,04
Soziale Abgaben	30.000	fix	
Abschreibungen	239.250	fix	
Reisekosten	42.000	fix	
KfZ-Kosten	65.000	fix	
Betriebliche Steuern	107.000	fix	

Gewinnschwellenermittlung mittels der Deckungsbeitragsrechnung	
Bei einem Fixkostenblock von	645.250 €[365]
sowie der variablen Kostenblöcken:	
Material	65,38 %
Löhne	18,08 %
Soziale Abgaben	4,04 %
beträgt die Gewinnschwelle	**5.162.000 €[366]**

Fallstudie 8: Operate-Leasing

Um die einzelnen Aspekte detailliert betrachten zu können, sollen zunächst die Zins- und Tilgungspläne des Bankendarlehens sowie für das Leasing dargestellt werden:

Bankendarlehen				
Jahr	**Schuld 01.01**	**Zinsen**	**Tilgung**	**Σ**
1	525.000	36.750	87.500	124.250
2	437.500	30.625	87.500	118.250
3	350.000	24.500	87.500	112.000
4	262.500	18.375	87.500	105.875
5	175.000	12.250	87.500	99.750
6	87.500	6.125	87.500	93.625
Σ		**128.625**	**525.000**	**653.625**

Leasing			
Jahr	**Leasingrate**	**Anschlussgebühr**	**Σ**
1	176.400		176.400
2	176.400		176.400
3	176.400		176.400
4	176.400		176.400
5		20.000	20.000
6		20.000	20.000
Σ	**705.600**	**40.000**	**745.600**

---

[365] Der Wert ergibt sich aus der Summe aller ermittelten fixen Kosten, also für Instandhaltung, Gehälter, Soziale Abgaben etc.

[366] Zur Ermittlung diente uns die im letzten Gliederungspunkt abgeleitete Formel x = FK/db. Hier eingesetzt erhalten wir x = 645.250/(1-0,6538-0,1808-0,0404) = 5.162.000 €.

Nun können anhand der Vorgaben zur Gewinn- und Verlustrechnung die Jahresabschlüsse unter allen drei Varianten erstellt werden. Exemplarisch soll dies jeweils für das erste Jahr erfolgen:

Variante 1: Bankdarlehen

Bilanz			
AKTIVA			PASSIVA
Anlagen	420.000	Eigenkapital	658.250
Liquidität	675.750	Darlehen	437.500
Summe	**1.095.750**	**Summe**	**1.095.750**

Gewinn- und Verlust			
SOLL			HABEN
Aufwand	600.000	Umsätze	800.000
Abschreibung	105.000		
Zinsaufwand	36.750		
Gewinn	58.250		
Summe	**800.000**	**Summe**	**800.000**

Erläuterung: Neben den vorgegebenen Aufwendungen (600.000,- €) und Umsatzerlösen (800.000,- €) wurden in der GuV 105.000,- Abschreibungen (20% des Anlagenanschaffungswertes; 5 Jahre Nutzungsdauer), sowie die zu zahlenden 36.750 Zinsen (gemäß obigem Zins- und Tilgungsplan) eingestellt. Der sich ergebende Gewinn wurde thesauriert (von Steuern wurde aus Vereinfachungsgründen abgesehen), d.h. dem Eigenkapital zugeführt. Das Bankendarlehen wurde um den Tilgungsbetrag (87.500,- €; siehe oben) gekürzt. Auf der Aktivseite der Bilanz wurde das Anlagevermögen um die Abschreibung reduziert, so dass sich insgesamt 420.000,- € an Volumen zum Jahresende ergaben. Die Residualgröße ist die Liquidität (675.750,- €).

Variante 2: Operate-Leasing

Bilanz				
AKTIVA			PASSIVA	
Liquidität	623.600	Eigenkapital	623.600	
Summe	**623.600**	**Summe**	**623.600**	

Gewinn- und Verlust				
SOLL			HABEN	
Aufwand	600.000	Umsätze	800.000	
Leasing	176.400			
Gewinn	23.600			
Summe	**800.000**	**Summe**	**800.000**	

Erläuterung: Neben den bei Variante 1 bereits skizzierten Beträgen entstehen hier im Vergleich zur Zins- und Tilgungsleistung höhere Leasinggebühren in Höhe von 176.400,- €, die dann in der Summe gegenüber Variante 1 den Gewinn lediglich in Höhe von 23.600,- € ausweisen. Liquidität und Eigenkapital sind wie in der Eröffnungsbilanz identisch.

Variante 3: Finanzierung über die eigene Liquidität

Bilanz				
AKTIVA			PASSIVA	
Anlagen	420.000	Eigenkapital	695.000	
Liquidität	275.000			
Summe	**695.000**	**Summe**	**695.000**	

Gewinn- und Verlust				
SOLL			HABEN	
Aufwand	600.000	Umsätze	800.000	
Abschreibung	105.000			
Gewinn	95.000			
Summe	**800.000**	**Summe**	**800.000**	

Erläuterung: Bei diesem Szenario entfallen im Vergleich zum Bankendarlehen die zu zahlenden Zinsen, so dass der Gewinn höher ausgewiesen wird.

Betrachtet man nun die 3 Varianten aus Sichtweise der Eigenkapitalrentabilität, der Liquidität, des Risikos und der Verschuldung, kann man folgende Schlüsse ziehen:

Die Eigenkapitalrentabilität ist bei Variante 3 (Finanzierung über die eigene Liquidität) mit 15,83% (95.000/600.000) am größten, gefolgt von Variante 1 (Finanzierung über Bankendarlehen) mit 9,71% und Variante 2 (Finanzierung über Leasing) mit lediglich 3,93%. Hier schlägt die hohe Leasingrate in den ersten 4 Jahren stark zu Buche.

Bei der Entwicklung der Liquidität gilt die Reihenfolge Variante 1 (675.750) > Variante 2 (623.600) > Variante 3 (275.000). Dieses Ergebnis überrascht natürlich nicht, da bei Variante 3 die komplette Anlage vorfinanziert werden musste.

Betrachtet man den Aspekt des Risikos und der Verschuldung zusammen, so wirkt sowohl die Investition in eine eigene Anlage risikoerhöhend als auch eine eingegangene Verschuldung. Aus diesem Grund würde hier die Reihenfolge Variante 2 (kein Anlagevermögen und keine Verschuldung) > Variante 3 (Anlagevermögen aus Eigenmittel finanziert) > Variante 1 (Anlagevermögen, für das ein Bankendarlehen aufgenommen wurde, so dass eine Verschuldung eingegangen wurde) greifen.

Als Fazit bleibt also festzuhalten, dass es von den unternehmensindividuellen Zielen abhängig ist, welche Finanzierungsvariante gewählt wird. Aus Sicht des Operate-Leasings wäre es auf jeden Fall angebracht, die Finanzierungsnachteile gegenüber dem Bankendarlehen gegen die Risikovorteile abzuwägen.

Fallstudie 9: Factoring I

Durch den Verkauf der Forderungen (wir sehen einmal von den anfallenden Gebühren ab), verbessert sich zunächst einmal die Liquiditätssituation, denn alle realisierten Forderungen aus Lieferungen und Leistungen (1.700 T€) befinden sich nun im Kassenbestand.

Bilanz direkt nach dem Factoring (in Tsd. €)			
Aktiva			**Passiva**
Technische Anlagen	700,0	Eigenkapital (01.01)	650,0
Andere Anlagen	800,0	Bilanzgewinn	50,0
Anlagevermögen	**1.500,0**	**Eigenkapital (31.12)**	**700,0**
Roh- Hilfs- und Betriebsstoffe	100,0		
Unfertige und fertige Erzeugnisse	100,0	Langfr. Bankendarlehen	1.500,0
Vorräte	**200,0**	kurzfr. Bankendarlehen	1.300,0
Forderungen LuL	0,0		
Kasse	1.800,0		
Umlaufvermögen	**2.000,0**	**Fremdkapital**	**2.800,0**
Bilanzsumme	**3.500,0**	**Bilanzsumme**	**3.500,0**

Dadurch ist allerdings in punkto Eigenkapitalquote resp. Verschuldungsgrad noch nichts geschehen. Nach wie vor sehen diese Quoten wie folgt aus:

$$\text{Eigenkapitalquote} = \frac{\text{Eigenkapital}}{\text{Bilanzsumme}} = \frac{700}{3.500} = 20\%$$

$$\text{Verschuldungsgrad} = \frac{\text{Fremdkapital}}{\text{Eigenkapital}} = \frac{2.800}{700} = 4$$

Nun aber wird im zweiten Schritt das kurzfristige Bankendarlehen vollständig zurückgezahlt. Dadurch verändert sich zwar das Eigenkapital absolut gesehen nicht, jedoch führt die Bilanzverkürzung zu einer Verbesserung der Eigenkapitalquote und zu einem deutlich niedrigeren Verschuldungsgrad:

Bilanz direkt nach der Entschuldung (in Tsd. €)			
Aktiva			**Passiva**
Technische Anlagen	700,0	Eigenkapital (01.01)	650,0
Andere Anlagen	800,0	Bilanzgewinn	50,0
Anlagevermögen	**1.500,0**	**Eigenkapital (31.12)**	**700,0**
Roh- Hilfs- und Betriebsstoffe	100,0		
Unfertige und fertige Erzeugnisse	100,0	Langfr. Bankendarlehen	1.500,0
Vorräte	**200,0**	kurzfr. Bankendarlehen	0,0
Forderungen LuL	0,0		
Kasse	500,0		
Umlaufvermögen	**700,0**	**Fremdkapital**	**1.500,0**
Bilanzsumme	**2.200,0**	**Bilanzsumme**	**2.200,0**

$$\text{Eigenkapitalquote} = \frac{\text{Eigenkapital}}{\text{Bilanzsumme}} = \frac{700}{2.200} = 31,82\%$$

$$\text{Verschuldungsgrad} = \frac{\text{Fremdkapital}}{\text{Eigenkapital}} = \frac{1.500}{700} = 2,14$$

Ohne Eigenkapital zuzuführen, wurde also über das Factoring die „Eigenkapitalsituation" verbessert. Es zeigt ein sehr häufig in kleinen und mittelständischen Unternehmen anzutreffendes Problem. Dort wird nämlich die Bilanzsumme durch viel zu große Durchlaufzeiten bei Teilen des Umlaufvermögens (Vorräten und Forderungen) aufgebläht. Es kommt zur vermeidbaren kurzfristigen Fremdfinanzierung mit den bekannten hohen Kosten.

Fallstudie 10: Factoring II

Durch das zukünftige Ausnutzen von Skonto, Einkaufsvorteile sowie diverse vermiedene Aufwendungen sind folgende zusätzliche Erträge entstanden:

4 % Skonto von 11,9 Mio. €	476.000 €
Einkaufsvorteile	15.000 €
Vermiedene Forderungsausfälle	20.000 €
Ersparte Bonitätsprüfungen	6.000 €
Summe Erträge/ersparte Aufwendungen	**517.000 €**

Demgegenüber stehen die Aufwendungen für das Factoring:

0,9% Factoringgebühr von 17 Mio. €	153.000 €
10,5% Zinsen auf 1,53 Mio. € Abschlagszahlung	160.650 €
Delcrederegebühr	3.750 €
Summe Factoringaufwendungen	**317.400 €**

Für das Unternehmen entsteht somit ein Ertragsüberschuss aufgrund des vereinbarten Factorings in Höhe von 199.600 € (517.000 € abzgl. 317.400 €).

Fallstudie 11: Lageroptimierung I

Im Rahmen der ABC-Analyse werden für die 25 Produkte zunächst die Einkaufswerte ermittelt (Preis x Menge), diese dann in eine absteigende Reihenfolge gebracht (absolut sowie prozentual) und anschließend sukzessive kumuliert (nach Werten und Mengen). Es ergibt sich folgendes Bild sowie Einteilung in die Kategorien A, B und C:

Produkt	Einkauf			Menge			ABC
	€	%	Kum.	Stück	%		
P18	748.020,78	21,53	21,53	6.351	1,99	1,99	A
P7	549.976,88	15,83	37,36	9.976	3,13	5,12	
P20	519.989,30	14,97	52,33	10.490	3,29	8,41	
P12	409.994,10	11,80	64,14	9.495	2,98	11,38	
P2	309.017,03	8,90	73,03	8.639	2,71	14,09	
P10	225.040,50	6,48	79,51	6.978	2,19	16,28	
P16	113.954,40	3,28	82,79	3.920	1,23	17,51	
P8	89.080,17	2,56	85,35	27.579	8,65	26,16	B
P14	75.004,40	2,16	87,51	26.980	8,46	34,61	
P3	62.984,26	1,81	89,33	11.369	3,56	38,18	
P25	54.966,60	1,58	90,91	10.530	3,30	41,48	
P6	49.486,40	1,42	92,33	6.280	1,97	43,45	
P1	42.002,16	1,21	93,54	11.476	3,60	47,05	
P23	41.739,04	1,20	94,74	37.267	11,68	58,73	C
P5	38.849,09	1,12	95,86	28.357	8,89	67,62	
P15	38.803,59	1,12	96,98	20.531	6,44	74,06	
P11	38.327,58	1,10	98,08	21.654	6,79	80,85	
P24	36.887,50	1,06	99,14	29.510	9,25	90,10	
P4	5.639,40	0,16	99,31	2.410	0,76	90,85	
P17	5.224,96	0,15	99,46	2.041	0,64	91,49	
P13	4.578,00	0,13	99,59	700	0,22	91,71	
P22	4.092,60	0,12	99,71	570	0,18	91,89	
P19	3.700,70	0,11	99,81	16.090	5,04	96,94	
P9	3.498,00	0,10	99,91	7.950	2,49	99,43	
P21	3.003,00	0,09	100,00	1.820	0,57	100,00	
Summe	3.473.860,44			318.963			

Das obige Beispiel zeigt, dass das theoretische ABC-Modell in der Praxis nicht immer zufrieden stellende Ergebnisse bringt. Die ersten 7 Produkte (P18 – P16) können relativ eindeutig den A-Produkten zugeordnet werden. Auf die ersten 82,79% des betragsmäßigen Einkaufs entfallen 17,51% des Mengenvolumens (natürlich hätte man die Grenze zwischen A und B auch zwischen den beiden Produkten P10 und P16 ziehen können). Schwieriger gestaltet sich die Abgrenzung zwischen den Bereichen B und C, denn im vorliegenden Fall gibt es für die C-Güter nicht die theoretische 5-80 Regel (auf 5% des betragsmäßigen Einkaufs entfallen 80% des Mengenvolumens).

Dennoch erlaubt die Einstufung jetzt, dass man sich bezüglich der A-Güter konsequent Gedanken macht, ob und wie man in punkto just in time und/oder Preisreduktionen in die Lieferantenverhandlungen einsteigt.

Innerhalb der B- und C-Güter können Überlegungen angestellt werden, ob man bspw. Vorräte nach dem optimalen Losgrößenprinzip bestellt etc.

Fallstudie 12: Lageroptimierung II

Aus der Formel zur optimalen Bestellmenge ergibt sich die Stückzahl:

$$x_{opt} = \sqrt{\frac{2 * 37.267 * 50}{1,12 * 0,08}} = 6.449 \text{ Stück}$$

Diese Bestellmenge führt zu den niedrigsten Gesamtkosten, wie alternative Bestellmengen in folgende Tabelle zeigen:

Bestellmenge (x)	Beschaffungskosten (B*p)	Mittelbare Beschaffungskosten (K_f*B/x)	Lagerkosten (x*p*q/2)	Gesamtkosten (K)
5.000	41.739,04	372,67	224,00	42.335,71
6.000	41.739,04	310,56	268,80	42.318,40
6.400	41.739,04	291,15	286,72	42.316,91
6.449	41.739,04	288,94	288,92	**42.316,89**
6.500	41.739,04	286,67	291,20	42.316,91
7.000	41.739,04	266,19	313,60	42.318,83
8.000	41.739,04	232,92	358,40	42.330,36

Es wird ersichtlich, dass sowohl niedrigere Bestellmengen (bspw. 6.400 Stück) als auch höhere Bestellmengen (bspw. 6.500 Stück), zu höheren Gesamtkosten führen.

Fallstudie 13: Optimierung der Kapitalstruktur I – Leverage-Risiko

Die Formel des Leverages lautet: $EKR = GKR + \dfrac{FK}{EK} * (GKR - i_f)$

Lösung zu a)

Aus der Konstellation, dass der Anteil des Eigenkapitals 50% beträgt, ergeben sich folgende Werte:

EK = 60 Mio. €; FK = 60 Mio. €; GK = 120 Mio. €; GKR = 10%; i_f = 8%

$$EKR = 10 + \frac{60}{60} * (10 - 8) = 12\%$$

Lösung zu b)

Aus der Konstellation, dass der Anteil des Eigenkapitals 1/6 beträgt, ergeben sich folgende Werte:

EK = 20 Mio. €; FK = 100 Mio. €; GK = 120 Mio. €; GKR = 10%; i_f = 8%

$$EKR = 10 + \frac{100}{20} * (10 - 8) = 20\%$$

Lösung zu c)

Obige Situationen beschreiben den positiven Leverage-Effekt, d.h. da die Gesamtkapitalrentabilität (GKR) größer ist als der Zinssatz für Fremdkapital (i_f), steigt mit zunehmender Verschuldung die Eigenkapitalrentabilität (EKR).

Lösung zu d)

Bei einem Gewinneinbruch auf 5% ist die Gesamtkapitalrentabilität von 10% auf 5% gefallen. Durch die Konstellation GKR = 5% < i_f = 8% wirkt sich nun eine steigende Verschuldung negativ auf die Eigenkapitalrentabilität aus.

Bei einem Eigenkapital von 50% (Aufgabe a) beträgt die Eigenkapitalrentabilität:

$$EKR = 5 + \frac{60}{60} * (5 - 8) = 2\%$$

Ist hingegen der Eigenkapitalanteil lediglich 1/6 (Aufgabe b) beträgt die Eigenkapitalrentabilität:

$$EKR = 5 + \frac{100}{20} * (5 - 8) = -10\%$$

Fallstudie 14: Optimierung der Kapitalstruktur II

Für Unternehmen 1 ergeben sich folgende Kennzahlen sowie Schlussfolgerungen:

$$\text{Eigenkapitalquote} = \frac{-10.000}{265.000} * 100 = -3,77\%$$

$$\text{Eigenkapitalrentabilität} = \frac{-190.000}{180.000} * 100 = -105,56\%$$

$$\text{Anlagendeckung B} = \frac{(-10.000 + 55.000 + 140.000)}{177.000} * 100 = 104,52\%$$

$$\text{Liquidität 3. Grades} = \frac{88.000}{(24.000 + 56.000)} * 100 = 110,00\%$$

Unternehmen 1 ist aufgrund des bilanziellen Verlustes überschuldet. Es muss Eigenkapital zugeführt werden, um diese Situation zu bereinigen, ansonsten liegt Konkurs vor. Aufgrund der Konstellation AD B > 100% und LI 3 > 100% reicht die Liquidität aus.

Für Unternehmen 2 ergeben sich folgende Kennzahlen sowie Schlussfolgerungen:

$$\text{Eigenkapitalquote} = \frac{185.000}{460.000} * 100 = 40,22\%$$

$$\text{Eigenkapitalrentabilität} = \frac{5.000}{180.000} * 100 = 2,78\%$$

$$\text{Anlagendeckung B} = \frac{(185.000 + 55.000 + 140.000)}{177.000} * 100 = 214,69\%$$

$$\text{Liquidität 3. Grades} = \frac{283.000}{(24.000 + 56.000)} * 100 = 353,75\%$$

Unternehmen 2 hat aufgrund der Konstellation AD B > 100% und LI 3 > 100% eine ausreichende Liquidität. Die Eigenkapitalquote ist recht hoch, in dessen Folge die Eigenkapitalrentabilität mit 2,78% unter einer risikolosen Anlage liegt und somit viel zu niedrig ist. Hier sollte überlegt werden, durch eine Eigenkapitalreduktion die Rendite zu verbessern.

Für Unternehmen 3 ergeben sich folgende Kennzahlen sowie Schlussfolgerungen:

$$\text{Eigenkapitalquote} = \frac{80.000}{389.000} * 100 = 20{,}57\%$$

$$\text{Eigenkapitalrentabilität} = \frac{15.000}{65.000} * 100 = 23{,}08\%$$

$$\text{Anlagendeckung B} = \frac{(80.000 + 55.000 + 140.000)}{347.000} * 100 = 79{,}25\%$$

$$\text{Liquidität 3. Grades} = \frac{42.000}{(24.000 + 90.000)} * 100 = 36{,}84\%$$

Unternehmen 3 weißt eine genügende Eigenkapitalquote und eine gute Eigenkapitalrentabilität aus. Allerdings droht aufgrund der Konstellation AD B < 100% und LI 3 < 100% Konkurs durch Illiquidität. Es muss kurzfristiges Fremdkapital in langfristiges umgewandelt werden (Umschuldung) oder bspw. durch Leasing das langfristig gebundene Anlagevermögen abgebaut werden..

Fallstudie 15: Statistische Risikomaße I

Aus dem Stückdeckungsbeitrag von 15,- € und Fixkosten von 500.000,-€ ergibt sich folgende Gewinntabelle:

Absatzmenge	Gewinn in €
25.000	-125.000
30.000	-50.000
35.000	25.000
40.000	100.000
45.000	175.000
50.000	250.000

Gewichtet mit den Eintrittswahrscheinlichkeiten ergibt sich der erwartete Gewinn:

$\mu_G = -125.000*0{,}08 - 50.000*0{,}12 + 25.000*0{,}3 + 100.000*0{,}3 + 175.000*0{,}12 + 250.000*0{,}08 = 62.500 \ €$

Daraus leiten sich Varianz und Standardabweichung ab:

$\sigma^2 = (-125.000-62.500)^2*0,08 + (-50.000-62.500)^2*0,12 + (25.000-62.500)^2*0,3 + (100.000-62.500)^2*0,3 + (175.000-62.500)^2*0,12 + (250.000-62.500)^2*0,08 = 9.506.250.000$

$\sigma = 97.500$

Daraus ergibt sich der VaR: $-1,645 * 97.500 + 62.500 = -97.887,50$ €

Mit einer Wahrscheinlichkeit von 95% wird also der Verlust von 97.887,50 € nicht überschritten, d.h. die Stühle werden produziert.

Fallstudie 16: Statistische Risikomaße II

Eine Rendite von 8% bedeutet einen erwarteten Gewinn μ_G von 400.000. Die Standardabweichung σ beträgt bei unterstellten 18% 72.000 €.

Daraus leitet sich ein z-Wert von $(300.000-400.000)/72.000 = -1,39$ ab, woraus sich eine Wahrscheinlichkeit von 8,23% ergibt. So groß ist die Wahrscheinlichkeit, dass der Gewinn unterhalb von 300.000 € liegt.

9 Anhang

9.1 Weitere Informationen zu ausgewählten Fußnoten

Fußnote 10

Zwar formuliert Rappaport an keiner Stelle explizit, dass er von einem vollkommenen Markt ausgeht, der Aufbau des Ansatzes und vor allem seine Äußerungen lassen jedoch keinen anderen Schluss zu. So bezeichnet Rappaport „Aktiv gehandelte Aktien" als „den objektiven Wert eines Geschäftes fest [-stellend]" (Rappaport A. 1999, S.140). Sein Vertrauen in den Markt kommt auch dadurch zum Ausdruck, dass er die langfristige Sichtweise des Aktienmarktes als erwiesen bezeichnet. (Vgl. Rappaport A. 1999, S.83). Ähnlich: Copeland/Koller/Murrin: „Der Wert der Aktie eines Unternehmens an der Börse entspricht dem inneren Wert des Unternehmens" (Copeland/Koller/Murrin 2002, S.87).

Meyer äußert: „der Shareholder Value Ansatz geht in seiner ursprünglichen Form von einem informationseffizienten Kapitalmarkt aus." (Meyer M. 2005, S.76).

Fußnote 12

Eine bewusste synonyme Verwendung findet sich in: Faul K. 2005, S.32f.; Bärtl O. 2001, S.15 sowie ULA 1996, S.1. Zu einer Differenzierung zwischen beiden Begriffen vgl. Winnes. Dieser berichtet, dass IBM den Hauptunterschied zwischen wertorientierter Unternehmensführung und Shareholder Value-Management darin sehe, dass andere Anspruchsgruppen außer dem Aktionär bei der Shareholder Value-Orientierung nicht genügend Berücksichtigung fänden. (Vgl. Winnes R. 1999, S.177f.). Außerdem Pape: „Im Gegensatz zur aktionärsorientierten Zielsetzung des Shareholder Value-Ansatzes zeichnet sich das Konzept der wertorientierten Unternehmensführung durch die grundsätzlich pluralistische Orientierung an den Interessen sämtlicher Anspruchsgruppen aus." (Pape U. 1997, S.137). Auch Becker interpretiert „die häufig mit wertorientierter Unternehmensführung verbundene Auffassung, unternehmerisches Handeln müsse sich allein an der Steigerung des Unternehmenswertes aus Sicht der Anteilseigner des Unternehmens orientieren (Shareholder Value)" als „eher enge Perspektive" und fordert dazu auf, die wertorientierte Unternehmensführung aus einer „weiteren Perspektive" zu betrachten. (Vgl. Becker W. 2000, S.4) Auch aus der Sicht von Stührenberg ist der Begriff wertorientierte Unternehmensführung im Vergleich zum Terminus Shareholder Value ein „umfassenderer Begriff". (Stührenberg L. et al. 2003, S.4).

Fußnote 14

Dass die Wertverteilung ein diskussionswürdiges Thema zu sein scheint, zeigt sich beispielsweise in einer Äußerung von Rappaport. Dieser spricht davon, dass der Shareholder
Value zwar in Geschäftsberichten, Presseaussendungen etc. „ständig angesprochen werde",
trotzdem werde jedoch „die entscheidende Rolle des Shareholder Value Ansatzes bei der
Ressourcenallokation alles andere als vollumfänglich akzeptiert." (Rappaport A. 1999, S.3).
Vgl. außerdem Becker. Dieser räumt der Wertschaffung eindeutige Priorität vor der Wertverteilung ein. (Vgl. Becker W. 2000, S.7). Im gleichen Sinn äußert sich Zettel: „Der Wertgene-
rierung kommt insofern eine grössere [sic!] Bedeutung zu, als sie zunächst logisch der Verteilung vorgelagert ist" (Zettel W. 1994, S.19).

Fußnote 18

Gerke zeigt die Auswirkungen von Aktienrückkäufen bei deutschen Unternehmen für die
folgenden 10 Tage nach Ankündigung. Im Durchschnitt werden „hochsignifikante marktbe-
reinigte Renditen von bis zu 9% festgestellt". Gleichzeitig verweist Gerke jedoch auf die
Insiderproblematik und auf den Missbrauch von Aktienrückkäufen während der Weltwirt-
schaftskrise 1931. In Deutschland wurde damals daraufhin eine Notverordnung verabschie-
det, die den seit 1884 erlaubten Aktienrückkauf stark einschränkte. Bis in das Jahr 1998 war
ein Rückkauf eigener Aktien deshalb nur in klar definierten Ausnahmefällen möglich. Erst
seit dem Erlass des Gesetzes zur Kontrolle und Transparenz im Unternehmensbereich
(KonTraG) 1998 erlaubt das deutsche Aktienrecht den Rückkauf eigener Aktien bis zu 10%
des Grundkapitals ohne Vorliegen eines besonderen Grundes. Allerdings muss die Hauptver-
sammlung diesem Vorhaben zustimmen. Vgl. zur Entwicklung der Gesetzeslage bzgl. des
Rückkaufs eigener Aktien: Terberger E./ Wettberg S. 2005, S.2.

Fußnote 19

In einer monatlich von der Investment Bank Merrill Lynch durchgeführten Befragung gaben
im Februar 2007 38% der Fondsmanager an, dass sie es am liebsten sähen, wenn Unternehmen ihren Cashflow dazu nützten, die Investitionen zu erhöhen. Dieser Wert liegt damit
lediglich 4% unter der Gruppe der Fondsmanager die eine vermehrte Ausschüttung von
Cashflows fordern. 54 % der Fondsmanager gaben darüber hinaus an, dass Unternehmen zu
wenig in ihr Kerngeschäft investieren. (Vgl. Olney K./Hartnett M. 2007, S.8). Eine im Januar
2007 in der Zeitschrift „Die Zeit" veröffentlichte Graphik, die auf Daten von Thomson Financial beruht, zeigt, dass die 100 größten europäischen Firmen (ohne Banken und Versicherungen) im Zeitraum von 1995-2006 einen kontinuierlich wachsenden Anteil ihres Cashflows für Aktienrückkäufe und Dividenden verwendeten. Während sich dieser Anteil von ca.
16% auf ca. 32% verdoppelte, reduzierte sich der Anteil der Investitionen von ca. 75% auf
ca. 50%. (Der restliche Anteil wurde jeweils für Übernahmen verwendet.). (Vgl. Die Zeit
2007, S.17. Mit Bezug auf Thomson Financial).

Fußnote 20

Im Geschäftsjahr 2005 wuchsen die 30 größten deutschen Familienunternehmen im Durch-schnitt um 9,7%, während die Dax30-Unternehmen im Durchschnitt einen Umsatzzuwachs von 5,5% verzeichneten. (Vgl. Fröndhoff B. 2006). Es ist allerdings darauf hinzuweisen, dass eine solche Entwicklung kurzfristig nicht aussagekräftig ist, weil ein Umsatzwachstum auch zu Lasten des Unternehmenswertes gehen kann. Allerdings sollte diese Entwicklung langfristig beobachtet werden.

Fußnote 21

Plaschke berichtet davon, dass bereits Lucius Junius Columella in seinem zu Zeiten des rö-mischen Kaisers Claudius (41 n. Christus – 54 n. Christus) verfassten Werk „De re rustica" die Elemente eines wertorientierten Controllings beschreibt. (Vgl. Plaschke F.J. 2003, S. 1-3).

Fußnote 26

Ein neueres und umfassendes Werk zur Prinzipal-Agenten-Theorie einbezüglich empirischer Ergebnisse liefert Jost P.-J. 2001. Auf den Zielkonflikt von Management und Eigentümern wiesen allerdings bereits Berle/Means in ihrem 1932 erschienen Werk hin: „The separation of ownership from control produces a condition where the interests of owner and of ultimate manager may, and often do, diverge, and where many of the checks which formerly operated to limit the use of power disappear." (Berle A./ Means G. 1932, S.6).

Fußnote 28

Allerdings sieht auch Rappaport, dass es bei der Vergütung des Managements auf Basis der Marktwertsteigerung auf die konkrete Ausgestaltung dieses Vergütungssystems ankommt. Vgl. Rappaport A. 1999, Vorwort S.XV. Insgesamt ist die Ausgestaltung eines Vergütungs-systems einer der sehr kontrovers diskutierten Punkte im Zusammenhang mit dem Sharehol-der Value-Konzept. Kritisiert wird dabei besonderes die in der praktischen Umsetzung häu-fig zu beobachtende „fehlende Symmetrie zwischen der Belohnung von Wertsteigerung und der Sanktionierung von Wertvernichtung". (Vgl. Weber J. et al. 2004b, S.20).

Fußnote 29

Stührenberg verweist auf die „voranschreitende Globalisierung, insbesondere der Finanz- und Kapitalmärkte" (Stührenberg L. et al. 2003, S.1). Zur Bedeutung der Globalisierung der Kapitalmärkte im Kontext wertorientierter Unternehmensführung Perlitz: „Die wissenschaft-liche Diskussion identifiziert den zunehmenden internationalen Wettbewerb um Kapital als Hauptgrund für den Einsatz wertorientierter Management-Konzepte" (Perlitz M. et al. 1997, S.I).

Fußnote 30

Datenquelle für die Jahre 1992 und 1998 ist die OECD. Dabei finden sich die abgebildeten Zahlen ausgedrückt in Prozent des Bruttoinlandsprodukt (Engl.: gross domestic product) in: OECD 2001, S.46. Diese wurden mit den OECD-Daten über das Bruttoinlandsprodukt der jeweiligen Volkswirtschaft im jeweiligen Jahr multipliziert. Quelle dieser Daten ist: OECD 2006. Die abgebildeten Daten des Jahres 2005 entstammen: CGFS 2007, S.5.

Fußnote 31

„Die Abschlüsse informieren auch nicht etwa *indirekt* [Hervorhebung im Original] über den Zielstrom der interessierten Individuen oder dessen Gegenwartswert insofern, als sie die *Periodengewinne* [Hervorhebung im Original] erkennen lassen; denn diese Bilanzgewinne stehen nicht in hinreichend eindeutiger Relation zu … dem Zielstrom: Es ist (nicht nur in Ausnahmefällen) möglich, dass sich Bilanzgewinne und Zielströme in ganz anderen Proportionen, ja in ganz anderer Richtung ändern." (Moxter A. 1966, S.58).

Fußnote 35

Frei/Schlienkamp berichten im Oktober 1997: „In den Vereinigten Staaten nehmen z.B. Pensionsfonds schon heute massiv Einfluß [sic!] auf die Vorstände. In Deutschland sind entsprechende Interventionen von Anlegern bislang eher selten, wobei sich allerdings Tendenzen erkennen lassen, die auf eine Veränderung der Situation hindeuten" (Frei N./Schlienkamp C. 1998, S.149).

Fußnote 36

Die Finanzanlagen der institutionellen Investoren umfassen hauptsächlich Anleihen, vergebene Darlehen und Aktien. Je nach verfolgter Strategie unterscheidet sich die Struktur der Anlagen. Dabei zeigt sich ein sehr deutlicher Unterschied zwischen Deutschland auf der einen und den USA und dem United Kingdom (UK) auf der anderen Seite. Besonders extrem ist dieser Unterschied bei den Pensionsfonds. Diese hielten in Deutschland im Jahr 2005 lediglich 2% ihrer Finanzanlagen in Form von Aktien, dafür waren 46% in Darlehen investiert. Für die USA und UK ergibt sich ein umgekehrtes Bild. Hier betrug der Aktienanteil 47% (USA) bzw. 42% (UK), der Darlehenanteil hingegen in den USA 6% und im UK 4%. (CGFS 2007, S.7).

Wichtig ist dieser Unterschied insofern, als der Anteil am Eigenkapital eine Gewinnbeteiligung einschließt. Bei Vergabe eines Darlehens ist die Verzinsung hingegen im Regelfall festgelegt. Deshalb ist davon auszugehen, dass ein Eigenkapitalgeber ein höheres Interesse an einer gesteigerten Performance hat und dafür auch eine Steigerung des Geschäftsrisikos in Kauf nimmt. Der Geber eines Darlehens ist hingegen vergleichsweise risikoavers, da ihn besonders die Ausfallwahrscheinlichkeit des Kredites interessiert.

Fußnote 37

Auch wenn die Pensionsfonds weiterhin nur einen geringen Anteil ihrer Anlagen in Aktien investieren, ist der Aktienanteil bei den übrigen institutionellen Investoren stark gestiegen. So veränderte sich der Anteil der Aktien an den gesamten Finanzanlagen aller institutionellen Investoren in Deutschland von 9% (1990) auf 28% (1999). In den USA betrug dieser Anteil allerdings bereits 1990 25% und 1999 sogar 51%. (Vgl. OECD 2001, S.47). Aktuelle Daten können gegen eine Gebühr unter www.oecd.org bezogen werden.

Fußnote 40

Die Grundgesamtheit der befragten Unternehmen betrug 384 börsennotierte Unternehmen bei einem Rücklauf von 81 Fragebogen. Dies entspricht einer Rücklaufquote von 21 Prozent. (Vgl. Wenzel J. 2005, S.253). Die Befragung wurde im Zeitraum von Oktober 2001- Dezember 2001 durchgeführt (Vgl. S.247). Der lange Zeitraum zwischen Befragung und Veröffentlichung ist durch die Tatsache zu erklären, dass es sich bei der Arbeit um eine sehr umfassende Dissertation handelt. Empirische Nachweise für die hohe Verwendungsquote wertorientierter Kennzahlen finden sich außerdem u.a. bei Müller J. 2006, S.28 und S.51 sowie bei Aders C./Hebertinger M. 2003, S.15.

Fußnote 41

Rappaport weist auf diesen Zusammenhang mit folgenden Worten hin: „Eine sorgfältige ökonomische Analyse ist in wissensbasierten Unternehmen wie etwa in der Software- oder Pharmaindustrie besonders wichtig, da die Vorlaufkosten, um ein Produkt marktfähig zu machen um vieles höher sind als die anschließenden Produktions- und Vertriebskosten." (Rappaport A. 1999, S.38).

Fußnote 42

„Daß [sic!] die theoretischen Grundlagen, auf denen die Botschaften Rappaports ruhen, schon zwei oder gar drei Jahrzehnte früher entwickelt wurden, hat dem Bekanntheitsgrad des Buches nie geschadet." (Drukarczyk J. 1997, S.1). Vgl. auch Weber J. et al. 2004a, S.5.

Fußnote 44

Gebhardt bemerkt: „viele Prinzipien, die die wertorientierte Führung kennzeichnen waren bereits im traditionellen Führungsverständnis verankert." (Gebhardt B. 2001, S.888).

Fußnote 45

Obermeier betont die starke Verbindung zur Investitionsrechnung, wobei er auf den Unterschied aufmerksam macht, dass im Rahmen des Shareholder Value-Ansatzes bzw. der wertorientierten Unternehmensführung „keine Einzelinvestitionen, sondern Strategien, Projekte oder ganze Unternehmen zur Bewertung anstehen" (Obermeier R. 2003, S.343). Stührenberg weist allerdings explizit darauf hin, dass „eine wertorientierte Unternehmensführung nicht allein auf der Finanztheorie basiert, [sondern] vielmehr .. mehrere betriebswirtschaftliche Theorien integraler Bestandteil der wertorientierten Unternehmensführung" sind. (Stührenberg L. et al. 2003, Vorwort S.V).

Fußnote 47

Pape bezeichnet den Substanzwert, den Liquidationswert sowie den Ertrageswert als „grundlegende Wertbegriffe in der Unternehmensbewertung". (Pape U. 1997, S.55) Er erläutert sie unter der Kapitelüberschrift: „Traditionelle Verfahren zur Ermittlung des Unternehmensgesamtwertes". (Pape U. 1997, S.55). Für eine Systematisierung von Unternehmensbewertungsverfahren vgl. Zons M. 2006, S.16 und die dort angegebene Literatur.

Fußnote 57

Rappaport empfiehlt das Liquidationsverfahren bspw. bei der Verfolgung einer Erntestrategie als Ansatz zur Ermittlung des Restwertes nach der Prognoseperiode. (Rappaport A. 1999, S.49) Vgl. hierzu auch Abschnitt 3.1.2.3. In der Praxis kommt das Liquidationsverfahren häufig im Falle einer drohenden Insolvenz zum Einsatz. Dabei wird der Liquidationswert mit einem Zukunftserfolgswert verglichen, um eine Entscheidung über die Fortführung des Unternehmens zu treffen. (Vgl. Koch W./Wegmann J. 2002, S.159).

Fußnote 60

Die am Anfang des Werkes erfolgende Beschreibung traditioneller Kennzahlen einbezüglich einer umfangreichen Nennung der Nachteile dieser Kennzahlen ist ein häufig zu findendes Muster bei Werken zur wertorientierten Unternehmensführung. Vgl. Rappaport: Kapitel 2 des Werkes von Rappaport lautet: „Die Unzulänglichkeit der Zahlen aus dem Rechnungswesen" (Rappaport A. 1999, S.15-39); Stührenberg: Kapitel 2.1 diskutiert „buchwert- und renditeorientierte Kennzahlen" (Vgl. Stührenberg L. et al. 2003, S.29-31); Bischof: Hier lautet Kapitel 2: „Darstellung und kritische Diskussion herkömmlicher Maßstäbe des unternehmerischen Erfolges" (Bischof J. 1994, S.11-81).

Interessant ist in diesem Zusammenhang auch die Ansicht von Banzhaf. Dieser spricht von der „Entstehung des Shareholder-Value-Gedankens durch Kritik an der Erfolgsgröße <<Gewinn>> [Hervorhebung im Original]" (S.97). Dieser Auffassung folgend führt er die Ursprünge des Shareholder Value-Gedankens auf den deutschen Sprachraum, genauer gesagt auf die Arbeiten Moxters zurück, der schon in den 1960er Jahren auf den Unterschied zwischen ökonomischem und bilanziellem Gewinn hinwies. (Vgl. Banzhaf J. 2006 S.97).

Fußnote 73

Ehrbar erwähnt, dass bei den meisten Unternehmen das „Incentiveprogramm" für das Top-Management auf dem Wachstum des Gewinns pro Aktie basiert (Vgl. Ehrbar A. 1999, S.77).

Von einer Vergütung des Top Management in Abhängigkeit des absoluten Gewinns berichten Kurzich/Rautenstrauch. In einer kleinen empirischen Studie untersuchten sie im Sommer 2002 die Bezugsgrößen der Managementvergütung der Nemax50 Unternehmen. Der Rücklauf betrug 13 Fragebogen; dies entspricht einer Rücklaufquote von 26 Prozent. Von den untersuchten Unternehmen gaben 29 Prozent an, den buchhalterischen Gewinn als eine Bezugsgröße der Management-Vergütung zu verwenden. Wertorientierte Erfolgsgrößen wurden von keinem der befragten Unternehmen als Bezugsgröße verwendet. (Vgl. Kurzich M./Rautenstrauch T., 2003, S.355 und S.357).

Fußnote 87

Neben den genannten Determinanten wird bei der Berechnung des Unternehmenswertes bzw. des Wertes des Eigenkapitals der Marktwert börsengängiger Wertpapiere und des sonstigen nicht betriebsnotwenigen Vermögens berücksichtigt. Der Wert dieser Vermögensgegenstände wird separat ermittelt und dem Wert des Eigenkapitals hinzuaddiert. (Vgl. Abbildung 1 sowie Drukarczyk J. 1997, S.4 und Banzhaf J. 2006, S.113) Da die Bewertung schlicht auf Basis der geltenden Rechtsvorschriften erfolgt und eine Erläuterung dieses Vorgangs für das Verständnis des DCF-Rechenansatzes nicht notwendig ist, wird in der vorliegenden Arbeit nicht weiter darauf eingegangen.

Fußnote 89

In der deutschen Übersetzung des Werkes von Rappaport wird für den *Free Cashflow* der Begriff *betrieblicher Cashflow* in synonymer Bedeutung verwendet. In der vorliegenden Arbeit wurde die Bezeichnung Free Cashflow gewählt, da sie wesentlich geläufiger zu sein scheint. Sie wird beispielsweise verwendet bei Bühner R. 1994, S.15; Knorren N. 1998; Hebertinger M. 2002. In einem in deutscher Sprache erschienen Artikel Rappaports im Harvard Business Manager wird der Begriff *Freier Cashflow* verwendet. (Vgl. Rappaport A. 2006, S.35).

Die korrekte deutsche Bezeichnung würde aus Sicht des Verfassers *freier betrieblicher Cashflow* lauten. Vereinfachend soll aber in der vorliegenden Arbeit die Bezeichnung *Free Cashflow* verwendet werden.

Fußnote 98

Der Begriff *Goodwill* bezeichnet die Differenz zwischen Substanzwert (oder auch Rekonstruktionswert. Vgl. Punkt 2.4.1) und innerem Wert des Unternehmens. Dabei lässt sich der *selbst geschaffene Goodwill* sowie der *erworbene* (synonym: *derivative*) *Goodwill* unterscheiden. Der Wert des erworbenen Goodwills ermittelt sich in zwei Rechenschritten. Zunächst wird der Substanzwert des anderen Unternehmens errechnet. Anschließend wird der Anteil der von diesem Unternehmen erworbenen Aktien mit dessen Substanzwert multipliziert. Erwirbt ein Unternehmen A bspw. 60 Prozent der Aktien eines Unternehmens B mit einem Substanzwert von 1000 €, so beträgt der Wert des erworbenen Substanzwertes 600 €. Wenn Unternehmen A für die Aktien des Unternehmens B einen Kaufpreis von 4000 € bezahlt hat, ergibt dies einen erworbenen Goodwill in Höhe von 3400 €. Zur Behandlung von Goodwill im Rahmen der wertorientierten Unternehmenssteuerung vgl. Punkt 3.2.2.2 sowie Punkt 3.4.2.1.

Fußnote 99

Die Forderung einer Berücksichtigung der gesamten Kapitalkosten findet sich bereits bei Fruhan: „The discount rate (capital cost) that is appropriate for a specific investment is a function of three factors. These factors are (a) the cost of debt financing, (b) the cost of equity financing, and (c) the specific composition of a firm´s capital structure" (Fruhan W.E. 1979, S.67).

Fußnote 101

In diesem Zusammenhang bemerken Copeland/Koller/Murrin: „Unternehmen florieren, wenn sie realen ökonomischen Wert für ihre Anteilseigner schaffen. Dies tun sie, indem sie mit ihren Investitionen Renditen erzielen, die über den Kapitalkosten liegen. Dieser Grundsatz gilt für amerikanische, europäische und asiatische Unternehmen gleichermaßen. Er gilt für herstellende Unternehmen nicht weniger als für schnell wachsende Internet-Firmen." (Copeland/Koller/Murrin 2002, S.19).

Fußnote 125

Ebenso Stewart: „Competition sooner or later drives rates of return on new projects down to the cost of capital." (Stewart G.B. 1991, S.289)

Fußnote 126

Bischof spricht in diesem Zusammenhang von der „Komplementarität von strategischer Planung und Kapitalmarkttheorie". (Bischof J. 1994, S.148. Er verweist dabei auf Myers S.C. 1984, 131). Von einem empirischen Befund, dass Renditen mittel- bis langfristig gegen den Kapitalkostensatz konvergieren, berichtet z.B. Lewis: „In empirischen Studien wurde von der Boston Consulting Group der Nachweis erbracht, daß [sic!] es tatsächlich eine Konvergenz gegen den Durchschnitt gibt. In einigen Branchen wie beispielsweise der Pharmaindustrie ... oder der Konsumgüterindustrie erfolgt die Konvergenz gegen den Durchschnitt zwar nicht so schnell ... sie findet aber auch hier statt." (Lewis T.G. 1994, S.257).

Fußnote 127

Ähnlich äußert sich Stewart: „The FCF [Free Cashflow] valuation procedure seems to require forecasts of cash flow over the indefinite future life of a company. In fact, that is nor necessary. A simplification can be invoked after T [Ende der Prognoseperiode] is reached. ... the value of a company´s FCF beyond T is the same as capitalizing the NOPAT [Net operating profit after taxes = operativer Gewinn nach Steuern vor Zinsen] earnings in the year just after T as a perpetuity and then discounting it to the present" (Stewart G.B. 1991, S.311).

Fußnote 187

Konkret äußert Stewart: „Management should focus on maximising a measure called economic value added (EVA), which is operating profits less the cost of all of the capital employed to produce those earnings." (Stewart G.B. 1991, S.2.)

Fußnote 188

In diesem Zusammenhang äußert Ehrbar: „Echte Gewinne beginnen erst dann, wenn genau wie alle anderen Kosten auch die Kosten für Kapital abgedeckt sind." (Ehrbar A. 1999, S.27). Es ist der Unterschied zwischen Residualwert und Residualgewinn zu beachten. Der Residualwert bezeichnet den Barwert einer unendlichen Reihe konstanter Residualgewinne.

Fußnote 189

In Bezug auf das Investierte Kapital äußert Hostettler: „Zur Berechnung des EVA wird grundsätzlich das betriebsnotwendige Vermögen zu *Beginn* [Hervorhebung im Original] des Jahres verwendet" (Hostettler S. 1997, S.119). Lediglich für stark wachsende Unternehmen zieht er den Ansatz des durchschnittlich gebundenen Kapitals in Erwägung. (Hostettler S. 1997, S.119); Weber plädiert dafür, grundsätzlich das durchschnittlich gebundene Kapital anzusetzen. (Weber J. et al. 2004a, S.61).

Im Regelfall wächst die Vermögensbasis im Zeitverlauf. Wenn dies der Fall ist, führt der Ansatz des durchschnittlich gebundenen Kapitals zu einem höheren Vermögensausweis, somit zu höheren Kapitalkosten und gleichfalls zu einem tieferen EVA. (Siehe Rechenbeispiel in Hostettler S. 1997, S.110).

Fußnote 190

In diesem Kontext äußert Ehrbar: „Stern Stewart hat mehr als 120 potenzielle Verzerrungen entdeckt, bei denen die Buchhaltung die tatsächliche Wertentwicklung nicht richtig darstellt" und weiter: „Ohne diese Verzerrungen zu beseitigen, wäre EVA als Performancemaßstab im Managementprozess wertlos." (Ehrbar A. 1999, S.10).

Fußnote 191

Analog zu dem vorher Gesagten dient das „Accounting Model" nach Meinung von Groll primär der Sicht des Gläubigerschutzes, während das „Economic Model" der Sicht der Aktionäre entspricht. (Vgl. Groll K.-H. 2003, S.63) Dementsprechend ist eine Bilanzierung nach IFRS, die allgemein als aktionärsfreundlicher erachtet wird (Vgl. Baetge J. 2006, S.I), für die Ermittlung wertorientierter Kennzahlen besser geeignet, da die Größen des Rechnungswesens durch weniger Anpassungen korrigiert werden müssen (vgl. Weißenberger B.E./Blome M. 2005, S.10). Trotzdem verbleiben auch bei der IFRS-Bilanzierung zahlreiche Anpassungen, z.B. die Aktivierung von Forschungsaufwendungen (Vgl. Weißenberger B.E./Blome M. 2005, S.5).

Fußnote 192

Die Annahme von 164 möglichen Anpassungen geht zurück auf eine Äußerung Stewarts in einer Diskussionsrunde (Vgl. Stewart G.B. 1994a, S.65).

Interessant ist die Tatsache, dass die Zahl von bis zu 164 möglichen Anpassungen in der Literatur zwar immer wieder genannt wird. An keiner Stelle findet sich jedoch eine tatsächliche Auflistung dieser 164 Anpassungen. Hostettler begründet dies damit, dass eine solche Auflistung integraler Bestandteil der Beratungstätigkeit von Stern Stewart sei und deshalb eine Liste der Adjustierungen nur für Kunden erhältlich ist. (Vgl. Hostettler S. 1997, S.97).

Fußnote 203

Da Geschäfte des Finanzierungsleasings mittlerweile sowohl nach HGB als auch nach IFRS bilanziert werden, ist für diese keine Aktivierung notwendig. Für eine Definition des Finanzierungsleasings inklusive der Abgrenzung zum operativen Leasing siehe Gabler 1995, S.182.

Fußnote 214

Anderer Auffassung sind Hostettler und Lewis. Beide raten unabhängig voneinander dazu, den Goodwill nicht pauschal zu aktivieren, sondern zu Differenzieren, welche Art von Analyse ansteht. (Vgl. Hostettler S. 1997, S.147 sowie Lewis T.G. 1994, S.59). Eine kurze Erläuterung der unterschiedlichen Arten der Analyse findet sich in Abschnitt 3.2.2.2. Für eine ausführliche Darstellung vgl. Hesselmann C. 2006, S.91-97.

Fußnote 215

Latente Steuern entstehen, wenn Handels- und Steuerbilanz unterschiedliche Jahresüberschüsse ermitteln, weil dadurch unterschiedliche Aussagen über die anzusetzende Steuerbelastung getroffen werden. Ist die auf Basis der Handelsbilanz ermittelte Steuerbelastung niedriger als die tatsächliche Steuerbelastung, so wird die Differenz als aktive latente Steuer bezeichnet. Für diese Differenz besteht nach § 274 Abs.2 HGB die Möglichkeit einen Aktivposten in der Bilanz zu bilden. Wenn hingegen die aus der Handelsbilanz abgeleitete Steuerbelastung höher ist, besteht nach § 274 Abs.1 HGB die Pflicht, einen Passivposten in Höhe der Differenz zur tatsächlichen Steuerbelastung zu bilden.
Weißenberger/Blome weisen darauf hin, dass bei einer Bilanzierung nach IFRS regelmäßig wesentlich höhere latente Steuern ausgewiesen werden, da die IFRS-Bilanz nicht maßgeblich für die Steuerbilanz ist. (Vgl. Weißenberger B.E./Blome M. 2005, S.9)

Fußnote 222

Für die Gestaltung eines wertorientierten Vergütungssystems auf Basis des EVA vgl. Pertl M./Niedernberg B. 2004, S.109f.; Locarek-Junge H./Imberger K. 2006, S.554-557; Stern/Shiely/Ross 2001, S.147-158

Fußnote 224

Zur Übereinstimmung der nach EVA- und DCF-Ansatz ermittelten Unternehmenswerte vgl. Rappaport A. 1999, S.147: „Beide Modelle gelangen zu gleichen Bewertungen, liefern aber unterschiedliche Antworten über den in jedem Jahr erzielten Wert".

Fußnote 227

Der Verweis auf Lücke findet sich in einer Vielzahl von Veröffentlichungen zu Kennzahlen der wertorientierten Unternehmensführung, insbesondere bei der Beschreibung von Residu-algewinngrößen (vgl. beispielhaft: Hostettler S. 1997, S.191; Schaffer C. 2005, S.17). Ein rechnerisches Beispiel zur Darstellung der Barwertidentität findet sich bei Hostettler S. 1997, S. 192-197.

Fußnote 233

Die Eignung des DCF-Ansatzes von Rappaport zur Unternehmensbewertung wird in der Literatur häufig betont: Vgl. Horváth P. 2001, S.254 sowie Copeland/Koller/Murrin 2002, S.89. Im Rahmen ihrer empirischen Untersuchung der DAX100 Unternehmen berichten Aders/Hebertinger davon, dass 61% der Unternehmen die DCF-Methode zur Unternehmens-bewertung einsetzen. (Vgl. Aders C./Hebertinger M. 2003, S.19) Die Befragung wurde zum Ende des Jahres 2002 durchgeführt, wobei die Rücklaufquote 38% betrug. (Vgl. Aders C./Hebertinger M. 2003, S.19).
Ähnlich: Müller. Dieser berichtet in einer empirischen Untersuchung der DAX30 Unterneh-men von einer Verwendungsquote des DCF für die Unternehmensbewertung in Höhe von 46% (Vgl. Müller J. 2006, S.28). Die Rücklaufquote der im Winter 2005 durchgeführten Befragung betrug 87%. (Vgl. Müller J. 2006, S.IV und S.24).

Fußnote 234

Hierzu Weber: „Die größte Anfälligkeit für Fehleinschätzungen und Manipulation ist ohne Zweifel beim DCF gegeben" (Vgl. Weber J. et al. 2004a, S.98). Copeland/Koller/Murrin kommen ohne einen expliziten Verweis auf die Manipulationsanfälligkeit zu dem Schluss, dass der DCF-Ansatz für die Beurteilung der Periodenperformance nicht geeignet ist. (Vgl. Copeland/Koller/Murrin 2002, S.89). Schaffer merkt an, dass „der SVA in der Praxis als Kennzahl ... keine Rolle zu spielen scheint." (Schaffer C. 2005, S.32). Diese Auffassung wird durch die empirischen Ergebnisse von Aders/Hebertinger bestätigt. (Vgl. Aders C./Hebertinger M. 2003, S.15).

Fußnote 256

Sarkastisch in Bezug auf die Namensgebung die Ausführungen von Groll: „Man hat das Gefühl, dass diese Bezeichnung nicht von Analytikern der BCG, sondern von einer Marketingabteilung geschaffen wurden; von Marketingabteilungen erwartet man heute ja vielfach nicht mehr, dass sie die Produkte verstehen, die verkauft werden sollen." (Groll K.-H. 2003, S.96); Weber bezeichnet die Namensgebung als „eher unglücklich" (Weber J. et al. 2004a, S.101).

Fußnote 259

Aders/Hebertinger berichten davon, dass der EVA bei 54% der DAX100 Unternehmen die Spitzenkennzahl darstelle (Vgl. Aders C./Hebertinger M. 2003, S.15). Nach der Untersuchung von Müller verwenden 69% der DAX30-Unternehmen den EVA als wertorientierte Kennzahl (Vgl. Müller J. 2006, S.28). In einem anderen Beitrag bezeichnet Hebertinger den EVA als „eines der populärsten Wertsteigerungsmaße" (Hebertinger M., 2002, S.128) und führt die Siemens AG sowie die RWE AG als prominente Anwender des Konzeptes an. Ernst et al. nennen des Weiteren u.a. Haniel & Cie., die Metro AG und die Telekom AG als Anwender des EVA (Ernst et al., 2006, S.80).

Fußnote 283

Quelle der Zahlen: Aders C./Hebertinger M. 2003, S.15. Es waren Mehrfachnennungen möglich. Der Economic Profit sowie weitere mit dem EVA sehr eng verwandte Konzepte wurden bei der Ermittlung der Werte dem EVA hinzugerechnet.

Fußnote 286

Rappaport äußert: „Studien zufolge müssen wir uns bei den meisten Unternehmen die wertsteigernden Cashflows über die nächsten zehn Jahre ansehen, wenn wir nach einer Rechtfertigung für die heutigen Aktienkurse suchen." (Rappaport A. 2006, S.26f.).
Lewis: „Die ökonomische Kennzahl CFROI verdoppelt die Fähigkeit, Wert erklären zu können" (Lewis T.G. 1994, S.47.) Dabei berichtet Lewis von einer Korrelation des CFROI mit der Aktienrendite des Index S&P Industrials von 65%. In Verbindung mit Wachstumsraten erkläre der CFROI bezogen auf diese Untersuchung sogar 82% der Aktienrendite. (Vgl. Lewis T.G. 1994, S.46 und S.49).
Stewart: „EVA is almost 50% better than its closest competitor in explaining changes in shareholder wealth" (Stewart G.B. 1994b, S.75).

Fußnote 288

„Our results … indicate that current period accounting earnings (NI) is significantly more highly associated with market-adjusted annual stock returns … than [is] EVA" (Biddle/Bowen/Wallace 1999, S.74).

Fußnote 290

Griffith bezeichnet in der Auswertung seiner Untersuchung EVA und MVA als „poor indicators of performance" (Griffith J.M. 2006, S.78). Kyriazis/Anastassis beziehen ihre Untersuchung auf die auf die Athener Börse (ASE) und kommen dabei zu dem Schluss, dass das operative Ergebnis eine stärkere Erklärungskraft besitze als der EVA. (Vgl. Kyriazis D./Anastassis C. 2007, S.94).

Fußnote 291

Für die Aussage, dass der EVA dem Gewinn trotz allem überlegen sein könnte vgl. Feltham et al. 2004, S.83-88. Ihr Artikel trägt den entsprechenden Namen „*Perhaps EVA does beat Earnings – Revisting previous Evidence*". Zur Aussage, dass der EVA insgesamt betrachtet keine höhere Aussagekraft besitzt vgl. Monden Y. 2006, S.100 sowie Schremper R./Pälchen O. 2001, S.555. In ihrem Artikel stellen Schremper/Pälchen ausführlich die zum damaligen Zeitpunkt verfügbaren empirischen Ergebnisse über die Korrelation von Periodenerfolgsgrößen mit der Aktienrendite dar und vergleichen diese miteinander.

Fußnote 295

In ihrer empirischen Untersuchung stellt Wenzel fest, dass Adressaten (Analysten, Fonds Manager etc.) die Eignung der IAS und US-GAAP als Informationsgrundlage einer Unternehmensbeurteilung deutlich höher einschätzen als des HGBs.

Fußnote 296

Auch Copeland/Koller/Murrin empfehlen das System aufgeschobener Bonuszahlungen (Vgl. Copleland/Koller/Murrin 2002, S.144). Das System wird darüber hinaus z.B. von Leu positiv erwähnt. Dieser beschreibt die Ausgestaltung variabler Vergütungssysteme ausführlich und geht dabei insbesondere auf den Bezug zum inneren Unternehmenswert ein. (Vgl. Leu D. 2005, S.43 und S.176-295).

Fußnote 354

Ferguson/Rentzler/Yu können keinen positiven Zusammenhang zwischen Aktienperformance und EVA-Implementierung feststellen: „there is insufficient evidence to conclude … that adopting EVA improves stock performance" (Ferguson/Rentzler/Yu 2005, S.111).

Fußnote 359

Auch Zelgalve weist darauf hin, dass sich BSC und EVA nicht gegenseitig ausschließen und erläutert die Synergien, die durch eine gemeinsame Implementierung erzielt werden können. (Vgl. Zelgalve E. 2005, S.374 sowie für die Erläuterung der Synergien allgemein: S.373-383). Fletcher/Smith betonen die Wichtigkeit einer Integration beider Konzepte: „The strength of EVA is that it focuses the firm on its fundamental mission of value creation. The strength of BSC is that it focuses management attention on the key causal pathways to value creation." (Fletcher H.D./Smith D.B. 2004, S.4). Zur Bedeutung der BSC im Kontext wertorientierter Unternehmensführung vgl. außerdem Meffert/Backhaus/Becker 2002, S.55 sowie Weber et al. 2004, S.369f.

Fußnote 362

„Die Vielzahl von unterschiedlichen Kennzahlen nötigt den beurteilten Manager aufgrund einer auch empirisch feststellbaren Informationsüberlastung zu einer eigenen Gewichtung der Kennzahlen, die die Intention des Konzeptes, eine ausgewogene Berücksichtigung einer mehrdimensionalen Zielsetzung, konterkariert." (Hebertinger M. 2002, S.185). Diese Äußerung trifft Hebertinger In Bezug auf die Eignung der BSC als Bemessungsgrundlage für die Beurteilung von Top-Managern. Es wurde im Verlauf der vorliegenden Arbeit mehrmals auf den Zusammenhang von Vergütung und Periodenerfolgsmessung hingewiesen (Vgl. u.a. Punkt 4.2.4), weshalb die Äußerung analog für die Periodenerfolgsmessung relevant erscheint.

9.2   Abkürzungsverzeichnis

Abs.	Absatz
APV	Adjusted Present Value
ASE	Athens Stock Exchange
Aufl.	Auflage
BSC	Balanced Scorecard
bspw.	beispielsweise
bzw.	beziehungsweise
CFRoI	Cashflow Return on Investment
CVA	Cash Value Added
DAX	Deutsche Aktien Index
DCF	Discounted Cashflow
d.h.	das heißt
Diss.	Dissertation
engl.	englisch
EVA	Economic Value Added
FCF	Free Cashflow
FIFO	First In First Out
HGB	Handelsgesetzbuch
IAS	International Accounting Standards
IFRS	International Financial Reporting Standards
KMU	kleine und mittlere Unternehmen
lat.	lateinisch
LIFO	Last In First Out
Mio.	Millionen
Mrd.	Millarden
Nemax	Neue Markt Index
S&P	Standard&Poors

Tech.	Technische
u.a.	unter anderem
UK	United Kingdom
Univ.	Universität
USA	United States of America
US-GAAP	United States-General Accepted Accounting Procedures
VerbaLuL	Verbindlichkeiten aus Lieferungen und Leistungen
WACC	Weighted Average Cost of Capital
z.B.	zum Beispiel

9.3 Abbildungs- und Formelverzeichnis

9.4   Literaturverzeichnis

Achleitner A./v. Einem C./v. Schröder B., Private Debt – alternative Finanzierungsformen für den Mittelstand, Stuttgart 2004

Aders C./Hebertinger M., Shareholder-Value-Konzepte: Eine Untersuchung der DAX100-Unternehmen, KPMG, München/Frankfurt am Main, 2003

Arzac E.R., Valuation for Mergers, Buyouts, and Restructuring, Hoboken, USA, 2005

Bamberg G./Baur F., Statistik, München, 2002

Bärtl O., Wertorientierte Unternehmensführung: Zum Zusammenhang von Kapitalmarkt, externer und interner Rechnungslegung, (Diss., Univ. Zürich, 1999), Frankfurt am Main, 2001

Baetge J., SME-Projekt des IASB: ein unsinniges Unterfangen?, in: Betriebs-Berater (BB), 61.Jg., Nr. 17, 24.April 2006, S.I

Balachandran S.V., How does Residual Income affect Investment? The Role of Prior Performance Measures, in: Management Science, 52. Jg., 3/2006, S.383-394

Banzhaf J., Wertorientierte Berichterstattung (Value Reporting), (Diss., Univ. Hohenheim, 2005), Frankfurt am Main, 2006

Bausch A./Pape U., Ermittlung von Restwerten – eine vergleichende Gegenüberstellung von Ausstiegs- und Fortführungswerten, in: Finanz-Betrieb, 7. Jg., 8/2005, S.474-484

Becker Wolfgang, Wertorientierte Unternehmensführung, Bamberger Betriebswirtschaftliche Beiträge Nr. 125, Bamberg, 2000

Berle A./Means G., The modern Corporation and Private Property, New York, 1932

Betz F.E., Die Besteuerung von Aktienoptionen für Manager: Eine finanzwissenschaftliche Analyse unter Berücksichtigung von Anreizeffekten, (Diss., Univ. Hamburg, 2005), Hamburg, 2006

Biddle G.C./Bowen R.M./Wallace J.S., Does EVA beat Earnings? Evidence on Associations with Stock Returns and Firm Values, in: Journal of Accounting and Economics, Vol.24, No.3, 12/1997, S.301-337

Biddle G.C./Bowen R.M./Wallace J.S., Evidence on EVA, in: Journal of Applied Corporate Finance, Vol.12, No.2, Summer 1999, S.69-79

Bigus J., Finanzierung über Factoring und Finanzierung über Asset-Backed-Securities im Vergleich, in: Wirtschaftswissenschaftliches Studium, 8/2000, S. 465-467

Bischof J., Das Shareholder Value Konzept, (Diss., Univ. München, 1994), Wiesbaden, 1994

Bitz H., Abgrenzung des Risiko-Frühwarnsystems i.e.S. nach KonTraG zu einem umfassenden Risikomanagementsystem im betriebswirtschaftlichen Sinn, in: Betriebswirtschaftliche Forschung und Praxis, 52. Jg., 3/2000, S. 231-241

Black F./Jensen M./Scholes M., The Capital-Asset Pricing Model: Some empirical tests, in: Studies in the Theory of Capital Markets, 1972

Bleymüller J./Gehlert G./Gülicher H., Statistik für Sozialwissenschaftler, 12. Auflage, München, 2000

Bortz J., Statistik für Sozialwissenschaftler, Berlin, 1999

Bühner R., Der Shareholder Value Report: Erfahrungen, Ergebnisse, Entwicklungen, Landsberg am Lech, 1994

Bundschuh B.J., Wertorientiertes Absatzkanalmanagement in der Konsumgüterindustrie, (Diss., Univ. Duisburg-Essen, 2005), Wiesbaden, 2005

Burger A./Buchhart A., Zur Berücksichtigung von Risiko in der strategischen Unternehmensführung, in: Der Betrieb, 55. Jg., 12/2002, S.593-599

CGFS (Committee on the Global Financial System), Institutional Investors, Global Savings and Asset Allocation, CGFS Papers No. 27, 02/2007.

Ebenfalls im Internet: www.bis.org/publ/cgfs27.pdf (Stand: 09.03.2007)

Chen S./Dodd J.L., Operating Income, Residual Income and EVA: Which Metric is more Value relevant, Journal of Managerial Issues, Vol.13, No.1, 2001, S.65-86

Coenenberg, A.G./Salfeld, R., Wertorientierte Unternehmensführung: Vom Strategieentwurf zur Implementierung, Stuttgart, 2003

Coenenberg A.G./Schultze W., Residualgewinn- vs. Ertragswertmethode in der Unternehmensbewertung, in: Richter F., Kapitalgeberansprüche, Marktwertorientierung und Unternehmenswert, München, 2003

Copeland T./Koller T./Murrin J., Unternehmenswert: Methoden und Strategien für eine wertorientierte Unternehmensführung, 3. Auflage, Frankfurt am Main, 2002

Däumler K.-H., Grundlagen der Investitions- und Wirtschaftlichkeitsrechnung, 10. Aufl., Herne/Berlin, 2000

Deimel K., Shareholder Value-Konzept, Capital Asset Pricing Model und Kapitalwertmethode, in: Betriebswirtschaftslehre, 31.Jg., 01/2002, S.77-82

Die Zeit, Schulden sind wieder schön, (Datenquelle Thomson Financial), Ausgabe Nr.3, 11. Januar 2007, S.17

Drukarczyk J., Wertorientierte Unternehmenssteuerung – Besprechung des Buches von A. Rappaport, Shareholder Value, Wertsteigerung als Maßstab für die Unternehmensführung, Regensburger Diskussionsbeiträge zur Wirtschaftswissenschaft Nr. 296, Regensburg, 1997

Dück-Rath M., Unternehmensbewertung mit Hilfe von DCF-Methoden und ausgewählten Realoptionsansätzen, (Diss., Univ. Hamburg, 2004), Frankfurt am Main, 2005

Ehrbar A., Economic Value Added: Der Schlüssel zur wertsteigernden Unternehmensführung, Wiesbaden, 1999

El Mir A./Seboui S., Corporate Governance and earnings Management and the Relationship between Economic Value Added and created Shareholder Value, in: Journal of Asset Management Vol.7, No.3/4, 01/2006, S.242-254

Ernst E./Müller S./Vater H., Neuordnung der Finanzorganisation als Ausdruck wertorientierter Unternehmensführung, in: Ulmer/Ernst/Juchli/Müller/Vater, Wertorientierte Unternehmensführung: Management im Spannungsfeld von Kapitalmarkt und Gesellschaft, Bern/Stuttgart/Wien, 2006

Ewert R./Wagenhofer A., Rechnungslegung und Kennzahlen für das wertorientierte Management, in: Wagenhofer A./Hrebicek G. (Hrsg.), Wertorientiertes Management: Konzepte und Umsetzungen zur Unternehmenswertsteigerung, Stuttgart, 2000, S.3-64

Faul K., Wertorientiertes Controlling: Ein Ansatz zur Unternehmens- und Verhaltenssteuerung in dezentralen Organisationen, (Diss., Univ. Nürnberg, 2004), Hamburg, 2005

Feltham G.D./Isaac G.E./Mbagwu C./Vaidayanathan G., Perhaps EVA does beat Earnings, Revisiting previous Evidence, in: Journal of Applied Corporate Finance, Vol.16, No.1, Winter 2004, S.83-88.

Ferguson R./ Rentzler J./Yu S., Does Economic Value Added (EVA) Improve Stock Performance Profitability?, in: Journal of Applied Finance, Fall/Winter 2005, S.101-113

Fletcher H.D./Smith D.B., Managing for Value: Developing a Performance Measurement System Integrating Economic Value Added and the Balanced Scorecard in Strategic Planning, in: Journal of Business Strategies, Vol.21, No.1, Spring 2004, S.1-17

Frei N./Schlienkamp C., Aktie im Aufwind: Von der Kursprognose zum Shareholder Value, Wiesbaden, 1998

Fröndhoff B., Unabhängig, solide, eigenwillig, in: Handelsblatt, 13.11.2006. Im Internet: www.asu.de/www/doc/0600a0a781ef786550e9cc2829e400b3.pdf (Stand: 10.03.2007)

Fruhan W. E., Financial Strategy: Studies in the Creation, Transfer, and Destruction of Shareholder Value, Homewood (IL.), USA, 1979

Gabler Lexikon Wirtschaft, 6. Auflage, Wiesbaden, 1995

Gebhardt B., Wertorientierte Unternehmensführung bei schwierigen Kapitalmärkten: Aktuelle Herausforderungen für die Unternehmen, in: Betrieb und Wirtschaft, 55. Jg., 21/2001, S.887-889

Gebhardt G./Mansch H. (Hrsg.), Wertorientierte Unternehmenssteuerung in Theorie und Praxis, Sonderheft 53 der Zeitschrift für betriebswirtschaftliche Forschung, Düsseldorf/Frankfurt am Main, 2005

Gerke W., Kurseffekte durch Aktienrückkäufe, Präsentation zum 56. Deutschen Betriebs-wirtschafter Tag der Schmalenbach Gesellschaft für Betriebswirtschaft e.V., 2002. Im Internet: http://www.schmalenbach.org/Ftp/Downloads/DBT2002/Gerke.pdf (Stand: Datum: 15.02.2007). Die Ergebnisse finden sich ebenfalls in: Börsig, C./Coenenberg, A. (Hrsg.), Bewertung von Unternehmen: Strategie, Markt, Risiko, Stuttgart, 2003.

Geuppert F., Cash Flow Accounting, (Diss., Univ. St. Gallen, 2003), Bamberg, 2003

Gleißner W./Meier G., Risikoaggregation mittels Monte-Carlo-Simulation, in: Versiche-rungswirtschaft, 3/1999, S. 926-929

Gordon M.J., Dividends, Earnings and Stock Prices, in: Review of Economics and Statistics, May 1959, S.99-105

Graham J.R./Harvey C.R./Rajgopal S., Value Destruction and Financial Reporting Deci-sions, in: Financial Analysts Journal, Vol. 62, No.6, Nov./Dec./2006, S.27-38

Griffith J.M., EVA and Stock Performance, in: The Journal of Investing, Vol.15, No.2, Summer 2006, S.75-78

Groll K.-H., Kennzahlen für das wertorientierte Management: ROI, EVA und CFROI im Vergleich – Ein neues Konzept zur Steigerung des Unternehmenswertes, München/Wien, 2003

Grundy T., Shareholder Value, Oxford, Großbritannien, 2002

Günther T., Zur Notwendigkeit des Wertsteigerungsmanagements, in: Höfner K./Pohl A., Wertsteigerungs-Management – Das Shareholder Value Konzept: Methoden und erfolgrei-che Beispiele, Frankfurt/New York, 1994, S.13-58

Günther T., Vom strategischen zum operativen Wertsteigerungsmanagement, in: Wagenho-fer A./Hrebicek G.(Hrsg.): Konzepte und Umsetzungen zur Unternehmenswertsteigerung, Stuttgart, 2000, S.65-93

Günther T./Landrock B./Muche T., Gewinn- versus unternehmenswertbasierte Performan-cemaße: Eine empirische Untersuchung auf der Basis der Korrelation von Kapitalmarktren-diten Teil I: Grundlagen und Design der Studie, in: Controlling, , 02/2000a, S.69-76

Günther T./Landrock B./Muche T., Gewinn- versus unternehmenswertbasierte Performan-cemaße: Eine empirische Untersuchung auf der Basis der Korrelation von Kapitalmarktren-diten Teil II: Datenaufbereitung, Ergebnisse und Schlussfolgerungen, in: Controlling, 03/2000b, S.129-133

Guserl R., Handbuch Finanzmanagement in der Praxis, Wiesbaden 2004

Hachmeister D., Der Discounted Cash Flow als Maß der Unternehmenswertsteigerung, (Diss., Univ. München, 1994) 4. Aufl., Frankfurt am Main, 2000

Hebertinger M., Wertsteigerungsmaße – Eine kritische Analyse, (Diss., Univ. München, 2001), Frankfurt am Main, 2002

Heidecker M., Wertorientiertes Human Capital Management, (Diss. Univ. d. Bundeswehr Hamburg, 2003) Wiesbaden, 2003

Henselmann K., Der Restwert in der Unternehmensbewertung – eine „Kleinigkeit"?, in: Finanz-Betrieb, 2. Jg., 3/2000, S.151-157

Hesselmann C., Residualgewinnkonzepte zur externen Aktienanalyse, (Diss., Univ. Augsburg, 2004), Wiesbaden, 2006

Hommelhoff P./Mattheus D., Risikomanagement im Konzern . ein Problemaufriss, in: Betriebswirtschaftliche Forschung und Praxis, 52. Jg., 3/2000, S. 217-230

Horváth P., Controlling umsetzen: Fallstudien, Lösungen und Basiswissen, 3. Auflage, Stuttgart, 2001

Hogan C.E./Lewis C.M., Long-run Investment Decisions, operating Performance, and Shareholder Value Creation of Firms adopting Compensation Plans based on Economic Profits, in: Journals of Financial and Quantitative Analysis, Vol.40, No.4, 12/2005, S.721-745

Hostettler S., Das Konzept des Economic Value Added (EVA): Massstab für finanzielle Performance und Bewertungsinstrument im Zeichen des Shareholder Value – Darstellung und Anwendung auf Schweizer Aktiengesellschaften, (Diss., Univ. St. Gallen, 1996), Bern, 1997

Jendrock S., Konzernsteuerung mit wertorientierten Kennzahlen in der Deutsche Telekom AG, in: Weber J./Bramsemann U./Heineke C./Hirsch B., Wertorientierte Unternehmenssteuerung: Konzepte – Implementierung – Praxisstatements, Wiesbaden, 2004, S.125-131

Jensen M.C./Meckling W.H., Theory of the Firm: Managerial Behavior, Agency Costs and Ownership Structure, in: Journal of Financial Economics, 3. Jg., 1976, S.305-360

Jost P.-J., Die Prinzipal-Agenten-Theorie in der Betriebswirtschaftslehre, Stuttgart, 2001

Kaplan R.S./Norton D.P., The Balanced Scorecard: Translating Strategy into Action, Boston, Mass., 1996

Kaplan R.S./Norton D.P., Transforming the Balanced Scorecard from Performance Measurement to Strategic Management: Part II, in: Accounting Horizons, Vol.15, No.2, June2001, S.147-160

Kilger W./Pampel J./Vikas K., Flexible Plankostenrechnung und Deckungsbeitragsrechnung, Wiesbaden 2007

Knorren N., Wertorientierte Gestaltung der Unternehmensführung, (Diss.) Wiesbaden, 1998

Koch W./Wegmann J., Praktiker-Handbuch Due Dilligence: Analyse mittelständischer Unternehmen, 2.Auflage, Stuttgart, 2002

Kralicek P., Kennzahlen für den Geschäftsführer, Wien 2001

Kröger F., EVA vernichtet Werte, in: Harvard Business Manager, Jg. 27, 08/2005, S.14-16

Küting K.-H./Heiden M./Lorson P., Neuere Ansätze der Bilanzanalyse: externe unternehmenswertorientierte Performancemaße, in: Betrieb und Rechnungswesen, Beilage 1/2000, S. 1-40.

Kurzich M./Rautenstrauch T., Wertorientierte Vergütung: Empirische Ergebnisse einer Untersuchung bei den im Nemax 50 notierten Unternehmen, in: Controller Magazin, 28.Jg, 4/2003, S.355-358

Kyriazis D./Anastassis C., The Validity of the Economic Value Added Approach: an Empirical Application, in: European Financial Management, Vol.13, No.1, 2007, S.71-100

Leu D., Variable Vergütung für Manager und Verwaltungsräte, (Diss., Univ. Zürich, 2005), Zürich, 2005

Lewis T. G., Steigerung des Unternehmenswertes: Total Value Management, Landsberg am Lech, 1994

Locarek-Junge H./Imberger K., Wertorientierte Anreizgestaltung: Ihre Umsetzung in der Praxis, in: Schweickart N./Töpfer A. (Hrsg.), Wertorientiertes Management: Werterhaltung – Wertsteuerung – Wertsteigerung ganzheitlich gestalten, Berlin/Heidelberg/New York, 2006

Lück M./Henke M., Die interne Revision als zentraler Bestandteil der Corporate Governance, in: Betriebswirtschaftliche Forschung und Praxis, 56. Jg., 2004, S. 1-14

Lücke W., Investitionsrechnungen auf der Grundlage von Ausgaben oder Kosten?, in Zeitschrift für betriebswirtschaftliche Forschung, Neue Folge, 7. Jg.,1955, S.310-324

MacKinlay, C., On Multivariate Tests of the CAPM, in: Journal of Financial Economics 1987, S. 341-371

Malik F., Falsche Frage, falsche Logik, in: IO New Management, 73. Jg., 5/2004, S. 30-34

Mankiw G./Shapiro M., Risk and Return, Consumption Beta versus Market Beta, in: Review of Economics and Statistics, 1986, S. 452-459

Meffert H./Backhaus K./Becker J., Shareholder Value und marktorientierte Unternehmensführung – Konfliktpotenziale und Erfolgsfaktoren, Dokumentationspapier Nr. 154, Universität Münster, 2002

Meyer M., Unternehmenswertorientierte Berichterstattung auf der Basis der IAS/IFRS: Eine bilanztheoretische und bilanzpolitische Betrachtung aus deutscher Sicht, (Diss., Univ. Hamburg, 2004), Wiesbaden 2005

Modigliani F./Miller M.H., The Cost of Capital, Corporation Finance and the Theory of Investment, in: American Economic Review, Vol. 48, 1958, S. 261-297

Monden Y.(Hrsg.), Value based management of the Rising Sun, New Jersey, 2006

Moxter A., Präferenzstruktur und Aktivitätsfunktion des Unternehmens, in: Zeitschrift für betriebswirtschaftliche Forschung, 16.Jg, 1964, S.6-35

Moxter A., Die Grundsätze ordnungsmäßiger Bilanzierung und der Stand der Bilanztheorie, in: Zeitschrift für betriebswirtschaftliche Forschung, 18. Jg., 1/1966, S.28-59

Müller J.(Hrsg.)/Droste V./Herrmann Y./Nieberl M./Schmidt S./Weiß A., Wertorientierung in den DAX30-Unternehmen: Eine empirische Studie, Lohmar/Köln, 2006

Myers S.C., Finance Theory and Financial Strategy, in: Interfaces, Vol. 14, Jan.-Feb./1984, S.126-137

Nonnenmacher R., Value Reporting als Erweiterung der internationalen Rechnungslegung? – Zur finanziellen Berichterstattung deutscher Unternehmen –, in: Dirrigl H./Wellisch D./Wenger E.(Hrsg.), Steuern, Rechnungslegung und Kapitalmarkt, Wiesebaden, 2004

Obermeier R., Wertorientierte Unternehmensführung: Das Shareholder Value Konzept in schwierigen Zeiten, in: Controller Magazin, 28.Jg, 4/2003, S.342-347

OECD (Organisation for Economic Co-operation and Development), Recent Trends: Institutional Investors Statistics, in: Financial Market Trends, No.80, 09/2001, S. 45-52

OECD (Organisation for Economic Co-operation and Development), Factbook 2/2006, Paris, 2006

Olney K./Hartnett M., Global Fund Manager Survey, Merrill Lynch, 02/2007. Im Internet: http://ml.com/media/15079.pdf (Stand: 10.03.2007)

Pape U., Wertorientierte Unternehmensführung und Controlling, (Diss. Techn. Univ. Berlin, 1996), Berlin, 1997

Perlitz M./Bufka J./Specht A., Wertorientierte Unternehmensführung – Einsatzbedingungen und Erfolgsfaktoren – Arbeitspapier Nr. 3 des Lehrstuhls für Allgemeine Betriebswirtschaftslehre und Internationales Management der Universität Mannheim, Mannheim, 1997

Pertl M./Niedernberg B., Economic Value Added: Wertorientierte Unternehmensführung mit EVA – ein Ansatz von Stern Stewart & Co., in: Fink D. (Hrsg.), Management Consulting Fieldbook, 2. Aufl., München, 2004

Pfaff U./Stefani U. 2003, Wertorientierte Unternehmensführung, Residualgewinne und Anreizprobleme, in: Franck E./Arnoldussen L./Jungwirth C. (Hrsg.), Marktwertorientierte Unternehmensführung: Anreiz- und Kommunikationsaspekte, Sonderheft 50 der Zeitschrift für betriebswirtschaftliche Forschung, Düsseldorf, 2003, S.51-77

Plaschke F.J., Wertorientierte Management-Incentivesysteme auf Basis interner Wertkennzahlen, (Diss. Techn. Univ. Dresden, 2002), Wiesbaden, 2003

Rappaport A., Creating Shareholder Value: The New Standard for Business Performance, New York/London, 1986

Rappaport A., Shareholder Value: ein Handbuch für Manager und Investoren, 2. Auflage, Stuttgart, 1999

Rappaport A., Die zehn Gebote des Shareholder Value, in: Harvard Business Manager, Jg. 28, 11/2006, S.24-41

Ruthner R./Speckbacher G., Wertorientierte Performancemaße und Anreizsysteme, Wien, 2002

Schaffer C., Führt wertorientierte Unternehmensführung zur messbaren Wertsteigerung?, (Diss., Univ. München), Frankfurt am Main, 2005

Schierenbeck H./Lister M., Value Controlling: Grundlagen Wertorientierter Unternehmensführung, München, 2001

Schremper R./Pälchen O., Wertrelevanz rechnungswesenbasierter Erfolgskennzahlen: Eine empirische Untersuchung anhand des S&P 400 Indutrial, in: Die Betriebswirtschaft (DBW), Jg. 61, Nr.5, 2001, S.542-559

Skrzipek M., Shareholder Value versus Stakeholder Value: Ein Vergleich des US-amerikanischen Raums mit Österreich, (Diss. Univ. Wien, 2004), Wiesbaden, 2005

Solomons D., Divisional Performance and Control, Homewood, IL., 1965

Steiner M./Wittrock C., Märkte für Instrumente zur Risikoabsicherung, in: Handbuch des Finanzmanagements (Gerhardt/Gerke/Steiner Hrsg.), 1993, S. 669 – 720

Steinke K.-H./Beißel J., Der CVA als wertorientierte Spitzenkennzahl im Lufthansa-Konzern, in: Weber J./Bramsemann U./Heineke C./Hirsch B., Wertorientierte Unternehmenssteuerung: Konzepte – Implementierung – Praxisstatements, Wiesbaden, 2004, S.117-125

Stelter D., Die Wertschaffung in Unternehmen: Die Besten der Besten, in: Frankfurter Allgemeine Zeitung, 03.08.1998, S.29

Stern J.M./Shiely J.S./Ross I., The EVA Challenge: Implementing Value-Added Change in an Organization, New York et al., 2001

Stewart G.B., The Quest for Value: The EVA^{TM} Management Guide, New York 1991

Stewart G.B., Stern Stewart EVA^{TM} Roundtable, in: Journal of Applied Corporate Finance, Vol. 7, No.2, 1994a, S.46-70

Stewart G.B., EVA^{TM}: Fact and Fantasy, in: Journal of Applied Corporate Finance, Vol.7, No.2, 1994b, S.71-84

Stiefl J., Finanzmanagement, München/Wien, 2005

Suter A./Volkart P., Kapitalstrukturen Börsennotierter Unternehmen, in: Der Schweizer Treuhänder, 9/2006, S. 627 bis 633

Stührenberg L./Streich D./Henke J., Wertorientierte Unternehmensführung: Theoretische Konzepte und empirische Befunde, Wiesbaden, 2003

Terberger E./ Wettberg S., Der Aktienrückkauf und die Bankenkrise 1931, Discussion Paper Series No. 418, Universität Heidelberg, März 2005

Union der Leitenden Angestellten (ULA), Shareholder Value (Wertorientierte Unternehmensführung), Schriftenreihe Nr. 34, Essen, 1996

Weber J./Bramsemann U./Heineke C./Hirsch B., Wertorientierte Unternehmenssteuerung: Konzepte – Implementierung – Praxisstatements, Wiesbaden, 2004a

Weber J./Hirsch B./Müller G., Die Zukunft des Shareholder Value, in: Harvard Business Manager, 26. Jg., 10/2004b, S.17-20

Weißenberger B.E./Blome M., Ermittlung wertorientierter Kennzahlen unter IFRS, Arbeitspapiere Industrielles Management und Controlling, Universität Gießen, 2005

Wenzel J., Wertorientierte Berichterstattung (Value Reporting) aus theoretischer und empirischer Perspektive, (Diss., Univ. Leipzig, 2005), Frankfurt am Main, 2005

Winnes R.(Hrsg.), Wertorientierte Unternehmensführung, Karlsruhe, 1999

Wolf K., Risikomanagement im Kontext der wertorientierten Unternehmensführung, (Diss., Univ. Bayreuth, 2003), Wiesbaden, 2003

Zelgalve E., Applying Synergy of EVA and BSC to Develop Performance Measurement System in Commercial Banks, in: Knowledge-Based Management: Management of Creation and Development, 2005, S.373-384

Zettel W., Organisation zur Steigerung des Unternehmungswertes: Konzept und Methodik zur wertorientierten organisatorischen Gestaltung, (Diss., Univ. St. Gallen, 1994), Hallstadt, 1994

Zons M., Value Based Management und IAS/IFRS im Schadensversicherungsunternehmen, (Diss., Univ. Köln, 2005), Lohmar/Köln, 2006

www.ingramcontent.com/pod-product-compliance
Lightning Source LLC
Chambersburg PA
CBHW081101220326

41598CB00038B/7176